中印文化交流丛书
编辑委员会

顾　问：季羡林

主　编：王树英

副主编：张光璘

编　委：王树英　张光璘　薛克翘　宫　静　雷东平

　　　　刘　建　葛维钧　陈自明　臧　峻　张小平

　　　　侯俊智

　　　　莫汉蒂（印度）　雷　易（印度）

　　　　叶书君（印度）　班固志（印度）

　　　　海门德（印度）　马尼克（印度）

　　　　邵葆丽（印度）

·中印文化交流丛书·

Series of Sino-Indian Cultural Exchanges

顾问 季羡林 主编 王树英

泰戈尔与五四时期的思想文化论争

Debating and Discussing: Tagore in China

艾丹 著

人民出版社

浙江理工大学人文社会科学学术专著

出版资金资助（2010年度）

泰戈尔像(徐悲鸿绘)

总　序

王树英

　　中印两国都是世界四大文明古国之一，两国历史悠久，文化灿烂。在过去漫长的历史长河中，中印两国人民彼此往来，相互学习，两国人民的文化交流，不仅曾为人类的繁荣和进步作出了巨大的贡献，而且在中印各自文化的发展中起了重要作用。若中印两国之间没有互相学习和交流，两国文化的发展就不可能是今天这个样子。在世界民族之林中，像中印两大民族文化关系如此密切，在世界上是举世无双的。

　　时代在前进，社会在发展。今天，我认为中印两国要继续发展，在学习世界上一些发达国家先进技术的同时，我们两国之间相互学习也很有必要。因为我们两国的国情大体相同：过去都有过不幸的共同遭遇，都受到过帝国主义的侵略和掠夺；今天，两国都属于发展中国家；我们两国都有丰富的资源和勤劳的人民；我们面临的任务也是相同的：都想建设好自己的国家，再加上又是近邻。因此，我们两国之间相互学习和彼此交流则是十分必要的。

　　目前，中国正在奋发和平崛起，影响日益扩大，印度也在迅速发展，所取得的辉煌成就令世人瞩目。过去，中印两大文化圈相互学习，共同进步，在历史上为世界文化宝库作出了重要贡献；今天，在新的形势下，两国如何取长补短，共同发展，为世界文化不断繁荣发挥更大作用，这是中印两国人民共同思考的问题，也是世界人民共同关注的问题。

　　新世纪已经开始，亚洲各国的经济正在迅速发展，由于经济与文化密切相关,随着经济的发展,必然有文化的更加繁荣,从而进一步推动亚洲各国政治、经济的发展和社会、文化的进步。而中印这两个具有悠久历史的文明古国和泱泱大国势必在其中将充当重要的角色,成为推动亚洲各国政治、经济发展的强大动力,并作出积极的贡献。这一发展趋势,已越来越成为更多世人的共识。在这种形势下,中印两国为了更好地建设各自的国家,"相互学习,彼此交流",就显得更加重要。

令人高兴的是,中印两国的关系在不断改善,两国人民的友谊在不断加深。无论是官方互访,还是民间往来,都在日益增多,两国合作的领域也在逐渐扩大,这些可喜的事情,很令人鼓舞。与此同时,越来越多的中国人渴望更多地了解印度;同样,越来越多的印度朋友也渴望更多地了解中国。这种了解是多方面的,其中包括民族风情、历史文化、宗教信仰以及社会经济等重要内容。

愿本套丛书对不断增进中印彼此了解和发展两国人民的传统友谊有所裨益。不妥之处,尚希广大读者不吝指正。

目　　录

图　表

序

　　泰戈尔(1861~1941)是印度著名的诗人、作家,作为东方文化的代表,他在国际上享有很高的声誉,并且曾获得诺贝尔文学奖。不过由于历史的原因,中国学术界对印度文化和东方文化所知甚少。自然,对泰戈尔的学术和思想亦缺乏基本的了解。

　　当谈起不同文化的差异,人们津津乐道的往往是东西文化之间的差异。其实这本身就是一个极不确定的泛概念,且不说如何给文化定义,在尚不确定的东西方之下各自包含多少不同的文化,以及它们之间的相互关系时,又有谁能真正说清楚二者的差异呢? 再者,相对于西方文化而言,人们对东方文化的认知似乎更为模糊、更不完整。我注意到已故东方学大师季羡林先生在谈论东方文学时就曾触及这个问题。他认为,"我们现在使用的'东方'这个名称,常常是在单纯的地理概念中加入了政治的内容,即指过去的殖民地、半殖民地等被压迫民族"。而"列宁多次使用的'东方民族'的概念,也是指被压迫的民族而言。解放以来,我们常常把现在所说的第三世界,都称为东方"(《必须加强对东方文学的研究——〈东方文学简史〉代序》,《季羡林序跋集》,新世界出版社2008年版,第80~81页)。而"在东方文学范围内,中国文学自然占有极其重要的地位。但是,由于人所共知的原因,在中国,讲东方文学不包括中国文学在内。指的只是中国以外的东方国家的文学"(《简明东方文学史》序言,同上书,第112页)。由此看来,我们至今还没有能形成真正文化意义的东方概念。这种基本认知的缺失,外加西方中心主义作祟,也就更使我们难以认清东方文化的真实面目。自然,对印度文化和中印文化关系的认识便是模糊的。

本书作者艾丹是我的博士研究生，可能是我从事的国外中国学研究和跨文化理论研究影响到她，使她萌发出研究泰戈尔的想法。在她看来，对泰戈尔的研究，可以使我们进一步理解陌生的印度文化乃至东方文化。

考虑到学科与学术背景，我建议她研究泰戈尔与中国现代思想文化，并希望通过这一个案解析，进而引申到在东方文化内部的两大文化的比较。

当然这里也还涉及一个问题，即如何选择研究的切入点？我们注意到，在五四新文化运动时期（中国文化的大变动时期），由于第一次世界大战的原因，很多国外的学术大家纷纷来到中国"传道"。像杜威、罗素，也包括泰翁。不过他们几位在中国所受到的待遇却是迥然不同的，后世的中国学人对他们的关注程度亦不大相同。泰翁无疑遭受到的都是冷遇。正是这一点，成为我们对泰戈尔研究的切入点。论文题目确定为："泰戈尔与五四时期的思想文化论争"。

艾丹所受的本科与硕士教育都是在辽宁师范大学完成的，且所修都是思想政治教育专业。以她这样的学术训练背景，要完成本课题研究，其间的难度之大是可想而知的。但是，艾丹的刻苦勤奋精神实在可敬，她以勤补拙，凭着对学术的执著，终于学有所得。她的论文答辩赢得了张西平、朱成甲、朱汉国、朱志敏、孙秀民等导师的高度评价。

那么这篇论文究竟有哪些特点呢？我以为，主要表现在以下几个方面：其一，在掌握充分史料的基础上，比较详细地梳理了泰戈尔在20世纪20年代几度访华的过程。其二，着力分析五四时期中国学术界对泰戈尔及其学术、思想的不同态度，解析其中的误读。其三，通过研究泰戈尔，认识到消除误解与隔阂，加强中印文化交流的特殊性和重要性。其四，努力发掘出泰戈尔与印度中国学的内在联系。其五，在个案研究的基础上，深入探究泰戈尔与陈独秀、胡适、梁漱溟、梁启超等文化精英的复杂关系。其六，深刻反思泰戈尔的文明观，论证他在中国遭受冷遇的基本原因。

听说人民出版社准备出版该论文，我非常高兴。因为我的博士论文（《当代美国的"显学"——美国现代中国学研究》）15年前也是由该社出

版的。人民出版社在我们心中具有崇高的学术地位。因此,也要向出版
社、编辑者表示衷心的感谢!

　　应作者之托,谈了一些对研究的看法,权且为序。

侯且岸

2010 年 3 月于北京

绪　论

一、泰戈尔访华的思想文化意义

印度诗哲泰戈尔凭借充满东方神秘色彩的英文诗集《吉檀迦利》，成为亚洲第一位诺贝尔文学奖获得者。他一生著作颇丰，在文学、哲学、教育、艺术等领域都取得了辉煌的成就，享有"东方文艺复兴之父"的美誉。在"一战"引发各国学者重新审视东西文化的背景下，泰戈尔应中国学者之邀于 1924 年和 1929 年两度访问中国。泰戈尔的到来引起当时中国人的普遍关注，其在中国的举动特别是以复兴东方文化为主题的系列演讲引发了五四思想界的激烈争论。

在泰戈尔访华前后，也有著名的西方学者访问中国，如杜威、罗素、杜里舒等，但泰戈尔访华所掀起的波澜之大、引发的争议之多、牵涉的人物之广在中国近现代历史上是十分罕见的。遗憾的是，泰戈尔访华仅为较少的学人所关注。在已有的泰戈尔访华研究中，学界多集中于阐述泰戈尔在中国的行程安排，对其访华的原因和产生的影响甚少涉猎。因此，对泰戈尔访华事件的梳理，特别是对该事件产生影响的研究，在中国近现代史和中印文化交流史研究中都是值得关注的。

五四运动作为 20 世纪中国三大思想解放运动之一，不仅是中国近现代历史的分水岭，也是中国共产党思想史的起点，因而是国内外学界关注的重要焦点之一。当前，学界的研究大多围绕思潮、学派、论争和学人个案等不同侧面展开。泰戈尔访华则给我们提供了一个研究"五四运动"的独特视角，即从五四知识分子如何对待一个访华的外国人这一视角，透视整个五四思想界的状况。这一视角之所以独特,主要在于这个外国人不是来自近代以来中国所仿效的西方国家,而是来自与中国在领土上接壤,拥有悠久的文化交流历史和相似历史命运的印度。

在泰戈尔访华引发的思想文化论争中,不论与泰戈尔观点貌似相同的梁漱溟,还是与泰戈尔相敬如宾的胡适,抑或是与泰戈尔惺惺相惜的梁启超,再或是明确表示与泰戈尔势不两立的陈独秀,他们或多或少都误解了泰戈尔的本意。造成误解的原因不仅在于他们各自的生活背景、社会经历、性格气质、思维方式、文化取向等个人方面的差异,还与在中印两国不同的文化土壤中培育出来的不同的文化观念这个重要的客观因素有关。科学地分析泰戈尔被误读的原因,有助于消解中印文化交流的思维障碍,促进中印文化之间的相互理解和正常交流。

泰戈尔访华引发的思想文化论争,对于我们认清"五四"后中国文化的走向,以及解决长期困扰人们的深层文化问题具有重要的历史启示作用。泰戈尔访华在五四思想界引发的激烈争论所揭示的根本问题是:面对西方列强的军事侵略、政治控制、经济掠夺及文化渗透,如何实现东方文化由传统向现代的转化。在当今东西文化深入交流并走向融合的世界背景下,从泰戈尔访华这个文化个案深入思考如何实现东西文化的调和,怎样对待传统和现代的关系,这对于中国文化自觉意识的形成与和谐文化的建设具有重要的现实意义。

二、"泰戈尔与中国"的研究现状与存在问题

20世纪初,新文化运动的先辈们把泰戈尔及其作品介绍给中国读者,1924年泰戈尔访问中国的举动密切了其与中国的关系,从此泰戈尔与中国结下了不解之缘。这也是近百年来,泰戈尔深深吸引中国读者视线的重要原因之一。从那时候开始,中国学界开始了对"泰戈尔与中国"问题的关注和研究。之后,在争取民族解放、摆脱封建压迫的紧锣密鼓的动荡年代,"泰戈尔与中国"的研究逐渐转入潜流。新中国成立以后,特别是改革开放以来,在众多资深专家和中青年学者的共同努力下,研究取得了丰硕的成果,同时也存在一些问题制约了研究的进展。

（一）建国以后"泰戈尔与中国"研究的阶段划分及特点

1. 沉寂期（1949～1978）

1956 年，周恩来在印度加尔各答国际大学接受名誉博士学位时发表讲话，赞扬了泰戈尔在世界文学和印度民族解放运动中作出的杰出贡献，以及泰戈尔对中国人民的深情厚谊。中国境内的新闻媒体立即报道了周恩来的讲话，周恩来在讲话中所表达的真情实感重新燃起了中国学者对"泰戈尔与中国"研究的热情。

时任北京大学东方语系主任的季羡林发表《印度文学在中国》（撰写于 1958 年，刊登于《文学遗产》1980 年第 1 期）一文，对泰戈尔有所论述，但谈及"泰戈尔与中国"的内容不多。1961 年，泰戈尔被评为世界文化名人，人民文学出版社为纪念泰戈尔诞辰 100 周年出版了 10 卷本的《泰戈尔作品集》。同年，季羡林在《纪念泰戈尔诞生一百周年》（《文艺报》1961 年第 5 期）一文中，简略介绍了泰戈尔对中国的友好与热爱之情。另外，梅兰芳在《忆泰戈尔》（《人民文学》1961 年 5 月）一文回忆了泰戈尔访华时与泰戈尔接触的情景。

这一时期，学者们主要集中于重新翻译和再版泰戈尔的文学作品，有关"泰戈尔与中国"的研究极少，这表明学界对泰戈尔研究的兴趣不大。

2. 恢复发展期（1979～1989）

20 世纪 70 年代末 80 年代初，刚刚经历"文革"灾难的中国百废待兴，学界亟须解决的问题是思想上的拨乱反正。1981 年，纪念泰戈尔诞辰 120 周年的大会，可视为"泰戈尔与中国"研究上具有正本清源意义的重要会议。与会者一致认为，"泰戈尔生前热爱中国，并且十分关心中国人民的命运，是中国人民的挚友。应该扫除在泰戈尔评价问题上的'左'的思想影响，充分肯定泰戈尔 1924 年对中国的友好访问。应该客观地、历史地、全面地评价泰戈尔及其作品。"①此后，"泰戈尔与中国"研究重新踏上学术探讨的轨道。

这一时期，学者们发表的文章数量不多，质量却很高。季羡林在《泰

---

① 《我国举行泰戈尔学术讨论会》，《国外文学》1981 年第 3 期。

戈尔与中国》(《社会科学战线》1979 年第 2 期)一文中,从"泰戈尔论中国文化和中印关系"、"泰戈尔访问中国"、"泰戈尔对中国抗日战争的关心"、"泰戈尔对东方文明和中印友谊的瞻望"四个方面,阐述了泰戈尔与中国的关系。张光璘撰写的《泰戈尔在中国》(《外国文学》1981 年第 5 期)一文,介绍了新中国成立以前泰戈尔作品在中国的传播、泰戈尔的泛神论思想对郭沫若早期诗歌创作的影响、泰戈尔对中国人民命运的关心和泰戈尔访华回国后创办中国学院等方面的情况。戈宝权撰写的《泰戈尔和中国》(《南亚研究》1983 年第 3 期)一文,主要回顾了 1924 年泰戈尔访华以来,泰戈尔的作品在中国译介和流传的情况。这三篇文章从多个角度比较全面地论述了泰戈尔与中国的关系,在"泰戈尔与中国"研究史上具有开创意义。另外,黄心川撰写的两篇文章《略论泰戈尔的哲学和社会思想》(《哲学研究》1979 年第 1 期)和《泰戈尔的思想和创作》(《南亚研究》1981 年第 2 期),为"泰戈尔与中国"研究奠定了哲学和文学基础。

这一时期出版的泰戈尔传记和评传,全面而翔实地介绍了泰戈尔的生平和创作,为研究泰戈尔思想的轨迹提供了参考资料。在研究内容上,学界对泰戈尔与中国人民的友谊、泰戈尔访华的情况、泰戈尔作品的译介、泰戈尔对中国现代作家的影响等方面都有涉猎。

3. 繁荣期(1990 年至今)

在前人开拓的基础上,20 世纪 90 年代以来,"泰戈尔与中国"研究逐渐呈现出繁荣的态势,主要表现在:第一,泰戈尔作品的出版和翻译趋于全面和系统。据不完全统计,1990～2009 年出版的泰戈尔译作达上百种,诗歌和小说的单行本占了绝大多数。其中,规模最大、收录最全的翻译集是 2000 年河北教育出版社出版的 24 卷本《泰戈尔全集》。该书由刘安武主编,是中国老中青三代优秀翻译人员集体创作的结果,为"泰戈尔与中国"研究提供了比较全面的原始资料。第二,有关泰戈尔的传记性作品大量出现。这是受 20 世纪 90 年代中期中国文学界流行的"传记热"的影响。这些传记性作品对人们了解泰戈尔的生活、创作和思想活动大有裨益,但在内容上具有较大的雷同性,并对泰戈尔的思想缺少深入的解析。第三,有关"泰戈尔与中国"研究的资料、专著和论文等成果不断涌现。张光璘主编的《中国名家论泰戈尔》(中国华侨出版社 1994年)、沈益洪主编的《泰戈尔谈中国》(浙江文艺出版社 2001 年版)和孙宜学主编的《泰戈尔与中国》(河北人民出版社 2001 年第 1 版,安徽教育出版社 2007 年第 2 版)都属于史料汇编性的书籍,被引用的频率较高。尹锡南的《世界文明视野中的泰戈尔》(巴蜀书社 2003 年版)、张羽的《泰戈尔与中国现代文学》(云南人民出版社 2005 年版)和孙宜学的《泰戈尔与中国》(广西师范大学出版社 2005 年版)都是质量较高的学术专著,其中前两者是作者在撰写学位论文的基础上扩充而成的。笔者从中国知网检索有关泰戈尔研究的相关数据(表 1)显示,1990～1999 年,学界对泰戈尔的研究并不广泛,但 2000 年以后,泰戈尔研究越来越受到学界的关注,研究的范围逐渐扩大,其中,对泰戈尔文学思想的研究最多,对其哲学思想、宗教思想、美学思想、教育思想和文化思想的研究也在逐渐增多。同时,对"泰戈尔与中国"的关注程度也大大增强。各大高校的社会科学版学报和区域性的社会科学类杂志日益成为发表泰戈尔相关论文的主要阵地,例如:《南亚研究》、《国外文学》、《外国文学研究》发表了大量质量上乘的文章。此外,2000 年以后,与"泰戈尔与中国"研究直接相关的硕士和博士论文数量也在增多,如:尹锡南的《泰戈尔的文明观及其在东西方的反响》(四川大学 2002 年硕士学位论文)、张羽的《泰戈尔与中国现代文学》(东北师范大学 2002 年博士学位论文)、任文惠的《中国知识分子对泰戈尔来华事件的误读——以东西文化观为中心》(首都师范大学 2005 年硕士学位论文)、张娟的《泰戈尔与"五四"新诗》(曲阜师范大学 2005 年硕士学位论文)。由于著者所学专业绝大多数为中国现当代文学或比较文学与世界文学,他们关注的重点主要集中在泰戈尔对中国文学的影响以及中印两国的文学比较方面,有关泰戈尔其他方面思想的研究比较薄弱。

表 1　中国知网刊载有关泰戈尔的文章数量统计表(1990～2009)

年份	有关泰戈尔的文章总数量	有关泰戈尔文学思想和文学作品的文章数量	有关"泰戈尔与中国"的文章数量
1990	13	8	6

年份	有关泰戈尔的文章总数量	有关泰戈尔文学思想和文学作品的文章数量	有关"泰戈尔与中国"的文章数量
1991	6	3	2
1992	13	3	4
1993	7	7	2
1994	23	16	6
1995	14	8	8
1996	11	7	2
1997	10	6	2
1998	17	7	9
1999	8	5	2
2000	15	9	4
2001	21	8	4
2002	28	16	15
2003	45	25	15
2004	28	22	5
2005	36	20	13
2006	35	23	11
2007	40	21	9
2008	46	28	15
2009	29	18	7

数据来源:中国知网(http://www.cnki.net/index.htm)。

(二)主要研究内容

学界对"泰戈尔与中国"研究的主要内容包括以下三方面:

1. 关于泰戈尔的中国情结

学界对"泰戈尔的中国情结"研究,为"泰戈尔与中国"研究的深入提供了丰富的史料和相关的线索。学者们多以阐释泰戈尔对中国人民和中华民族命运的关爱为主,普遍涉及泰戈尔斥责英国对中国的鸦片贸易,痛斥日本对中国发动的侵略战争,同情和支持中国的抗日战争,以及鼓励中国人民对未来充满希望等内容。

长期以来,泰戈尔访问中国一直是学界关注的焦点。泰戈尔一生曾两次访问中国,时间分别是1924年4月和1929年3月、6月。孙宜学的专著《泰戈尔与中国》详细地介绍了泰戈尔的两次中国之行,并以此为线索展开多方面的探讨。有的学者还撰文专门叙述泰戈尔两次访华的经过,如李兆乾的《泰戈尔的中国情》(《中外文化交流》1994年第1期)、刘作忠的《泰戈尔的中国情——中印友好佳话》(《党史纵横》1997年第1期)、孙闻浪的《20世纪印度文豪泰戈尔访华纪事》(《中国档案报》2003年8月29日)等。相较而言,泰戈尔于1924年这一次访华的时间较长,场面较为壮观,引起的关注也较多,也是学界研究的重中之重。学者们详细而系统地阐述了泰戈尔在中国的全部行程,具体内容包括:游览中国主要大中城市的名胜古迹,参加各地欢迎会,在不同场合演讲,会见梅兰芳、辜鸿铭、阎锡山等社会各界名流,参加中国学界为其举办的生日会,等等。与此相比,学者们对泰戈尔访华的国内外背景、主客观原因和正反两方面影响等方面的研究显得较为薄弱,直接影响了读者把握泰戈尔访华事件的完整性,对于本书主要探讨的泰戈尔访华引发的思想文化争论也难以作出合理和充分的解释。

泰戈尔访华归国后,做了两件对中印文化交流产生重大影响的事情,一是在国际大学创办中国学院,二是与来自中国的魏风江建立师生关系。相较而言,学界对后者的关注比前者要多。学者们普遍认为,魏风江留学印度的经历,促使他与泰戈尔结下了深厚的师生情谊,也与印度结下了不解之缘;他既是泰戈尔唯一的中国学生,又是国际大学第一位中国学生。对这个人物及其与泰戈尔交往的情况进行研究,在"泰戈尔与中国"研究中的重要性不言而喻。从《泰戈尔唯一的中国学生——魏风江》、《前不见古人后可望来者——访泰戈尔的学生魏风江》、《泰戈尔钟爱的中国学子》、《德泽春风满心田——泰戈尔的弟子受重托》、《中印文化交流的友好合作的桥梁——记魏风江教授》、《中印民间大使魏风江》、《魏风江——中印友好关系的先驱者》等文章标题来看,学界对魏风江在中印文化交流中所起的重要作用是十分肯定的。1986年,贵州人民出版社出版了魏风江撰写的《我的老师泰戈尔》,叙述了一个中国学生眼中的泰戈尔形象,为中国学界研究访华归国后的泰戈尔思想和活动提供了宝贵的原始资料。需要注意的是,魏风江正是在谭云山为协助泰戈尔建立中国学院而回国筹款的过程中得以赴印度留学的。笔者认为,在现有研究成果基础上,学界应加强对中国学院成立始末的考察,这样既可以弥补中国学院研究的不足,也可以弄清楚魏风江赴印留学的原因。

2. 关于泰戈尔与五四思想界

(1)五四思想界对泰戈尔访华的不同态度

学者们普遍认为,泰戈尔来华后大力赞扬东方的精神文明,批评西方的物质文明和科学的价值,宣扬"爱"的福音,这与当时思想界所争论的许多议题相契合,并将这些论争引向深入。学界依据不同的评判标准,对五四思想界对待泰戈尔及其访华所持态度的划分也不尽相同,其基本观点却是非常相似的。学者们一般认为,以陈独秀、瞿秋白、茅盾为代表的共产党人认为泰戈尔访华是不合时宜的,对泰戈尔持批评和反对的态度;以胡适为代表的自由主义者既不同意泰戈尔的文化理论,也不赞成批判泰戈尔,对泰戈尔持包容的态度;徐志摩和郑振铎等一些自由作家对泰戈尔在人格和艺术上是认同的,对泰戈尔访华是真心欢迎的。但是,学界对梁漱溟、辜鸿铭、鲁迅、郭沫若等人所持有态度的认识是有分歧的。例如:尹锡南和宇文疆认为,梁启超、梁漱溟、辜鸿铭为典型的东方文化派,"不仅出于礼仪而且更是出于文化认同的热忱欢迎,说明他们之间有感情上的相契相合,有文化根源上的相连相接,更有道义上的相知相通。"[①]张羽则提出不同意见,她认为,梁启超对泰戈尔的欢迎是出于对其文化观的认同,而辜鸿铭和梁漱溟与泰戈尔的文化观相比是有本质区别的,他们对泰戈尔访华只是出于礼节上的欢迎,实际上是站在反对者的队伍里的。[②]学者们的认识分歧主要源于这些人对泰戈尔访华所持态度背后的思想动因的解析不同。

(2)围绕泰戈尔访华的思想文化论争

---

① 尹锡南、宇文疆:《泰戈尔 1924 年访华在中国知识界的反响》,《南亚研究季刊》2001 年第 4 期。

② 张羽:《泰戈尔与中国现代文学》,云南人民出版社 2005 年版,第 33～35 页。

五四时期,思想界主要围绕泰戈尔的东西文化观、科学观和泛爱泛神论进行争论,如:郑大华在《"五四"时期的思想文化斗争——以泰戈尔访华为中心》(《光明日报》2004 年 6 月 8 日)一文中以"泰戈尔访华为中心"考察五四时期的思想文化论争情况。学界关注最多的是泰戈尔与东西文化的论争,如:刘炎生的《评泰戈尔提倡复活"东方文化"及其反响》(《江西社会科学》1992 年第 2 期)、卢秉利的《略论泰戈尔访华前后的东西文化论战》、(《武陵学刊》1995 年第 5 期)、孙宜学和郭洪涛的《中印文化交流史上的一次误会——泰戈尔来华引起的风波》(《同济大学学报(社会科学版)》1999 年第 3 期)、任文惠的《中国知识分子对泰戈尔来华事件的误读——以东西文化观为中心》(首都师范大学 2005 年硕士学位论文)。学者们从中也揭示了一些问题,如孙宜学在《胡适与泰戈尔》(《书屋》2001 年第 3 期)一文中认为,无论是欢迎者还是批评者都没有真正了解泰戈尔,在思想混乱、国势衰弱的时代,国人对任何外来的思想家,都希望他们带来一种拯救中国的灵丹妙药,基于这种先入之见对待外国思想家,就不由自主地具有某种盲目性。寥寥数语道出了时人对待泰戈尔不同态度的根本症结所在。但是,学界普遍存在对这些问题和启示的处理简单化的倾向,这使得泰戈尔访华对中国文化走向的意义难以凸显出来,这也是泰戈尔访华没有引起学界足够重视的根本原因。

(3)泰戈尔与五四时期文化名流的比较

泰戈尔访华引起了五四知识分子的普遍关注和品评。通过对泰戈尔与五四时期文化名流的研究可以透视出泰戈尔访华在当时造成的社会影响有多大。学界对这一问题的研究较侧重于个案解析,对泰戈尔与陈独秀、胡适、辜鸿铭、梁启超等人关系的研究都已有所涉及,其中,对陈独秀和胡适的关注较多,研究也更深刻一些。

学界普遍认为,陈独秀是泰戈尔作品的第一位中文译者,也是泰戈尔访华前后对其批判最激烈的人之一,例如:张侠的《我国最早翻译的泰戈尔诗歌》(《南亚研究》1981 年增刊第 1 期)、英溪的《陈独秀的泰戈尔观》(《中国现代文学研究丛刊》2002 年第 3 期)都对之有所论述。学者们通常从社会环境和主观差异两方面剖析陈独秀批判泰戈尔的原因,认为,陈独秀与泰戈尔从各自的动机出发阐释自己的观点,都有值得肯定的地方,但也有不足之处。例如:胡明在《陈独秀与泰戈尔——一个有关"东方文化"的沉重话题》(《文艺争鸣》2002 年第 5 期)一文中指出,陈独秀对泰戈尔的批判"透露出陈独秀对东方文化的核心伦理和价值取向的深沉思索",但陈独秀在文化问题的议论上往往混入政治批判的范畴,加上其自觉敏感的战斗意识,或出于义愤,或出于迁怒,或出于排拒平庸的目的,把文化问题政治化和绝对化,染上了浓重的狭隘认识判断。

绝大多数学者认为,胡适在泰戈尔访华期间扮演着十分尴尬的角色:他"扬西抑中"的文化观与泰戈尔大力赞扬东方文化的思想极不相符,理应加入反对泰戈尔的行列,但在泰戈尔访华期间他却亲自去火车站迎接,陪同泰戈尔游北海,主持泰戈尔的生日会,担任翻译,等等。以往学者大多认为,胡适欢迎泰戈尔纯粹出于自由主义者的宽容和尽地主之谊。近几年有学者提出,胡适对泰戈尔的好感,不仅是因为胡适是一个自由主义者及其持有的淳朴的待客之道,更重要的是因为胡适对泰戈尔在文学革命方面的认同,持这种观点的有孙宜学、史云波等。这种论点从文学理论认同的角度,较合情理地解释了胡适在泰戈尔访华期间对泰戈尔的态度,也可以说明泰戈尔对中国现代文学产生巨大影响的原因。因而,笔者认为这一观点将胡适与泰戈尔的研究推进了一大步。另外,孙宜学在《胡适与泰戈尔》(《书屋》2001 年第 3 期)一文中从深层次的中印文化差异的角度指出,胡适对泰戈尔持有保留的欢迎态度,实际上表明他对泰戈尔的思想存有误解,至少可以说他对泰戈尔的理解是片面的。他以泰戈尔与冯友兰在 1921 年的对话和泰戈尔的平时言行为例,阐释泰戈尔反对的是滥用科学、把科学凌驾于一切之上的观点和做法。孙宜学在文中还揭示了胡适认为泰戈尔的思想中流露出盲目宣扬东方文化的思想倾向,胡适认为泰戈尔一再强调的西方认同东方文化的看法其实并非出自真心,而是出于一种"博物馆的心理",因而作者认为胡适对泰戈尔的批评也是不无道理的。

学界对泰戈尔与"五四"时期其他文化名流关系的研究,大多停留在"介绍"和"评说"的层面,对这些人物所持态度的原因分析以及与泰戈尔的比较研究很少,例如泰戈尔与梁漱溟、辜鸿铭的比较研究几乎没有。该方面研究进展异常缓慢,一方面与学界的主要研究精力不在此处有关,另一方面,也受到研究对象思想复杂性的限制。这些人物既要面对如何实现本民族文化由传统向现代的转变的问题,同时又要处理好在遭受西方侵略又要向西方学习的矛盾,研究单个人物思想的难度已经相当高,更何况作人物之间的比较研究。

3. 关于泰戈尔与中国现代文学

(1)新中国成立以前中国学者对泰戈尔作品的译介

张光璘主编的《中国名家论泰戈尔》收录了北京图书馆文献研究室编的《泰戈尔著作中译书目》,为学界研究泰戈尔作品的译介提供了重要的参考文献。学界通常将泰戈尔作品的译介分为三个阶段,具体如下:

起步阶段:学界一般认为,泰戈尔获得诺贝尔文学奖后才引起中国人的注意。1913 年,钱智修在《东方杂志》第 10 卷第 4 号上发表的《台莪尔氏之人生观》一文,是中国最早介绍泰戈尔的文章。1915 年,陈独秀在《青年杂志》第 1 卷第 2 期上发表译自泰戈尔诗集《吉檀迦利》中的四首诗歌并取名为《赞歌》,被学界公认为中国最早翻译的泰戈尔作品。此后,泰戈尔作品的翻译逐渐多起来。有论者指出,这个时期对泰戈尔译介不多的原因主要有两方面:"一则新文学的高潮尚待时日,二则当时新文学前驱者的目光主要放在西方,一时还没有给泰戈尔多大的关注。"①

繁荣阶段:研究者普遍认为,20 年代初中国学界对泰戈尔的译介全面展开,并在 1924 年泰戈尔访华前后出现高潮,通常称之为"泰戈尔热"。张光璘的《我国现代文学史上的一次泰戈尔热》、秦弓的《"泰戈尔热"——五四时期翻译文学研究之一》等学者的文章,以及张羽的博士论文《泰戈尔与中国现代文学》和孙宜学的专著《泰戈尔与中国》都对此做了详细的介绍。针对这股"泰戈尔热"的兴起,学界总的看法是:从外因来看,中国的"泰戈尔热"受到西方和日本"泰戈尔热"的影响;从内因来看,这股热潮的产生是五四思想界急于向外国借鉴新知识和新思想的需要,其根本原因是泰戈尔诗歌的特点与五四时期思想解放、张扬个性、批判现实的现代诉求相一致,与中国古典诗歌存在相通之处,中国和印度源

---

① 秦弓:《"泰戈尔热"——五四时期翻译文学研究之一》,《中国社会科学院研究生院学报》2002 年第 4 期。

远流长的文化交往又使中国读者对泰戈尔格外亲近。

萧条阶段:学者们一般认为,泰戈尔离开中国后,"泰戈尔热"降温,其主要原因有:一是五四思想界品评泰戈尔的视角不同,对泰戈尔访华的态度各异,造成的分歧和争论难以协调,只能以分道扬镳收场;二是泰戈尔宣扬的非暴力和平主张与"五四"后中国社会紧张的政治形势不合拍。

(2)泰戈尔与"五四"现代作家

学界对泰戈尔与"五四"现代作家研究的着重点集中于泰戈尔对这些人物的影响。学者们一般认为,泰戈尔影响了"五四"一批现代作家的创作风格和创作主题,启迪他们走上现代文学的创作之路,但泰戈尔的泛神论和泛爱论也使他们逃离现实的矛盾,表现出小资产阶级的软弱性。学界比较注重个案的分析,如:泰戈尔与冰心、郭沫若、徐志摩、王统照、许地山、鲁迅等比较研究。其中,研究最多的是对泰戈尔与冰心、泰戈尔与郭沫若的比较。冰心主要接受的是泰戈尔泛爱论的人生观,而郭沫若主要接受的是泰戈尔泛神论的宇宙观。

冰心是学界公认的受泰戈尔影响最深、最持久的作家。学界对冰心与泰戈尔的研究主要集中在冰心的诗与泰戈尔《飞鸟集》之比较、冰心的"爱的哲学"与泰戈尔的"泛爱论"之比较、冰心与泰戈尔笔下的儿童之比较等方面。学者们一般认为,泰戈尔的"泛爱论"影响了冰心的创作题材和创作风格,但二人在写作风格上也有不同之处。学界对冰心与泰戈尔不同之处的理解是有分歧的。具体而言:在颂扬"爱的哲学"方面,康元泰在《冰心"爱的哲学"与泰戈尔"泛爱论"》(《国外文学》1990 年第 2 期)一文中指出,冰心虔诚地赞颂母爱的伟大,泰戈尔歌颂更多的是青年男女之间的爱情;王连仲在《冰心的诗与泰戈尔的〈飞鸟集〉》(《山东社会科学》1990 年第 3 期)一文中虽然认同冰心以歌颂母爱为主,但他认为泰戈尔更侧重宇宙之爱。在称赞大自然方面,康元泰认为,"泰戈尔喜欢写行云流水,清风朗月,微风细雨和叶落花坠等赏心悦目之景,但他也描绘了大自然的躁动不安和狰狞凶恶的一面";冰心"总是以一种清新隽永、柔美澄澈的笔调"来抒发对自然的热爱。在歌颂儿童的天真方面,康元泰指出,冰心与泰戈尔都认为童年的特点和意义就是生活得无忧无虑,以及对人生的各种问题和社会争斗的极端冷漠,二人都以充满诗意的想象进入儿童的心灵,展现他们幼稚、单纯却又是"错综复杂"的内心世界。也有论者认为,冰心与泰戈尔笔下的儿童形象迥异,冰心笔下的儿童形象大部分失去了儿童本身的特点,带有某种功利色彩,而泰戈尔眼中的儿童则拥有一个独立的思想世界。① 学者们一般认为,冰心与泰戈尔相似的家庭出身、文化背景和宗教信仰,使二人之间有一种天然的相通和共鸣。正是由于冰心与泰戈尔的相似之处和冰心个人的特别之处,奠定了冰心抒写母爱的小诗在中国现代文学史上的地位。但在阶级斗争激烈的社会里,冰心歌颂根本不可能实现的人类之爱,在一定程度上对读者具有逃避现实的消极影响。

　　学者们普遍认为,郭沫若是中国最早接受泰戈尔诗歌影响的作家,他的早期文学创作深受泰戈尔泛神论思想的影响。这主要有两方面原因:其外因是当时在日本的郭沫若受当时兴起"泰戈尔热"的影响,内因是泰戈尔诗歌表达的情感与身处困境的郭沫若的心情和诉求相吻合。学者们进一步分析指出,郭沫若模仿泰戈尔创作出的闪烁着泛神论思想的作品无疑是驱散黑暗势力的一把"利剑",但他并没有长久沉溺在泰戈尔式的思想之中,当他脱离泰戈尔接触到惠特曼等人更多的作品以后,他的视野才真正地洞开,内在激情才爆发出来,最终才成为新文学运动的旗手之一。倪培耕则持有不同见解,他认为郭沫若在受惠特曼影响后并没有抛弃泰戈尔,因而"郭老的诗作时而奔放雄浑,时而清新恬淡"。② 笔者认为,郭沫若只是把泰戈尔的泛神论当作个性解放、冲破封建束缚的思想武器,泰戈尔的泛神论只是郭沫若所吸收的诸多泛神论者思想中的一个支流。尽管如此,泰戈尔毕竟是第一个影响郭沫若创作的作家,郭沫若从泰戈尔那里所受的影响不仅表现为对泰戈尔诗歌的简单模仿,更重要的是对泰戈尔诗歌的承袭与超越促成了郭沫若对诗体解放的探求,如学者所论:"他(郭沫若——笔者注)从泰戈尔散文诗的模仿,进到洗尽泰戈尔痕迹的散文诗创作,从对泰戈尔散文诗'内在律'感悟,发展到形成自己独

---

① 陈文颖:《泰戈尔与冰心笔下的儿童》,《中国现代文学研究丛刊》1995 年第 4 期。
② 倪培耕:《泰戈尔对中国作家的影响》,《南亚研究》1986 年第 1 期。

特的诗歌理论及诗歌艺术技巧"。①

(3)泰戈尔与五四新诗

学界普遍从泰戈尔诗歌本身的特点和五四新诗发展的内在要求两个方面,阐释泰戈尔对五四新诗内容和体式的影响。

学者们一般认为,五四作家格外钟爱泰戈尔的泛爱论,包括童真之爱、母亲之爱、自然之爱、男女之爱,等等,这与他们对人生问题的关注,以及对人道主义之爱的推崇和信仰是分不开的。在泰戈尔泛爱论影响下的五四作家,从自我的小爱走向了理想主义的大爱。泰戈尔追求精神解放、张扬个性自由并洋溢着泛神论思想的诗歌,对五四作家冲破封建主义的束缚、表现诗人们丰富的想象力起到了积极作用。中国不同于印度这个崇尚宗教信仰的国度,缺乏对生命的抽象玄思,因此,中国的诗歌与泰戈尔诗歌的空灵性相比更具有人间性。学者们普遍指出了泰戈尔对五四新诗内容的消极影响,如有学者指出,受泰戈尔影响的中国诗人企图以"爱"来构筑理想的世界家园的愿望是良好的,"但是在一个并不和平的年代里,鼓吹消弭一切对立的超阶级的人类之爱显然是虚妄的"。"爱的哲学也限制了人们直面现实人生的深度,往往遮蔽了现实生活中存在的种种问题与矛盾,遮蔽了人性的复杂性。"②

学界认为,泰戈尔的诗歌对于打破旧诗的格律、确立用白话文作诗和促成以冰心为代表的小诗在现代文学中的突起等具有积极作用。究其原因主要有两方面:其一,泰戈尔诗歌的清新、自然、隽永的创作风格,尤其是散文诗集《飞鸟集》洋溢着的人道主义和理想主义精神,充满对宇宙和生命奥秘的玄远思考,慰藉了五四青年在探索人生出路中的苦闷和寂寞,自然赢得五四作家们的青睐;其二,泰戈尔的诗歌"以理入诗",与五四新诗"以诗说理"的追求相契合。同时,泰戈尔的散文诗也加剧了五四新诗初创时期"散文化"倾向的进一步泛滥,导致早期新诗缺乏诗的韵味和节奏,受泰戈尔影响创造的小诗普遍存在内容大于形式的不良诗风。这与

① 陈永志:《郭沫若和泰戈尔三题》,《郭沫若学刊》1989 年第 2 期。
② 张娟:《泰戈尔爱的哲学思想与"五四"新诗》,《唐山师范学院学报》2006 年第 1期。

泰戈尔本人的关系不大,主要是由于五四文学界内部存在的问题所造成的。

另外,值得一提的是杨萌芽的《泰戈尔访华与20世纪20年代中国文坛》(《中州学刊》2006年第7期),这是泰戈尔与中国现代文学研究中一篇具有特殊意义的文章。该文突破了传统的以泰戈尔对中国现代文学的影响为研究角度的模式,从文学史角度深刻而细致地阐释了五四新文学界围绕泰戈尔展开的争论,并与中国后来的文学发展道路联系考察其意义。

(三)研究特点与存在问题

半个多世纪以来,"泰戈尔与中国"研究取得了巨大成绩,呈现出以下特点:

第一,以挖掘史料阐释历史事实为主,当事人及其后人的回忆辅助佐证,二者相得益彰。学界对"泰戈尔与中国"的研究主要依据民国时期的报纸、杂志、期刊等实时报道,以及泰戈尔和相关人物的作品集、往来书信、回忆录、口述历史等材料。随着新的史料的挖掘,逐步推动研究的进展。例如:故宫博物院的汪莱茵在《溥仪和泰戈尔》(《紫禁城》1989年第3期)一文中,提供了作者在整理故宫文物时发现的几张泰戈尔照片,描述了泰戈尔游览皇家园林以及与溥仪会面的情形,为研究泰戈尔在访华期间与社会名流的交往留下了宝贵的实物资料。另外,一些当年接触过或与泰戈尔有过往来的当事人或其后人的回忆,既可以辅助检验研究成果的真伪,也可以作为立论的素材或佐证材料。例如:徐志摩的妻子陆小曼在《泰戈尔在我家》(《文汇读书报》2004年3月15日)一文中,以第一亲历者的身份,回忆了泰戈尔第二次访华时住在自己家,并与自己交往的若干事情。梅绍武在《我的父亲梅兰芳》一书中,以《中印金兰谊　绵延千载久》为题,记述了其父梅兰芳与泰戈尔的友谊。崔霆钧在《父亲记忆中的泰戈尔来并讲学》(《文史月刊》2003年第3期)一文中,记叙了父亲崔宸英回忆泰戈尔在山西讲学时的情景。

第二,整体研究与个案分析相结合,重点突出。学界对泰戈尔访华问题的研究,既有前文提到过的访华全过程的描述,又有若干细节的考察,例如:东林的《泰戈尔太原行》(《民国春秋》2000 年第 3 期)、金富军的《1924 年泰戈尔在清华活动考证》(《南亚研究季刊》2006 年第 4 期)。学者们对五四思想界对待泰戈尔的态度和泰戈尔与五四现代作家的研究,既有《泰戈尔 1924 年访华在中国知识界的反响》、《中国知识分子对泰戈尔来华事件的误读——以东西文化观为中心》、《泰戈尔与中国文人》等以点带面阐释问题的研究,也有泰戈尔与陈独秀、胡适、冰心、郭沫若、徐志摩、许地山、王统照等人物的比较研究。

第三,以对泰戈尔文学思想的研究,带动对他思想的整体研究。泰戈尔首先作为一个文学家为人们所熟知,他的思想在文学作品中有不同程度的展现。学界对泰戈尔文学思想的特别关注,尤其是对泰戈尔与中国现代文学关系的偏爱,对研究泰戈尔对中国的现代文学的影响毋庸置疑是大有裨益的。从泰戈尔的文学作品中挖掘泰戈尔思想的主旨,也有助于推动对泰戈尔其他方面思想的研究。

上述这些特点是学者们多年来刻苦钻研的结晶,在今后"泰戈尔与中国"的研究中应该继续坚持和发扬的优点。但是,学界在研究内容、思路和方法等方面也存在着一些问题,制约了研究的深入展开,主要体现在:

其一,研究内容重复。学界对泰戈尔访华纪事、泰戈尔的中国笔名、泰戈尔与魏风江、泰戈尔与冰心的比较、泰戈尔与郭沫若的比较等问题的研究所运用的资料重复较多,观点雷同。然而,对泰戈尔的戏剧与中国现代文学的关系,泰戈尔与新月社、文学研究会等文学团体的关系,泰戈尔与五四时期各文化派别的关系等重要问题,很少甚至几乎没有涉猎。

其二,研究思路狭窄。学界对泰戈尔与五四历史人物的个案分析较多,对整体研究的关注明显不足,即使在既有的整体研究文章中也存在以偏概全的情形。这一方面由于从整体上驾驭这些"大家"们的思想难度非常大,另一方面则是由于部分学者对整个五四思想界和整个中国现代文学的把握不够系统。

其三,研究方法单一。学界对泰戈尔与五四历史人物的比较研究中,除了对泰戈尔与陈独秀、胡适的研究取得较大进展外,对与其他人物,如:梁启超、梁漱溟、辜鸿铭、瞿秋白等的研究主要停留在"介绍"层面,分析评价的文章和内容较少,深层次"比较"类的研究成果更是罕见。另外,学者们在对泰戈尔与五四历史人物整体的比较研究过程中往往采取"大而化之"的态度,这导致了学界对五四历史人物的看法出现严重分歧。

"泰戈尔与中国"研究涉及文学、哲学、宗教、教育和文化等诸多领域,在今后的研究中,需要各个领域从事相关研究的专家学者密切配合,加强沟通与交流;在既有科研成果的基础上,需要通过转换不同的研究视角、开辟新的研究领域、采纳多种研究方法,在小的方面填补学术空白,在大的方面深入下去。这样,才能使"泰戈尔与中国"研究取得更大进展,才能使研究日趋科学、客观、全面和系统。

三、本书的基本构架与研究方法

(一)本书的写作思路与基本构架

为使读者对本书有一个系统的整体认识,在进入主题之前,本书首先对涉及的相关问题给予阐释和说明。然后,系统地梳理泰戈尔访华事件的来龙去脉。在此基础上,重点阐释围绕泰戈尔访华的东西文化论争、科玄论争、"传统和现代"之争三个主要的思想文化论争,结合论争的实际状况和泰戈尔思想的实际,围绕泰戈尔访华的论争作一分析和评价。接着,选取陈独秀、胡适、梁漱溟和梁启超四位代表人物作个案分析,解析他们对待泰戈尔的不同态度及其背后的动因,探究他们与泰戈尔文化观的异同之处。此后,结合历史过程与现实状况,反思围绕泰戈尔访华的思想文化论争及泰戈尔文明观的历史意义和当代价值。最后,对本书在写作过程中引申出的几个思想文化问题作进一步地剖析。依上述思路,本书相应地分为六部分:

绪论部分主要分析了泰戈尔访华的思想文化意义、"泰戈尔与中国"的研究状况与存在问题、本书的基本构架与研究方法,以及对本书涉及的文化与文明、传统与文化、五四运动与新文化运动三对有争议的基本概念作一界定。

第一章:泰戈尔访华。在"一战"引起世界文化格局变动的背景下,泰戈尔应中国学者徐志摩和梁启超等人的邀请,于 1924 年 4 月抵达中国。之前,五四学界掀起的"泰戈尔热"为迎接泰戈尔的到来做了比较充分的准备。泰戈尔在中国游览了许多著名的城市,参加了各地为其举办的欢迎会,会见了社会各界名流,作了几十场精彩的演讲。由于认知泰戈尔的视角不同,五四学界对泰戈尔访华事件和泰戈尔思想的认知产生了诸多分歧和争论。与首次访华闹得沸沸扬扬不同,1929 年,泰戈尔赴日本和美国讲学途中两次驻足中国的事实,却鲜为人知。泰戈尔访华对沟通中印两国的文化交流、创建两国文化交流的稳定机构以及推动双方彼此的研究等方面具有重要意义。

第二章:围绕泰戈尔访华的思想文化论争。泰戈尔在中国演讲的主要内容契合了五四时期东西文化论争、科玄论争和"传统与现代"之争等重要论争的主要议题,加上泰戈尔的"追随者"的推波助澜,论争的焦点立即转移到泰戈尔身上。各派从不同角度和各自动机出发,围绕泰戈尔展开了新一轮的论争。这些论争反映了五四思想界的总体面貌,揭示了五四时期各文化派别存在的诸多问题,推动了论争格局的变动和议题的深化。泰戈尔的"忠告"理应对五四思想界的"西化热"和"反传统"等热潮起到一定的降温作用,但参与论争者对泰戈尔的误读削弱了这一作用的效果。同时,泰戈尔忽视了对中国现实情况的考虑,他在演讲中没有完整地表达自己的思想,且其思想中存在神秘、浪漫的理想主义色彩,这些都制约了泰戈尔访华理应起到的积极作用的发挥。

第三章:泰戈尔与五四诸贤。五四思想界激进派、自由派和保守派等三大文化派别对待泰戈尔访华的态度不同,在围绕泰戈尔访华的思想文化论争中表现各异,以陈独秀、胡适、梁漱溟和梁启超等四位代表人物最为典型。他们与泰戈尔在文化观上或多或少存在差异性,通过理性考察,不难发现他们与泰戈尔的文化观不无相通之处,但也存在较大分歧。遗憾的是,他们带着各自的动机看待泰戈尔,以致造成对泰戈尔的误读,削弱了泰戈尔访华在中国近现代历史和中印文化交流史上的积极作用。

第四章:历史反思与当代价值。泰戈尔与五四时期的思想文化论争所涉及的东西文化调和、传统与现代的关系,以及中印文化交流中对泰戈尔文化观的解读等问题,都值得我们深入反思。泰戈尔访华引发的思想文化论争,不仅揭示了在面对西方列强的军事侵略、政治控制、经济掠夺及文化渗透的情况下,东方文化如何实现由传统向现代转化的根本问题,还反映了五四知识分子在中国社会转型过程中,处理"古今中外"问题所面临的困惑与分歧。五四知识分子与泰戈尔的文化观的理路具有相似和相异之处,他们的文化理论与实践可以相互辉映,对于探寻东西文化调和的路径、对待"传统"的正确态度以及中印文化交流的理路具有现实意义。

结语部分对文化与思想史研究、史料的运用与拓展,以及本书有待进一步探讨的问题作了扼要说明。

(二)本书采用的主要研究方法

1. 学术史梳理法

如前所述,学界对"泰戈尔与中国"的研究取得巨大进展,这为本书的写作提供了丰富的思想资源。本书在掌握学界研究现状和存在问题的基础上阐明观点,避免重复研究造成的学术资源浪费,力图推动相关研究的进展。

2. 个案研究法

本书选取陈独秀、胡适、梁漱溟和梁启超四位分别代表五四时期激进派、自由派和保守派三大文化派别的人物作个案分析,采取以点带面的方式,阐释他们对泰戈尔访华采取的不同态度及其原因。

3. 比较研究法

本书将泰戈尔的文化观与五四各文化派别的文化观进行比较,分析得出结论:泰戈尔访华在五四思想界产生不同凡响的根本原因是五四知识分子本着各自的意图认知泰戈尔,同时他们也在不同程度上误解了泰戈尔思想的本意。这促使我们进一步思考为什么同属于东方文化代表的中国和印度却不能达成对彼此的正确理解。本书再对中国和印度文化的比较,探寻造成误读泰戈尔及五四知识分子与泰戈尔文化观差异的根本原因。

4. "双跨"研究法,即跨学科和跨文化研究法

泰戈尔在文学、文化、哲学、艺术、宗教、教育等许多领域都具有很深的造诣,对其文化观的考察不能脱离对其思想的整体研究,这就需要采取

跨学科的研究方法才能完成。同时,泰戈尔又是一个印度人,对其思想产生背后的文化动因及五四知识分子对之所持态度的考察,又需要采取跨文化的方法,这样才能更深刻地认知泰戈尔访华这一文化事件。

四、本书涉及的基本概念界定

美籍华裔历史学家周策纵认为:"我们做学问,首先需要厘清所用的概念和术语。否则,在现代学术背景之下,几乎无法开口讲话。"①这说明,不论在中国与外国之间,还是在中国内部,概念和术语界定得不清楚将会影响学术交流的正常进行。在强调学术多元化的当今时代,这个问题更显突出。本书涉及文化与文明、传统与文化、五四运动与新文化运动三组基本概念。人们经常对之产生误解、滥用甚至采取大而化之的态度。为避免由此引发不必要的纷争,在正式进入主题之前,本书将对这三组概念作一简要说明和界定。

(一)文化与文明

"文化(culture)"与"文明(civilization)"在中英文中都是比较复杂且容易混淆的概念,在生活中经常被人们混用,在学界也不易分清。近几个世纪以来,有关"文化"与"文明"的争论曾经有过几次高潮,但始终没有达成共识。到目前为止,学界对两者的关系主要有以下三种看法:第一种看法认为文化与文明没有多大差别,甚至可以混用;第二种看法认为文化包括文明,文明是文化进步的高级阶段;第三种看法认为文化与文明是两个具有不同特性的概念。为避免出现因理解分歧而造成不必要的误解,本书将在对这三种看法的辨析中界定和说明笔者对文化与文明的理解,以及文中涉及的人物对二者的理解和运用。

从词源上考察,"文化"与"文明"在中国和西方都是古已有之且具有不同内涵的概念,正如朱谦之所说,"从科学的见地来明确规定起来,则

---

① 侯且岸:《中国史学与文化研究的若干反思之三》,《学习时报》2003 年 3 月 10 日。

文化与文明,在语言原义上实在是很有区别的"。① 因此,将文化与文明混用的做法是不科学的。

在中国古代,"文"与"化"、"文"与"明"是分别而论的。"文"早在甲骨文中已经出现,形似一个文身的人。它的本义是花纹或纹理,后来引申为包括语言文字在内的各种象征符号,进而具体化为文物典籍。"文化"的出现早于"文明"。学界一般认为,"文化"最早见于《易·贲·象辞》:"观乎天文以察时变,观乎人文以化成天下。"在这里,"文"和"化"是具有单独含义的合成词,"文"是名词,"化"是动词,意为以圣人创造的礼乐等典章制度教化天下。据考证,二者合成一个词使用,最早见于汉代刘向的《说苑·指武篇》:"圣人之治天下也,先文德而后武力。凡武之兴,为不服也。文化不改,然后加诛。"这里的"文化"与"武力"相对,可意为"文治教化",这也是"文化"在中国古代的基本含义。"文明"在西周时期已经出现,《易经·干·文言》中讲道:"见龙在田,天下文明。"孔颖达注疏:"经天纬地曰文,照临四方曰明。"这里的"文明"是一个形容状态的词,意为世道光明、时机大好。

在西方,"culture"与"civilization"也有不同的词源。"culture"源于拉丁文"cultura",兼有"神明拜祭,土地耕作,动植物培养以及精神修养诸义",②既包括物质的也包括精神的,精神的文化主要指的是宗教文化。"civilization"词源最早可追溯到拉丁文"civil",具有有条理、有秩序及受教育的意涵。

文艺复兴后,拉丁民族与日耳曼民族对两个词的认识出现了分歧。到18世纪,各民族国家通过战争形成决定性的欧洲版图。英国和法国以绝对优势以"文明"国家自居,拉丁民族把日耳曼民族看得比自己低一等,将"文明"与"野蛮的言行"相对照,与"优雅的礼仪"相提并论;德国知识分子开始运用"文化"一词,批判从法国宫廷抄袭而来的所谓"文明"是指礼貌的这一看法的肤浅。在现代社会中,德语的文化相当于英语的文明,因而文化与文明的混用也就不足为奇了。文化人类学创始人泰勒

---

① 朱谦之:《文化哲学》,商务印书馆1990年版,第6页。
② 朱谦之:《文化哲学》,商务印书馆1990年版,第6页。

指出:"就广义的民族学意义来说,文化,或文明,就其广泛的民族学意义来说,是包括全部的知识、信仰、艺术、道德、法律、风俗以及作为社会成员的人所掌握和接受的任何其他的才能和习惯的复合体。"①泰勒将文化和文明理解为内涵相等的两个词,这是 18 和 19 世纪西方国家极其普遍的做法,也是至今部分民族学家和人类学家的共识。

到了 19 世纪,特别是 1870 年,统一后的德意志在欧洲逐渐强大起来,迅速跻身欧洲殖民国家行列,使"文化"与"文明"两个概念的对立逐渐被淡化。当"文化"一词从德国传到法国时,它在整个西方思想世界中的地位从次等地位上升到主导地位。20 世纪以来,尤其是在"一战"前后,英国和法国再次以"文明"的名义联合起来对抗德国,两个概念的对立再次突显出来。英法两国通常使用文化指涉耕作、培养或精神修养,广义的文化则用文明来代替。德国则将两者区别使用,且采取对文化褒扬、对文明贬低的不同态度。"文化"在德语中泛指丰富的知识储备和进步的科学技术,"文明"则是指泛指人的物质生活方面的进步。按照德国人的理解,文化偏重于精神方面,文明则偏重于物质方面,这种划分符合德国辩证的思维方式,倭铿、巴特尔等许多著名的德国学者都持这种看法,诚如布罗代尔所言,文化与文明的地位差异"符合德意志思想所惯有的那种精神和本原的二分法"。②"英法是以'文明'自骄,而德是以'文化'自异",③西方国家对文化与文明的不同理解,体现了英法实证的社会学传统与德国思辨的历史哲学传统的重要区别。

伴随着"西学东渐"的到来,西方世界对文化与文明的理解推进了中国古代传统的文化与文明两个概念内涵的演变。在五四时期纷繁复杂的思想文化论争中,参与者普遍认为,文化与文明没有太大的差别,不过是一事物的两个方面。胡适在《我们对于西洋近代文明的态度》(《现代评论》第 4 卷第 83 期,1926 年 7 月 10 日)一文中提出:"文明是一个民族应

---

① [英]爱德华·泰勒著,连树声译:《原始文化》,广西师范大学出版社 2005 年版,第 1 页。

② [法]费尔南·布罗代尔著,顾良、张慧君译:《资本主义论丛》,中央编译出版社 1997 年版,第 127 页。

③ 张申府:《文明或文化》,《东方杂志》第 23 卷第 24 号。

付他的环境的总成绩","文化是一种文明所形成的生活方式"。梁漱溟也同样认为:"文化与文明有别。所谓文明是我们在生活中的成绩品——譬如中国所制造的器皿和中国的政治制度等都是中国文明的一部分。生活中呆实的制作品算是文明,生活上抽象的样法是文化。不过文化与文明也可以说是一个东西的两方面,如一种政治制度亦可说是一民族的制作品——文明,亦可以说一民族生活的样法,——文化。"①胡适所讲的生活是一种客观存在,梁漱溟所讲的生活则是一种主观的思想活动。不仅如此,还有甚者认为文化与文明是可以互换、相互等同的概念,如张申府在《文明或文化》(《东方杂志》第 23 卷第 24 号)一文中提出:"文明与文化在中国文字语言中,只可看成差不多与算学与'数学'一样,只是一物事之两名,或一学名一俗名,不必强为区异。或顶多说文化是活动,文明是结果,也不过一事之两看法。"可见,五四时期,知识分子在使用文化和文明两个概念时存在混同的倾向。

五四知识分子对文化与文明的理解,受到英法和德国不同传统的影响,表现在择词上也有所不同。英法侧重使用"文明",受英法影响的杜亚泉、胡适、张东荪、徐志摩等人也偏爱使用"文明"一词。德国的文化传统传到日本,进而影响到中国,受德国影响或有过留日经历的知识分子则侧重使用"文化",如梁漱溟受德国哲学家柏格森的影响而惯用"文化"一词。陈独秀在五四运动初期也使用过"文明",在与"近世"一词连用时,他强调文明的发展是一个动态过程,明显倾向于英法的传统看法。后来,他受德国文化传统影响,转而使用"文化"一词,含有希望中国像德国一样强大,与殖民统治国家相对抗的意蕴在其中。同时,陈独秀强调以暴制暴,也暗示了他不反对使用武力的倾向。总体而言,五四时期,知识分子使用较多的是"文明"一词。五四知识分子基本赞成文化或文明包括物质和精神两方面,与我们今天所讲的"文化"一词的含义相当。他们认为,东西文明的差别在于双方强调的侧重点不同。他们所关注的西方文化或文明指的是文艺复兴之后西方文化相对稳定的状况,东方文化或文

---

①　梁漱溟:《东西文化及其哲学》,《梁漱溟全集》第 1 卷,山东人民出版社 1989 年版,第 380～381 页。

明指的是古代社会的传统文化。他们对文化或文明的不同选择与理解，"隐含着独特的价值取向，进而反映着整个时代和社会的普遍风尚"①，不是使用简单的文化哲学理论就可以评判的问题。本书将在具体分析"五四"人物个案和历史事件时，对文化或文明的具体内涵及特点逐一作出解读。

　　泰戈尔对文明的理解既具有典型的印度特色，又受到英国文化的熏染，在他的行文中通常使用"文明"一词，"文化"则很少见。泰戈尔认为，文明是人类"追求完美的理想"②的代名词。五四知识分子对文化或文明的看法与英国的泰勒基本一致，泰戈尔的看法则与英国学者阿诺德相似。阿诺德认为："文化就是追求我们的整体完美，追求的手段是通过了解世人在与我们最有关的一切问题上所曾有过的最好思想和言论……引导我们把真正的人类完美看成是一种和谐的完美，发展我们人类的所有方面；而且看成是一种普遍的完美，发展我们社会的所有部分。"③"阿诺德的定义是对古代以来文化认识的集大成；那么泰勒的定义强调文化是一种'复杂的整体'和'整个的生活方式'"。④ 泰戈尔与五四知识分子对文化或文明的不同择取与不同理解，体现了双方对文化或文明的传统与现代成分的不同捕捉。这种现象不仅存在于中国，也是当时整个世界普遍存在的。

　　综上所述，文化与文明是两个既有区别，又有联系的概念。文化与文明都是人类社会发展的产物，从产生时间上看，自有人类起便有文化，文明则是在语言文字出现之后产生的，因而，文明是文化发展的高级阶段，具有积极和进步的含义，文化则把人类创造的一切方面都包括在内。文化与文明都包含物质和精神两方面，用"是精神的还是物质的"来区分文

---

　　①　曹卫东、张广海：《文化与文明》，广西师范大学出版社 2005 年版，第 6 页。

　　②　[印]泰戈尔：《在中国的谈话》，沈益洪编《泰戈尔谈中国》，浙江文艺出版社 2001 年版，第 64 页。

　　③　[英]马修·阿诺德著，韩敏中译：《文化与无政府状态：政治与社会批评》，生活·读书·新知三联书店 2002 年版，第 23 页。

　　④　郑师渠：《思潮与学派——中国近代思想文化研究》，北京师范大学出版社 2005 年版，第 461 页。

化或文明的类型是不科学的。在具体使用上,尤其是在现代社会,文化偏重于强调动态的行为,文明则注重强调相对稳定的状态。自布罗代尔使用文化代替文明以后,文明的广泛使用逐渐被文化所代替。无论是文化的比较还是文明的比较都要遵循同类比较的原则,或是针对同一历史时期,或是针对不同历史时期的同一事物。只有这样,才能寻出文化或文明演进的理路。

(二)传统与文化

"传统"与"文化"这两个概念都是中性词,在中国和西方都是古已有之,经过长期历史演变又被赋予现代含义。"传统"似乎是一个不证自明的概念,具体道来却又含混不清。"文化"则是一个十分具有争议性的概念,它的定义不下二百种。"传统"与"文化"通常连在一起使用,形成"文化传统"与"传统文化"两个词语组合。因此,有必要对两个概念及其词语组合加以界定和解释。前文已经对文化的概念作一梳理,在这里重点阐述传统的含义。

"传统"之"传"作为动词,具有延续、继承的意思。"统"作为名词,它的本义是"丝的头绪",引申为事物的根本,即总规律、总原则等。"传统"二字放在一起使用,据考证始见于《后汉书》的《东夷传·倭篇》记载:"倭在韩东南大海中,依山岛为居,凡百余国。自武帝灭朝鲜,使驿通于汉者三十许国,国皆称王,世世传统。"这里的"传统"指的世代相传的帝业。除王统外,"传统"还可指血统、道统、学统等等。总之,在中国古代,可以把"传统"理解为世代相传的某些带有根本性的东西。

在西方,"传统"一词源于拉丁文"traditum",意为从过去延传到现在的事物,这也是英文"tradition"一词的最基本含义。西方现代解释学家伽达默尔在《真理与方法:哲学诠释学的基本特征》一书中把"tradition"理解为"保存"。社会学家希尔斯在《论传统》也认为:传统的含义是世代相传的东西,即任何从过去延传至今或相传至今的东西。

尽管中西文化对传统的具体理解不同,但在"传统是世代相传的东西"这一点上是可以达成共识的。就本质而言,凡是代代相传的事物都是传统,包括物质实体、信仰、形象、惯例、制度等等;文化是指内在于人类的一切活动之中,影响人的行为方式的深层的隐性东西。

　　"传统"体现在"文化"之中并在其中得到沿传和发展,二者相互制约,相互关照。这两个概念可以组合成"传统文化"和"文化传统"两个范畴。一般认为,传统文化(Traditional Culture)是相对于当代文化、外来文化而言的具体文化,落脚在文化,传统则是一个时间性概念,相当于过去的文化。文化传统(Cultural Tradition),落脚在传统,文化是一个修饰词,指的是支配千万人的习惯和力量,在历史文化中凝结而成,并且具有深远的影响,甚至对现代社会仍有重大影响的内在要素。"传统文化"与"文化传统"好比形而下的"器"与形而上的"道"。本书涉及的五四时期的反传统问题,其内涵指的是文化传统,而不是中国传统文化,由于传统与文化之间的紧密关系,在分析这一问题时自然会涉及如何对待传统文化问题。

(三)五四运动与新文化运动

　　在中国大陆,学术界一般将"五四运动"与"新文化运动"是分开而论的。五四运动是指发生在1919年5月4日那一天的北京学界组织的示威游行及其后的工人罢工、商人罢市、学生罢课,具有反帝反封建性质的全民爱国政治运动,是新旧民主主义革命的分界线。新文化运动特指以陈独秀为主要代表的先进知识分子以"科学"和"民主"为口号所发动的廓清蒙昧、启发民智的思想启蒙运动。在港台和国外,五四运动则有广义和狭义之分。狭义的五四运动特指五四爱国政治运动,广义的五四运动还包括在爱国政治运动前后形成的思想文化运动,即新文化运动。大陆学界将"五四运动"与"新文化运动"分而论之的历史形成过程详见第四章第二节。

　　20世纪80年代末90年代初,随着大陆与港台、国外的学术交流,大陆学界受此影响,赞成使用"五四运动"这一范畴涵盖1915～1924年发生的爱国政治运动和思想启蒙运动的学者越来越多,逐渐在国内外学界达成共识。自五四时期开始,学界对这场启蒙运动在提法和内涵理解上存在较大分歧。本书采用"五四运动"这一在国际学术界普遍采纳的提法,其内涵指的是五四知识分子所倡导的思想启蒙运动,而爱国政治运动不是讨论的重点。

五四知识分子倡导思想启蒙运动的主旨是实现中国文化由传统向现代的转化，其革命的对象是封建文化，封建文化不等于旧文化，他们所倡导的新文化与旧文化也不是决然对立的。五四知识分子围绕新与旧的关系问题，对中国传统文化的现代转化提出了不同的思路。有的主张以新文化替换旧文化、以西方文化代替东方文化，有的主张新旧文化调和、东西调和文化。尽管他们对这场声势浩大的思想启蒙运动本身有各自不同的理解，但他们有一个共同的基本主张就是：吸收西方文化的先进思想，摒弃中国文化封建落后的东西。因实现这一主张的思路不同而形成的激进派、自由派和保守派三大文化派别，对中国传统文化的现代转化提出了不同的出路，他们之间互相牵制、互相映照，推动了人们对新文化的认知和中国文化的走向，对此后中国文化的历史进程作出了各自的贡献。因而，本书在考察五四思想界的状况时，除了把以陈独秀为代表的激进派和以胡适为代表的自由派作为研究对象，以梁启超和梁漱溟为代表的保守派也在关注的范围之内。

第一章　泰戈尔访华

　　泰戈尔曾于1924年和1929年两度访华,相较而言,前一次引起的关注更多,产生的影响也更大,也是本书探讨的重点。在"一战"引起东西文化格局变动的背景下,应中国学者的邀请,泰戈尔一行6人于1924年4月抵达中国。之前,五四思想界掀起的"泰戈尔热",为泰戈尔访华的顺利进行作了铺垫。泰戈尔游览了中国主要大中城市的许多名胜古迹,参加了各地为其举办的欢迎会,会见了社会各界名流,作了几十场有关文明、文学、哲学等方面的演讲。由于人们看待泰戈尔的视角不同,五四思想界对泰戈尔访华和泰戈尔的思想的看法产生了诸多分歧和争论。与首次访华闹得沸沸扬扬不同,1929年泰戈尔在赴日本和美国讲学途中两次驻足中国的史实,却鲜为人知。泰戈尔访华对沟通中断的中印文化交流历史、创建两国文化交流的机构、深化双方对对方的学术研究等方面均具有"里程碑"式的意义。

第一节　"一战"引起中西文化格局的变动

　　1914年至1918年爆发的战争,是人类历史上前所未有的参战国家最多、军费支出庞大、死亡人数众多和损失巨大的世界规模的战争。它不仅对世界的政治和经济格局产生重要影响,而且也引起世界文化格局的重要变动,诚如列宁在《为了面包与和平》一文中所言:"战争使最文明的、文化最发达的国家陷于饥饿的境地。不过从另一方面来看,战争这一巨大的历史过程又空前地加速了社会的发展。"欧洲国家是"一战"的主战场、发起国和主要交战国,战争对它们的影响无疑是最大的。"一战"引起西方国家对自身文明优越性的怀疑,动摇了以西方文化作为世界文化中心的观念。同时,西方国家价值取向的转换无疑也会影响到以西方为榜样的中国,引起中国思想界的剧变。由于中国知识分子对战争的体认和文化路径的抉择不同,致使新文化阵营产生分化并引发诸多的思想文化论争。许多西方学者慕名到中国访问和讲学,中国学者也受邀到西方去,中国和西方开始了直接的对话。泰戈尔访华正是在这样的背景下发生。

一、"西方的没落"与东方文化热的兴起

19 世纪 70 年代,西方资本主义国家由自由竞争阶段进入垄断阶段,资本主义文明的危机也日益严重。早在 19 世纪末,西方社会已经有人预测西方文明将在不久的将来出现全面危机。因新老资本主义国家利益分配不均而爆发的"一战",便是资本主义世界总体危机的集中表现。战后,不论是战胜国还是战败国都弥漫着悲观失望、烦躁不安的气氛,政治混乱、经济萧条、文化没落的悲惨景象弥漫着整个欧洲。人们普遍对西方文明的发展前途产生了怀疑,整个西方世界笼罩在一片犹如"世纪末日"一样的悲凉、迷茫和混乱的气氛之中。英国哲学家罗素在《中国人到自由之路》一文中曾指出:"欧洲文化的坏处,已经被欧洲大战显示的明明白白。"当时影响最大、最能集中反映西方人这种心理的是德国著名历史学家斯宾格勒在其成名作《西方的没落》中所指出的,每一种文化犹如一个有机体,都有发生、发展、兴盛和衰亡的过程,"一战"的爆发不是偶然的事件,而是表明西方文明必然面临没落的命运。该书内容庞杂、晦涩难懂,且不免有为德意志帝国张目之嫌,其成功之处与其说是它的内容,倒不如说是它的题目。作者以尖锐的方式表现了战后西方人普遍的心理不安,将西方文化从"世界事变的假定中心"拉回到与印度文化、巴比伦文化、中国文化、埃及文化、阿拉伯文化、墨西哥文化等民族文化同等的地位。斯宾格勒在书中强调:"从分量看来,它们在历史上的一般图像中的地位并不亚于古典文化(指西方文化——笔者注),而从精神上的伟大和力量之上升方面来看,它们常常超过古典文化。"该书出版后立即轰动整

个欧洲,多次再版,现已成为世人了解"一战"的必读书目。斯宾格勒本人也因此成名,由普通的中学青年教师一跃成为著名的思想家。

"一战"使西方国家对近二三百年辉煌灿烂的现代西方文明丧失信心。一方面,思想界兴起复古热,热衷于读古书,虔心祈祷,乞灵于古代宗教,将古代之英雄圣贤诗人学者等奉为救世主予以鼓吹,并且许多地方出现职业算命者;另一方面,他们对遥远静谧而又陌生的东方文化油然而生敬慕之情,"东方文化救赎论"在西方蔚然兴起。法国文学家罗曼·罗兰在致泰戈尔的一封信中写道:"大战之惨祸,已明白昭示欧洲文化弊病深重,非吸取东方文化之精髓,融东西文化于一炉,不足以言自存。"当时,以中国和印度为代表的东方文化在西方大行其道。中国的孔子、老子被许多人奉为宗师,《易经》、《道德经》、《论语》、《孟子》等经典著作出现多个译本。研究和传播中国学问的各种团体也在世界各地建立起来。借此"东风",印度人泰戈尔凭借诗集《吉檀迦利》一举夺得诺贝尔文学奖,成为亚洲第一位获此殊荣的人。"吉檀迦利"意为神的赞歌,这部诗集歌颂的是以博爱为核心的人道主义精神,其中,"神"是爱的化身。《吉檀迦利》不仅带有东方的神秘色彩,同时也融入了西方的人文主义精神。泰戈尔直接运用西方的语言传情达意,表现出与西方难能可贵的合拍。庞德说,泰戈尔诗中"深邃宁静的精神压倒了一切。我们突然发现了自己的新希腊。像是平稳感回到文艺复兴以前的欧洲一样,它使我感到,一个寂静的感觉来到我们机械的轰鸣声中"①。诺贝尔文学奖的评委们也正是被泰戈尔诗歌中体现的融合东西方美感的独特之处所吸引和震撼。瑞典文学院授予泰戈尔诺贝尔文学奖的理由是,《吉檀迦利》是"真正出于普遍的人性","由于他那为敏锐、清新与优美的诗;这诗出之以高超的技巧,并由他自己用英文表达出来,使他那充满诗意的思想业已成为西方文学的一部分","他已经使得所有在英格兰、美国,以及整个西方世界中关怀并重视高贵文学的人士有机会谈到他的诗"。② 泰戈尔获奖更为直

---

① [印]克里希那·克里希巴拉尼著,倪培耕译:《泰戈尔传》,漓江出版社1984年版,第267页。

② 陈映真主编:《诺贝尔文学奖全集》第8册,台北远景出版事业公司1981年版,第1、3、5页。

接的现实原因是：他的诗在欧洲人对未来前途一片茫然之际，恰好满足了他们欲求一种精神安慰与精神支柱的需要。诚如爱尔兰诗人叶芝在《吉檀迦利》的序言中所说，泰戈尔的诗能使人把世界上的一切烦恼都抛到九霄云外。此后，泰戈尔应邀出访了西方许多发达国家，批评西方物质文明的危机，宣传东方文明的精神价值，泰戈尔所到之处受到热烈欢迎，"泰戈尔热"在欧洲蔚然兴起。

西方这股崇拜东方文化的狂热，是继 18 世纪中西文化大规模接触之后出现的第二次精神接触。西方之所以兴起东方文化热潮，一方面，西方国家欲寻求解救精神危机的一个参照物，如蔡元培在《五十年来中国之哲学》一文中所说，西方人研究东方文化是出于对自己的文化不满足，欲寻找东方文化作以参照；另一方面，东方文化关注精神生活，强调人际和谐，提倡人与自然共处等人文特质可以为西方解决物质文明畸形发展而造成的问题提供思想资源。

"一战"不仅使西方人反思自己的文明，也令部分中国人开始反思西方文明的缺陷，重新审视东方文明的价值，他们不再迷信西方文明完美无缺，也不再认为西方是自由平等博爱的象征。于战后不久访问中国的罗素，谈到中国人这种心态的变化时说：中国人"对西洋之文化，亦抱怀疑之态度。有数人告予曰，彼在一九一四年之前，尚不胜怀疑；及欧洲战争，乃不能不思欧洲之文化，必有缺点者在"。①

五四思想界，最早洞察这一动向的是《东方杂志》主编杜亚泉，他在《静的文明与动的文明》、《大战争与中国》、《大战争之所感》、《战后东西文明之调和》等文章中强调，中国所崇尚的西方文明在大战中已经破绽百出，今后中国人应改变盲从学习的态度，理性看待西方文明真正价值所在，战后的新文明应是东西文明相互取长补短的。另一些人却有不同看法。陈独秀连续撰写《质问〈东方杂志〉记者——〈东方杂志〉与复辟问题》、《再质问〈东方杂志〉记者》、《本志罪案之答辩书》等数篇文章批判杜亚泉等人的思想。他指出，中国的古代文明在古代有"相当的价值"是不可否认的，但是要维持"君道臣节名教纲常"则不足以支配现代社会。

---

① ［英］罗素：《中国之问题》，中华书局 1924 年版，第 190—191 页。

他认为杜亚泉的思想企图谋封建思想之复辟。瞿秋白在《饿乡纪程》中也曾指出,"一战"后西方思想破产而向东方寻求援助重新引发了中国人的傲慢心理。胡适在《我们对于西洋近代文明的态度》一文中更进一步地指出,"一战"后西方人对自己的文明产生一种厌倦的反感,反而对东方文明投以崇拜和赞美之情。这种议论本来只是西方人的病态心理,却正投合东方民族的自负,守旧势力也借此增加了不少嚣张气焰。以杜亚泉、陈独秀二人围绕东西文化差异的争论为导火线,五四思想界爆发了声势浩大的东西文化论争。

　　"一战"刚刚结束,梁启超一行7人即赴欧洲进行了历时一年多的考察,亲眼目睹了战后西欧国家的惨败景象和西方兴起的东方文化救世论的热潮。梁启超在归国途中,根据旅欧观感写成长文《欧游心影录》。他回国后一改往日"西化"的作风,将老子、孔子、墨子并称为"三圣人",认为他们追求理想与实用的一致,其思想代表了中国文化的精髓,并指出中国对于世界文明的责任在于用西方文明扩充中国文明,再用中国文明补助西方文明,使二者"化合"成一种新文明。此后,梁启超便致力于运用西方研究学问的方法,挖掘中国传统文化中的现代资源。作为近代启蒙思想家,梁启超对学习西方文明的"变节",在当时思想界产生的影响之大是可想而知的。五四思想界围绕梁启超在《欧游心影录》中的观点展开了一场激烈争论。同样出于对国内外兴起的东西文化调和思潮的反思,梁漱溟整理其有关东西文化及其哲学方面的讲稿,在此基础上出版了《东西文化及其哲学》一书。该书根据人类解决人与自然、人与人、人与自身三大问题的先后顺序,将世界文化分为西方、中国、印度代表的三种不同文化路向。梁漱溟认为西方文化是过去的、印度文化在遥远的未来、中国文化则是合时宜的。他提出的不同于西化派的关于世界文化的发展理路,引起了西化派的强烈不满,在他与胡适之间就曾展开了一场唇枪舌剑的辩论。同时,普遍持论激进的早期马克思主义者将那些力主反思西方文化、主张东西文化调和与复兴中国传统文化的一批人泛称为"东方文化派",将他们视为主要的批判对象。

二、科学主义的衰落与人本主义的勃兴

近代以来,从西方众多思潮的总体倾向和思想特征来看,科学主义和人本主义之间的争论此起彼伏。信仰"科学"在批判宗教神学、摆脱封建愚昧的进程中起了重要作用。科学的突飞猛进也带来资本主义工业的飞速发展,推动了资本主义经济的腾飞,科学主义思潮日益占据上风。科学主义是"把所有的实在都置于自然秩序之内,并相信仅有科学方法才能认识这种秩序的所有方面(即生物的、社会的、物理的或心理的方面)的观点"。① 它强调"科学"铁的法则,放纵人的欲望膨胀,忽视对人的精神关怀。针对"一战"中参战国运用大量新式武器给人类造成巨大的伤害,以及物质文明的迅猛发展带来欲望的膨胀,一部分人把"一战"的起因归结于科学技术的滥用,并认为科学的肆意发展给人类带来了巨大灾难。这种看法固然有不妥之处,但毕竟反映了西方社会对迷信"科学"的反思。在思想文化领域里,对"一战"的反思则表现为对科学理性的批判、强调以人为出发点和归宿的反理性的人本主义思潮勃兴,如叔本华的"生命意志"和尼采的"权力意志"的唯意志主义,倭铿的"精神"、柏格森的"直觉"、杜里舒的"生机"的生命哲学,克尔凯郭尔的"孤独"、海德格尔的"厌烦"、雅斯贝尔斯的"死畏"的存在主义,白璧德的新人本主义,等等。这些反理性主义的合唱是西方人的精神生活世界和资本主义文化价值体系分裂的表现。

伴随着西方军事、政治和经济入侵,西方近代的科学知识也传入中国,特别是中国在甲午战争的失败强化了国人学习西方科学技术的理念。严复认为,西方国家强大的最主要原因是科学的发达,中国的落后可归结为科学的不发达。他在《原强》中进一步强调了科学的重要性,他认为:"不为数学、名学,则吾心不足以察不遁之理,必然之数也;不为力学、质学,则不足以审因果之相生,功效之互待也。"严复所讲的科学不仅包括科学知识,而且还包括科学精神和科学方法。严复认为,中国古代的传统

---

① 〔美〕郭颖颐著,雷颐译:《中国现代思想中的唯科学主义》,江苏人民出版社 1989 年版,第 16~17 页。

学术不外经史子集,迷信经典,缺少创新性,寻章摘句,缺少系统性;治学方法不外是陆王唯心主义,"强物就我",缺少客观性。在他看来,这种治学方法"其祸也,始于学术,终于国家",①因而提出"内籀法"(归纳法)与"外籀法"(演绎法)相结合的原则,重视实地考察取证。梁启超也树立了对科学的坚定信仰,他曾不遗余力地介绍达尔文和牛顿等人的学说。新文化运动倡导者承继严复、梁启超等近代思想启蒙家的衣钵,把"科学"作为一面旗帜,使科学思潮在中国的传播更为强劲,形成以陈独秀为代表的唯物论科学主义和以胡适为代表的经验论科学主义两大派别。

"一战"的爆发打破了人们信仰科学的神话,昔日的科学信徒严复和梁启超也举起"反对科学"的旗帜。曾以"科学是解救中国的唯一重要的良药"的严复,把"一战"造成大量人口伤亡的原因归结于依赖于先进的科学技术而制造出的先进武器。明确严厉批评"科学万能论"并在思想界产生深远影响的是梁启超,他在《欧游心影录》中大声疾呼"科学万能的破产",指出西方人"好象沙漠中失路的旅人,远远望见个大黑影,拼命往前赶,以为可以靠他导向,那知赶上几程,影子却不见了,因此无限凄惶失望。影子是谁,就是这位'科学先生'。欧洲人做了一场科学万能的大梦,到如今却叫起科学破产来"。随后,批评科学万能、质疑科学功用的文字逐渐多起来。梁漱溟的代表作《东西文化及其哲学》颇具代表性,他在书中强调,科学是西方文化的一大"异采",它是人类战胜自然所取得的成就,但不对它加以限制,就会逾越它自身应有的界限,侵犯人对生存意义的追求。

在科学主义思潮衰落的同时,强调非理性的人本主义思潮蓬勃兴起。西方人本主义思潮最早于清末民初已经传入中国,当时主要介绍的是以叔本华和尼采为主要代表的唯意志主义。这一学派以研究人的意志为中心,主张意志和生命决定一切,反对科学,反对理性,是现代西方人本主义哲学思潮的开创性流派。人本主义思潮系统传入中国则是在"一战"以后,当时影响最大的是生命哲学派。这一学派基本主张用生命的发生和发展来解释世界,其代表人物是法国的柏格森和德国的倭铿。五四思想

① 严复:《救亡决论》,《严复集》第 1 册,中华书局 1986 年版,第 45 页。

界除了重点介绍生命哲学的这两位代表人物思想之外,还对访问中国的
杜里舒的思想作了系统阐释。此外,美国新人文主义哲学家白璧德的思
想也传入中国。

柏格森以强调直觉为特点的生命哲学率先传入中国。早在 1914 年
10 月钱智修就在《东方杂志》上发表《布洛逊哲学之批评》(布洛逊即柏
格森——著者注),1918 年 2 月刘叔雅在《新青年》发表《柏格森之哲
学》,分别从正反两个角度介绍了柏格森哲学思想。柏格森哲学引起五
四思想界的广泛关注,得益于杜威在访华期间对柏格森思想的大量介绍,
从此中国思想界研究柏格森著作和思想的文章逐渐多起来,主要有范寿
康的《柏格森之时空观》、李石岑的《柏格森哲学之解释与批判》、严既澄
的《柏格森传》、梁漱溟的《唯识家与柏格森》、张君劢的《法国哲学家柏格
森谈话记》、瞿世英的《柏格森与现代哲学发展趋势》、冯友兰的《柏格森
的哲学方法》、张东荪的译作《创化论》和《物质与记忆》、杨正宇的译作
《形而上学序论》。

继柏格森之后,传入中国的是倭铿的精神哲学。张君劢于 1921 年 3
月 15 日在《改造》上发表《倭伊铿精神生活哲学大概》一文,这是中国最
早介绍倭铿精神哲学的文章。不久后,同属于生命哲学派德国哲学家杜
里舒访问中国,尽管他的社会影响不敌倭铿和柏格森,但五四思想界对生
命哲学的介绍与研究从倭铿的精神哲学转向杜里舒,以强调生物发展有
自主规律的生机哲学在中国流传开来。张君劢于 1922 年 2 月发表的《德
国哲学家杜里舒氏东来之报告及其学说大略》(《改造》第 4 卷第 6 期)一
文,标志着杜里舒生机哲学的传入。费鸿年发表的《杜里舒哲学概况》和
《杜里舒及其学说》两篇文章,全面而系统地介绍了杜里舒的生机哲学。
瞿世英的《杜里舒哲学之研究》一文,把握了杜里舒生机哲学的精髓,并
将之与时代精神相结合进行评价。与杜里舒哲学同期传入中国的人本主
义思潮还有美国白璧德的新人文主义。白璧德反对卢梭提出来的放纵激
情以主宰人类方向的思想。这种思想自文艺复兴以来对欧洲产生巨大的
影响。白璧德主张从培养传统的人文道德精神中开拓出现代意义,呼吁
从亚里士多德学说、孔子思想和印度佛教的汇通中寻求人文精神的复兴。
吴宓、梅光迪等白璧德的一批中国学生及其思想信仰者于 1922 年创办的

《学衡》杂志,在"通论"和"述学"两大栏目中多次介绍白璧德的新人文本主义思想,主要代表作有:梅光迪的《现今西洋人文主义》、吴宓的《白璧德之人文主义》、《白璧德论欧亚两洲之文化》。梁实秋把介绍白璧德的部分文章结集成册出版,命名为《白璧德与人文主义》,开启了白璧德的新人文主义与儒学沟通的新阶段。

科学主义和人本主义的争论在西方斗争的历史悠久,难分伯仲。"一战"后,随着科学主义的衰落与人本主义的兴起,两大思潮的争论在中国延伸下来。张君劢首先发难,于1923年在清华大学发表演讲《人生观》,明确提出科学解决不了人生观的问题。他主张用西方的生命哲学解决人生观问题,明确表示怀疑"科学万能"的功用,引起了科学主义者的极度不满,科玄论争由此爆发。

三、进化论的渐弱与互助论的兴起

"一战"给整个人类造成的巨大灾难,使主张弱肉强食的社会达尔文主义遭到部分人的质疑。这部分人从中领悟到资产阶级的民主、自由、共和国不过是少数人享有的特权,主张反对资产阶级统治,争取人人平等权利,无政府主义和社会主义思潮在全世界蔚然成风。俄国十月革命的胜利,使社会主义由理想变为现实,为人们争取民主权利提供了可资借鉴的途径,也为人们认知社会主义提供了现实的范例。

那些坚信"西方的今天便是中国的未来"的新文化运动领袖们,受到西方国家反思资本主义的思潮影响,由主张进化论转向推崇互助论,从而使讲求互助协作的社会主义和无政府主义思潮在五四思想界兴起。蔡元培感叹,生存竞争的学说已经不适合时代的需要,损人利己决不能获得最后的胜利。梁启超在《欧游心影录》中严厉批评了自己曾大力赞扬的社会达尔文主义,却对为避免资本主义制度的弊病而提出的社会主义表示出明显的好感。由于人们对社会主义的理解和设想不同,有关社会主义的学说和流派也五花八门。这些学说在"一战"前已经产生,在景象败坏的战后欧洲迅速兴盛起来。中国的接受者不仅通过宣传扩大了无政府主义和科学社会主义的影响,他们还成立组织将之付诸实践,以作为改造中国社会的手段。

无政府主义是一种反映了小资产阶级和流氓无产者的思潮,在欧洲主要有三个流派:一是施蒂纳和普鲁东的无政府个人主义,二是巴枯宁的无政府工团主义,三是克鲁泡特金的无政府共产主义。他们的基本主张是反对权威,否定一切国家政权,主张人类平等和人性解放。无政府主义于20世纪初传入中国,它对未来理想社会的美好设想吸引了许多人的关注,在五四时期尤其在"一战"后对中国知识分子和进步青年产生巨大影响。以师承刘师复的黄凌霜和区声白为代表的无政府主义者,承继了克鲁泡特金的无政府共产主义主张,他们被认为是无政府主义在中国的正宗传人。此外,日本小路实笃的新村主义、托尔斯泰的泛劳动主义等非主流的无政府主义思想也传入中国。这些无政府主义者不仅创办刊物,如《民声》、《人群》、《进化》、《劳动月刊》等宣传无政府主义思想;而且还建立了宣传无政府主义的组织,如民声社、进化社;他们还以多种方式践行无政府主义主张,在许多地方成立了互助组和新村试点,许多人参与其中,李大钊、毛泽东等人都是积极的组织者和参与者。无政府主义思潮在当时成为一种积极的进步思潮,其他并非专门宣传无政府主义的进步杂志如《新青年》、《新潮》、《少年中国》、《新人》、《民国日报·觉悟》等也都纷纷介绍无政府主义的思想。五四时期,无政府主义作为社会主义的一个流派传入中国,它与科学社会主义在对未来社会构想的许多方面存在相似之处,当时,许多青年因分不清二者的区别,将二者混为一谈。无政府主义与科学社会主义的本质区别在于,无政府主义所持的改造现有社会的主张带有浓厚的空想色彩。无政府主义具有蔑视组织和否定权威的缺陷,其主张者无法提出解救中国危机的行之有效的方案,也无法将分散的广大人民群众组织起来对抗强大的国内外剥削者。五四时期,在无政府主义者与马克思主义者之间发生了辨别真假社会主义的争论,但由于无政府主义的实践在中国的尝试屡遭失败,致使其在中国的影响日渐衰弱,许多信仰者都放弃无政府主义的主张投身到实际的革命斗争中去。

"一战"前后,在西方发达资本主义国家内部还兴起了以改善劳资关系为主要手段的资本主义向社会主义和平过渡的改良主义思潮,主要包括罗素的基尔特社会主义、欧文的合作主义、伯恩斯坦和考茨基的修正社会主义。其基本观点是反对阶级斗争和无产阶级专政,主张用行会的方法和精神,以劳资合作的和平方式实现对私有制的改造和劳动者的解放。尽管中国的资本主义还远没有达到西方资本主义国家的高度,但作为反思现代资本主义制度的理性思考,西方世界兴起的改良主义思潮传入中国后也产生很大影响。英国的基尔特社会主义者罗素于 1920 年应邀访华,扩大了基尔特社会主义在中国的影响。张东荪受罗素的影响,由激进的社会主义信仰者变成资产阶级改良主义者。张东荪的"变节"遭到了马克思主义者陈独秀等人的批评。双方为捍卫各自的信仰,都开辟了"社会主义讨论"专栏,以张东荪主编的《改造》和陈独秀主编的《新青年》为阵地,围绕"是通过革命还是改良的方式实现社会主义"的问题展开了激烈的争论。由于中国并不具备像英国那样资本主义工业高度发达的经济基础,通过改良实现社会主义的主张在当时的中国没有赢得广大的市场。

在中国率先举起马克思主义旗帜的李大钊,他发表了《庶民的胜利》、《布尔什维主义的胜利》、《我的马克思主义观》、《法俄革命之比较观》等多篇文章,对马克思主义的唯物史观、政治经济学和科学社会主义理论作了系统介绍,赞扬了俄国十月革命开辟人类历史发展新纪元的伟大意义。在李大钊的带动下,翻译、介绍、研究和宣传社会主义的刊物和团体如雨后春笋般生长。《共产党宣言》、《社会主义从空想到社会的发展》、《国家与革命》等马列主义经典著作出现了多种译本。毛泽东在湖南创办了《湘江评论》,周恩来、邓颖超在天津创立了觉悟社并出版《觉悟》,王尽美在山东创立了励新学会,方志敏在江西创立了改造社。具有初步共产主义觉悟的马克思主义者在全国主要城市和在国外的留学生中组织成立了以马克思主义为指导思想的共产主义小组。"社会主义底思潮在中国可以算得风起云涌了,报章杂志底上面,东也是研究马克思主义,西也是研究鲍尔希维主义,这里是阐明社会主义理论,那里是叙述劳动运动的历史,蓬蓬勃勃,一唱百和,社会主义在今日中国,仿佛有雄鸡一唱天下晓的情景。"①社会主义成为当时最时髦的名词之一,无论是进步

---

① 潘公展:《近代社会主义及其批评》,《东方杂志》第 18 卷第 4 号,1921 年 2 月 25 日。

势力还是守旧势力都打着"社会主义"的旗帜。在马克思主义者李大钊和自由主义者胡适之间发生的问题与"主义"之争中的"主义"主要指代的也是社会主义。

五四知识分子反思"一战"所择取的角度不同，自然产生诸多的认识分歧和错综复杂的思想文化论争。战后，主张批评"科学万能论"、倡导东西文化互补、主张阶级间的互助合作的文化保守主义思潮在五四思想界兴起，同时，俄国十月革命后马克思主义在中国广泛传播开来，这些因素导致新文化运动阵营分裂为激进主义、自由主义和保守主义三大派别。

四、东西文明的直接平等对话

"一战"后，西方和东方对彼此的文化有了重新认识，双方开始在平等的基础上认识彼此，进而展开直接的对话。1921 年，凡尔赛—华盛顿体系确立了战后国际关系的新格局。虽然这只是暂时消弭了战胜国与战败国之间、战胜国与战胜国之间以及殖民地半殖民地国家与帝国主义国家之间的各种矛盾，客观上却维护了战后世界局势的稳定，为跨文化交流提供了宽松的环境。外国学者应中国学者之邀访华，不仅沟通了中外之间的文化交流，增进了相互了解，直接影响了中国思想界的发展趋向；同时，他们将在中国的所见所闻所感带回国内，扩大了中国文化在西方世界的影响。此外，中国的学者和艺术家也不断接到出访的邀请，进行学术交流。他们受到西方世界的热烈欢迎，使中国文化得以传播。这一时期，中外文化交流的主要趋向以前者为主，泰戈尔只是当时应邀访华的众多外国学者中的一个。

在泰戈尔之前，访问过中国的西方学者，以美国哲学家杜威、英国哲学家罗素和德国哲学家杜里舒最为著名。他们访华之所以能够顺利进行，不仅源于中国学者的盛情邀请，更主要的原因是一批留学欧美的中国学生在国外与之建立了密切的联系。胡适在哥伦比亚大学攻读博士学位时，美国实证主义哲学家、教育家杜威担任他的导师。1919 年，杜威在日本讲学，他的中国学生胡适、陶行知、蒋梦麟、张伯苓等人借机邀请其访问中国。1918 年底，张君劢与梁启超访问欧洲时，一同拜访了德国哲学家倭铿，并邀请其到中国讲学，倭铿以年事已高为由拒绝了邀请。张君劢对倭铿的哲学倍加推崇,送梁启超等人回国后,便师从倭铿学习哲学,有时也到法国听柏格森的课。由于受讲学社力邀杜里舒访华的委托,在倭铿的介绍下,张君劢与杜里舒取得联系。杜里舒接受了邀请,在张君劢陪同下来到中国。从胡适、张君劢等人身上映射出五四思想界放眼世界和广纳新知的精神追求。

杜威、罗素、杜里舒,分别于五四运动前后抵达中国,以北京和上海为活动中心,游览了中国许多文化名城的名胜古迹,公开演讲宣传自己的学说,与中国各界人士进行了广泛交流。杜威于 1919 年 4 月(五四运动前的 4 天)来华,1921 年离开,在中国居住了两年零两个月,在华期间主要介绍了实用主义的政治观、人生观和教育观等方面内容。罗素于 1920 年来华,1921 年 7 月离开,在华期间主要宣传了以发展实业和振兴教育为支撑的基尔特社会主义。杜里舒于 1922 年 10 月来华,1923 年回国,历时一年之久,在华期间宣传了他的生机哲学论。与罗素、杜里舒访华相比较,杜威在中国居住的时间较长,去的地方较多,演讲多达二百多次,在思想界产生的影响也较大。这些外国学者受到中国社会各界人士的普遍关注与热烈欢迎,全国各地主要新闻媒体报刊不仅跟踪报道了他们在中国的情况,而且还纷纷出版专号译介、评论他们的文章,如《新教育》出版的"杜威专号"、《东方杂志》出版的"杜里舒专号"等,还将他们在中国的演讲结集出版,如:讲学社将杜威在北京举行的演讲汇编成集《杜威五大讲演》,将杜里舒在中国的演讲汇编为《杜里舒讲演录》向全国发行。

杜威等外国学者访问中国,不仅沟通了中国和英、法、德等西方发达国家的文化交流,而且推动了中国自然科学、哲学、教育学、文学等方面的发展,影响了许多中国知识分子的世界观和人生观走向。更重要的是,这些外国学者访华传播了他们的学说或理论,引起了五四思想界的剧烈变动。围绕他们访华的事件和他们的思想,五四思想界掀起了诸多思想文化论争的新高潮,并影响了论争和未来中国的走向。杜威在中国宣传了美国的教育体制,对中国教育改革产生重要影响,为更多中国学生留学美国和一批美国教育家访华奠定了基础。杜威访华在五四思想界还掀起一股实用主义热潮,许多知识分子和热血青年受此鼓舞而革命情绪高涨。受杜威影响甚深的胡适掀起了著名的问题与"主义"之争,与马克思主义者李大钊就解决中国具体问题和寻求根本出路的看法相互映照,二人共同开创了马克思主义中国化的历程。罗素在演讲中传播了大量的西方自然科学知识和哲学思想,因其哲学演讲过于学术化,除了赢得专业人士的关注外,并没有产生广泛的社会影响。相反,他以基尔特社会主义理论为基础的有关中国社会问题的论述,却在五四思想界产生了巨大反响。张东荪受罗素的影响并借题发挥,由信仰社会主义的革命者蜕变为资本主义的改良者,遭到了陈望道、李达、邵力子等人的反驳。一些人将张东荪这样的人"反叛"社会主义的罪过归咎于罗素的诱惑,以罗素论述中国问题为导火线的社会主义论战就此爆发。杜里舒访华使以倭铿、柏格森为代表的生命哲学派思想在中国得到广泛传播,这一派思想作为以反思科学主义面貌出现的人本主义思潮的主要组成部分,与具有关注生命特点的儒家思想颇为相似。受这一派思想影响的梁漱溟和张君劢,将西方的生命哲学思想融入传统的儒家思想之中,开创了现代新儒学的先河,也奠定了他们成为现代新儒家代表人物的历史地位。同时,梁漱溟和张君劢也遭到西化派的反对并引起激烈的争论。梁漱溟提出西方、中国、印度三种文化依次出现的理论,认为西方文化所代表的路径已经过时,印度文化所代表的路径在遥远的未来,只有中国文化所代表的路向才是合时宜的。梁漱溟的"三期文化重现"的理论引起了胡适等人的批判,东西文化论争的焦点也转移到评判梁漱溟的《东西文化及其哲学》。张君劢在给清华大学学生作的《人生观》演讲中,明确提出科学解决不了人生观问题,批判了当时人们崇尚科学的思潮,主张通过儒家的心性修养来拯救"一战"后颇为严重的精神危机,引爆了科玄论争的导火线。

泰戈尔是继杜威、罗素、杜里舒之后,访问中国的又一位世界级文化大师。1924 年 4 月,泰戈尔访问中国,这既有与上述学者访华相近的共性(详见第一章第三节),也有他的特殊性所在:与其他学者来自西方强国的身份不同的是,泰戈尔来自东方的印度,这个国家与中国同样遭受西方列强侵略,拥有争取民族独立的共同使命;泰戈尔与西方学者同样批评西方物质文明,赞扬东方精神文明,但与西方学者受到五四思想界比较一致好评的礼遇不同,他们对泰戈尔的态度褒贬不一且争论多多；访华的西方学者基本都是哲学家，而泰戈尔身兼文学家、哲学家、教育家等多重身份，他对中国的影响也是多方面的；西方学者访华的全部费用均由中国承担，而泰戈尔访华除了旅费由中方承担外，其余全部自费。可见，当时尽管东方和西方已经开始在同一平台上进行对话，但五四思想界对西方还是存在朝拜心理。这表明了东西文化不仅为异质文化，而且二者存在明显的时代落差。在中国的对外交流中，在中西文化交流占主流的情况下，从泰戈尔访华的视角切入东方文化内部的交流具有特殊意义。

第二节　"泰戈尔热"的兴起与渐歇

泰戈尔是世界文坛上少有的多产作家之一。从 1876 年从事文学创作开始，到 1941 年逝世为止，在长达六十多年的创作生涯中，他撰写了五十多部诗集，十三部中篇和长篇小说、一百多部短篇小说，六十多个剧本，几百篇关于文学、哲学、宗教、政治等方面的散文，以及若干回忆录、游记、书简等。他在绘画和音乐方面也卓有成绩，绘制了一千五百多幅画，谱写了两千余首歌曲。其中，《人民的意志》被确定为"自由印度"的国歌。泰戈尔还以"世界公民"的身份游历了许多国家，向各地传播东方文化的福祉，成为闻名遐迩的世界级文化大师。对于中国而言，泰戈尔是近现代以来被译介与研究最多、影响最大的外国作家之一。从 20 世纪初钱智修和陈独秀等人把泰戈尔介绍到中国起，中国学界便开始了对泰戈尔的译介和研究，至今这个历程仍在继续着。

一、起步阶段（1913～1919）

1913 年，泰戈尔以第一位非白人的身份获得诺贝尔文学奖，在全世界产生轰动效应，也引起了中国学者的关注。同年，钱智修在《东方杂志》第 10 卷第 4 号发表《台莪尔之人生观》一文，介绍泰戈尔的哲学思想。这是中国最早介绍泰戈尔思想的文章。1915 年，陈独秀选译泰戈尔诗集《吉檀迦利》中的四首诗，命名为《赞歌》，发表在《青年杂志》第 1 卷第 2 期。这是中国最早翻译泰戈尔作品的文章。

此后,译介与研究泰戈尔的文章逐渐多起来,诗歌、小说、戏剧、散文等各种体裁都有译本。1918 年 9 月,刘半农在《新青年》第 5 卷第 3 期发表翻译泰戈尔的诗《海滨》和《同情》。1917 年,天风、无我在《妇女杂志》第 3 卷第 6、7、8、9 期发表翻译泰戈尔的小说《邹恋》(即《归家》)、《卖果者言》(即《喀布尔人》)、《盲妈》(即《盲妇》)。1918 年,韵梅在《时事新报·学灯》数日连载翻译泰戈尔的戏剧《邮政局》。1916 年 2 月,欧阳仲涛在《大中华杂志》第 2 卷第 2 期发表《介绍太阿儿》。1917 年 4 月 26日、5 月 24 日和 5 月 31 日,《清华周刊》第 106、110、111 期刊登《印度诗人塔果尔传 TAGORE》。这是中国较早全面系统地介绍泰戈尔生平与思想的作品。

这一时期,文章的数量不多,主要有两方面原因:一是新文化运动特别是新文学运动的高潮还没有到来,二是新文化运动的前驱者仍然将目光投射在西方,没有给来自东方的泰戈尔足够的关注。郭沫若在回忆1915 年留学日本的情形时说,他曾选译泰戈尔的《新月集》、《园丁集》、《吉檀迦利》三部诗集,起名为《泰戈尔诗选》,寄回国内,希望能获得一些稿费资助生活,商务印书馆和中华书局都不愿意出版。结果到泰戈尔访华时,这两个出版机构都成为出版发行泰戈尔译著的"重镇"。从这个侧面可以看出:20 世纪初期,泰戈尔及其作品并没有引起国人的重视。尽管如此,这一时期,中国学界对泰戈尔各种类型作品的涉猎,还是开创了译介与研究泰戈尔在中国的发展之路。

二、繁荣阶段(1920～1924)

进入 20 世纪 20 年代,译介与研究泰戈尔的文章逐渐多起来,在1924 年泰戈尔访华前后达到高潮,可称之为"泰戈尔热"。与当时文坛上掀起的"易卜生热"和"托尔斯泰热"类似,"泰戈尔热"也伴随着大量文学作品的译介和研究。不过,与其他热潮不同的是,有关泰戈尔生平和思想(文学、政治、哲学、教育等方面)的介绍与研究也同样掀起热潮。"泰戈尔热"主要表现在以下四方面:

1. 刊载有关泰戈尔的载体众多、特点各异

据不完全统计,从 1920～1924 年,刊登与泰戈尔相关内容的刊物多

达三十余种,如《东方杂志》、《新青年》、《小说月报》、《少年中国》、《文学周报》、《晨报》、《申报》、《大公报》、《时事新报·学灯》、《民国日报·觉悟》、《京报副刊》、《晨报副刊》、《晨报副镌》、《中国青年》、《向导》、《创造周报》、《佛化新青年》、《文学旬刊》、《妇女杂志》、《平民》、《新人》、《政治生活周报》、《学汇》等。上海商务印书馆、上海泰东图书馆、上海大同图书馆、上海时代图书公司、北平北新书局等5大出版机构出版了泰戈尔的主要文学作品集。由于刊物的性质不同,它们在刊登泰戈尔的相关信息方面也呈现出不同的特点。

作为新文学运动的"重镇",《小说月报》是发表泰戈尔译介与研究文章最多的刊物。它以译介和研究泰戈尔的文学作品为主,发表的文章大多集中在泰戈尔访华前,为扩大泰戈尔在中国的影响和让更多的中国读者了解泰戈尔的作品,做了充足的舆论准备工作。

表2　《小说月报》发表译介与研究泰戈尔的文章情况

时间	有关泰戈尔生平、思想的介绍与研究	有关泰戈尔作品的翻译
1920 年 5 月		凤生译:《赋别》(《新月集》选译)
		西神译:《放假日子到了》(即《回家》)
1921 年 1 月		郑振铎译:《杂译太戈尔诗》(《新月集》选译)
1921 年 3 月	沈雁冰:《印度文学家太戈尔的行踪》	
1921 年 4 月	许地山:《〈在加尔各答途中〉译者跋》	郑振铎译:《杂译太戈尔诗》
		许地山译:《在加尔各答途中》
1921 年 5 月		瞿世英译:《齐德拉》
1921 年 6 月		郑振铎译:《译太戈尔诗》(《吉檀迦利》选译)
1921 年 7 月		郑振铎译:《杂译太戈尔诗》(《采果集》选译)
1922 年 1 月		郑振铎译:《杂译太戈尔》(《采果集》选译)

时间	有关泰戈尔生平、思想的介绍与研究	有关泰戈尔作品的翻译
1922 年 2 月	郑振铎:《太戈尔传》	
	瞿世英:《太戈尔的人生观与世界观》	
	郑振铎:《太戈尔的艺术观》	
	张闻天:《太戈尔之"诗与哲学"观》、《太戈尔的妇女观》、《太戈尔对于印度和世界的使命》	
1923 年 8 月		郑振铎译:《著作家》(《新月集》选译)
		陈竹影译:《园丁集选译》
1923 年 9 月	郑振铎:《欢迎太戈尔》	郑振铎译:《杂译太戈尔诗》(《吉檀迦利》选译)、《新月集选译》、《微思》(《飞鸟集》选译)、《爱者之赠贻选译》、《歧路选译》
	徐志摩:《泰山日出》	西谛(梁实秋)译:《孩童之道》(《新月集》选译)
	徐志摩:《太戈尔来华》	徐培德译:《园丁集选译》
	王统照:《太戈尔的思想及其诗歌的表象》	雁冰译:《歧路选译》
	周超然:《给我力量……》	高滋译:《马丽妮》
	宫岛新三郎著,仲云译:《太戈尔和托尔斯泰》	朱枕薪译:《卖果人》(即《喀尔布人》)
	夏芝著,仲云译:《夏芝的太戈尔观》	褚保时译:《幻想》(即《盲妇》)
	吉田弦三郎著,仲云译:《太戈尔和音乐教育》	邓演存译:《隐谜》(即《谜之解决》)
	武田丰四郎著,仲云译:《太戈尔的戏剧和舞台》	白序之译:《我的美邻》(即《美丽的邻居》)
	西谛:《关于太戈尔研究的四部书》	如音译:《拉加和拉妮》
	徐调孚:《太戈尔的重要著作介绍》	

时间	有关泰戈尔生平、思想的介绍与研究	有关泰戈尔作品的翻译
1923 年 10 月	郑振铎：《太戈尔传》	郑振铎译：《园丁集选译》、《爱者之赠贻选译》
	徐志摩：《太戈尔来华的确期》	郑振铎译：《世纪末日》
	得一：《太戈尔的家乘》	赵景深译：《采果集选译》
	樊仲云：《音乐家的太戈尔》	高滋译：《牺牲》
		陈建民译：《西方的国家主义》
		仲云译：《欧行通信》
1923 年 11 月		郑振铎译：《园丁集选译》
1924 年 3 月	瞿世英：《优婆尼沙昙之哲学及其在文学上之地位》	
1924 年 4 月	记者：《欢迎太戈尔先生》	
	记者：《太戈尔到华的第一次记事》	
	诵虞：《印度诗人太戈略传》	
	调孚：《研究太戈尔的书籍提要》	
1924 年 8 月		徐志摩译：《第一次的谈话》（选录）、《告别辞》
1924 年 10 月		徐志摩译：《清华讲演》

当时报道时事新闻影响力最大的两家报纸——北京的《晨报》和上海的《申报》，跟踪报道了 1924 年泰戈尔访华的全部行程安排。两大报刊南北遥相呼应，相得益彰，使读者对泰戈尔在华期间的整个行动路线、主要活动和演讲内容都有了比较全面的了解。

表 3　《晨报》和《申报》发表泰戈尔访华实况的报道

时间	《晨报》	《申报》
4 月 12 日	《太戈尔今日可到沪》	《印度诗人太戈尔即将抵沪》
4 月 13 日	《太戈尔昨抵沪》	《印度诗人太戈尔昨已到沪》
4 月 14 日		《太戈尔之来华感想谈》《四团体欢迎太戈尔之茶会》

续表

时间	《晨报》	《申报》
4月15日	《太戈尔将来京》	《太戈尔在杭讲演预志》 《各团体欢迎太戈尔筹备会纪》
4月16日	《沪学界欢迎太戈尔》	《太戈尔到杭之电讯》
4月17日		《太戈尔今午返沪》 《欢迎太戈尔筹备昨展》
4月18日	《太戈尔游览西湖》	《印诗人太戈尔在杭讲演记》
4月19日		《太戈尔欢迎会》 《各团体昨晚欢宴太戈尔》 《孙中山电邀太戈尔游粤》
4月20日	《太戈尔来京有期》	
4月21日	《太戈尔23日晚来京》	
4月22日	《印度诗哲与飞来峰上之雕刻》	《太戈尔在宁讲演纪》
4月23日	《今晚抵京之太戈尔》	
4月24日	《各界热烈欢迎太戈尔》	
4月25日	《太戈尔昨静养一天》	《听太戈尔诗哲讲演感言》
4月26日	《太戈尔过鲁之盛况》 《英美协会欢迎太戈尔》 《碧水绿茵之北海与须发皓白之印度诗哲》	《英美协会招待太戈尔时之演说》 《太戈尔抵京》
4月27日	《太戈尔明日与北京学生相见》	
4月28日	《今日下午之泰戈尔演说》 《太戈尔昨天游览御花园》 《丁香花下泰谷尔之佛音》	《北京英美协会欢迎太戈尔》 《讲学社招待太戈尔游北海》
4月29日	《太戈尔对京学界演说》 《成功为诗人堕落之始》	《太戈尔抵京后之概况》
4月30日	《北京画界欢迎会席上太戈尔之演说》	《太戈尔在法源寺之讲演》
5月1日		《太戈尔在先农坛之演讲》
5月2日	《太戈尔昨在清华演讲》	
5月10日	《竺震旦诞生与爱情名剧〈契决腊〉》	
5月11日	《太戈尔昨天讲演纪略》 《太戈尔之第二次讲演》	

时间	《晨报》	《申报》
5 月 12 日		《太戈尔生日之盛会》 《梁启超为太氏取华名》
5 月 13 日	《太戈尔在京最后之演讲》	
5 月 15 日	《太戈尔有意游俄》	
5 月 17 日		《太戈尔将游苏俄》
5 月 20 日		《太戈尔关于佛教之谈话》
5 月 23 日		《太戈尔离京赴晋》
5 月 30 日		《张君劢宅中之欢送太戈尔》 《太氏今日乘上海丸赴日》 《晨八时半启碇》

在出版泰戈尔译著的机构中，上海的商务印书馆和泰东图书馆占的比例最大，具体情况见下表。

表 4　1920～1924 年上海商务印书馆和泰东图书馆出版泰戈尔译著的情况

时间	上海商务印书馆	上海泰东图书馆
1920		王靖译:《太谷尔小说》(其中包括《邮政局长》、《喜兆》、《尊严之夜》、《命运》、《河阶》、《芳邻》即《美丽的邻居》)
1921	瞿世英译:《春之循环》	王靖、钱家骧译:《人生之实现》
1922	郑振铎译:《飞鸟集》	
	冯飞译:《生命之实现》	
1923	郑振铎译:《新月集》	朱枕薪译:《太戈尔戏曲集》(其中包括《隐士》和《国王与王后》)
	《太戈尔戏曲集》(其中包括瞿世英译的《齐德拉》、邓演存译的《邮局》、高滋译的《马丽妮》和《牺牲》)	景梅九、张墨池译:《家庭与世界》
	吴致觉译:《谦觉拉》(即《齐德拉》)	
	《太戈尔短篇小说集》(其中包括雁冰译的《髑髅》、邓演存译的《玛莎》、仲持译的《归家》、邓演存、朱朴译的《爱情的胜利》即《弃绝》)	

续表

时间	上海商务印书馆	上海泰东图书馆
1924	郑振铎译:《新月集》	王独清译:《新月集》
	《诗人的宗教》(其中包括愈之译的《诗人的宗教》、陈建民译的《西方的国家主义》、仲云译的《欧行通信》)	景梅九、张墨池译:《人格》

数据来源:北京图书馆文献研究室主编的《泰戈尔著作中译书目》(张光璘:《中国名家论泰戈尔》,中国华侨出版社 1994 年版,第 205—230 页)。

各大报刊竞相出版"泰戈尔专号"。《小说月报》率先垂范,分别出版 1922 年 2 月 10 日"文学家专栏"、1923 年 9 月 10 日"太戈尔号"(上)、10 月 10 日"太戈尔号"(下)。"专号"以泰戈尔的诗为卷首语,正文包括欢迎、研究、著作选译等三方面内容,具体文章目录见表2。此后,其他报刊竞相效仿,详情见表5。这些报刊字面上都称作"专号",实际上刊登的内容和对泰戈尔及其访华的态度却大相径庭。

表5　继《小说月报》后全国主要报刊出版"泰戈尔专号"的情况

时间	刊物名称	卷(期)号	专栏名称	文章名称
1923.7.25	东方杂志	20 卷 14 号	"太戈尔号"	王希和:《太戈尔学说概观》
				任鲁译:《海上通信》
				钱江春译:《叶子国》、《喀布尔人》
				梁宗岱译:《隐士》
				国际大学近况
1924.4.21	文学周报	118 期		诵虞:《太戈尔的新著介绍》、《太戈尔的我观》
				澄:《杂感一则》
				缅甸华侨:《太戈尔过缅甸时的演说》
1924.5.13	佛化新青年	2 卷 2 号		《泰谷尔与佛化新青年会》
				灵华:《我们究竟为什么要欢迎泰谷尔》
				太虚:《希望老诗人的泰谷尔变为佛化的新青年》

续表

时间	刊物名称	卷(期)号	专栏名称	文章名称
				毅甫:《泰谷尔来华与佛化新青年世界宣传队之出发》
				张宗载:《泰谷尔的大爱主义》
				宁达蕴:《泰谷尔与大乘佛法》
				唐大圆:《泰谷尔与佛化新青年》
				杨毓芬:《桑梓甘棠之泰谷尔》
				张明慈:《泰谷尔与世界和平》
1924.4.18	中国青年	27期	"太戈尔特号"(内容为反对泰戈尔的)	实庵:《太戈尔与东方文化》
				秋白:《过去的人——太戈尔》
				泽民:《太戈尔与中国青年》
				亦湘:《太戈尔来华后的中国青年》
1924.4.30	向导(中国共产党机关报)	63期	"寸铁"(内容为反对泰戈尔的) 陈独秀	《太戈尔与梁启超》
				《好个友爱无争的诗圣》
1924.5.7		64期		《太戈尔与清帝及青年佛化的女居士》
1924.5.28		67期		《太戈尔与北京》
				《巴尔达里尼与太戈尔》
				《太戈尔是一个什么东西》
1924.6.4		68期		《诗人却不爱谈诗》
				《太戈尔与金钱主义》
1924.6.11		69期		《反对太戈尔便是过激》

2. 翻译泰戈尔作品的译著数量巨大、体裁广泛

这一时期,泰戈尔的主要文学作品大都有了中译本,各种体裁都有涉及,如诗集《吉檀迦利》、《新月集》、《采果集》、《园丁集》、《飞鸟集》、《游思集》、《爱者之贻》、《歧路》、《世纪末日》等,戏剧《齐德拉》、《邮局》、《隐士》、《春之循环》、《国王与王后》、《马丽妮》、《牺牲》等,小说《回家》、《喀布尔人》、《盲妇》、《弃绝》、《胜利》、《髑髅》、《玛莎》、《生或死》、《沉船》等,《人格》、《人生之实现》、《欧行通信》、《国家主义》等其他类型的作品。有的作品甚至出现好几个译本,如诗集《吉檀迦利》、《新月集》、《采果集》、《园丁集》、《飞鸟集》、《游思集》等,戏剧《齐德拉》、《邮局》、

《隐士》、《马丽妮》、《牺牲》等,小说《回家》、《喀布尔人》、《盲妇》、《弃绝》等,以及《人生之实现》。这些译作基本上是从泰戈尔作品的英文版翻译成中文的,几乎没有从孟加拉文(泰戈尔的母语)的原著直译过来的。直到 2000 年,主要译自孟加拉语,河北教育出版社出版的 24 卷本《泰戈尔全集》,才从根本上改变从英文转译泰戈尔作品的状况。

表 6　1920~1924 年泰戈尔作品中译本数量统计表

时间	诗歌	戏剧	小说	自传、论文、书信、演讲等	合计
1920	11	0	8	1	20
1921	18	3	11	5	37
1922	9	1	2	2	14
1923	23	7	14	14	58
1924	4	2	0	20	26
合计	65	13	35	42	155

数据来源:北京图书馆文献研究室主编的《泰戈尔著作中译书目》。本表依据的统计原则是:再版数量不重复统计,按第一次出版时间计算;出版年份不详的作品不在统计范围内;在同一时间、由同一人翻译但在不同出版社出版的同一作品,按一个计算;由同一著作中析出的不同文章按一个计算。本表虽不是完全统计,但基本上可以看出当时翻译泰戈尔作品的情况。

相较而言,诗歌翻译的比重占的最大,泰戈尔对中国现代文学的最主要影响也体现在诗歌方面。与诗歌、小说相比,中国学界对泰戈尔戏剧翻译的数量较少,研究性的文章亦不多。1920~1924 年,有关研究泰戈尔戏剧的文章只有 2 篇:一篇是瞿世英的《演完太戈尔的〈齐德拉〉之后》(《戏剧》第 1 卷第 6 期,1921 年 10 月 30 日),另一篇是仲云翻译、日本学者武田丰四郎撰写的《太戈尔的戏剧和舞台》(《小说月报》第 14 卷第 9 号,1923 年 9 月 10 日)。时至今日,中国学界对泰戈尔戏剧的研究仍是凤毛麟角,这与"戏剧"在泰戈尔文学创作中的重要地位极不相符。泰戈尔戏剧在中国受到"冷遇"的一个重要原因是中国学界所选译的泰戈尔戏剧基本上侧重神秘的宗教色彩,彰显"梵我合一"的人生理想,这对没有多少宗教情怀的中国读者来说,很难引起共鸣。实际上,泰戈尔的戏剧创作不仅具有宗教神秘性,还兼有现实批判性的特点,二者不是决然对立的。然而,五四时期的中国译者更强调前者,忽视了后者对改造中国的现实价值。在泰戈尔访华期间,林徽因、徐志摩等中国学者选择出演《齐德拉》就是一个典型例子。《齐德拉》是一部充满宗教色彩、富有浪漫气息和丰富想象的爱情剧作,当时被人们认为是泰戈尔的戏剧代表作。它在中国的上演只赢得了宾客们礼仪式的掌声,并没有多少人试图去理解它,也没有产生多大的社会影响。然而,泰戈尔创作于1922年的反映被压迫者反抗压迫者、具有浓厚现实政治色彩的象征剧《摩克多塔拉》,直到1958年才出现中译本。可以说,中国学者对泰戈尔戏剧的冷落与"泰戈尔热"传入的源头——欧洲和日本选译泰戈尔作品时侧重其神秘的价值取向有十分密切的关系。

3. 译介泰戈尔作品的群体异常强大

这个时期,大约有近百人从事泰戈尔作品的译介工作,既有著名的翻译家,也有许多无名小辈。翻译诗歌的主要译者有:郑振铎、徐志摩、王独清、黄仲苏、赵景深、梁实秋、李祖荫、刘半农、刘大白、沈雁冰、沈泽民、徐培德、金明远等;翻译戏剧的主要译者有:瞿世英、邓演存、高滋、张墨池、景梅九、朱枕新、梁宗岱、江绍原、吴致觉等;翻译小说的主要译者有:王靖、邓演存、许地山、朱枕薪、朱朴、梅景九等;翻译自传、论文、游记等的主要译者有:朱枕梅、徐志摩、顾均正、仲云、景梅九、张墨池、钱家骧、何道生、胡愈之、陈建民等。许多人既是泰戈尔作品的译者,又是研究者,如郑振铎、徐志摩、郭沫若、瞿世英、王统照、许地山等。他们中的一些人因喜爱泰戈尔的作品,进而模仿创作并形成自己的独特风格。泰戈尔对中国文学由传统向现代的转型起了不可替代的作用,诚如柳无忌评论泰戈尔对中国现代文学所起的作用时所言:"他(泰戈尔——笔者注)对中国新文学运动的初期有着深刻的影响。他的诗歌的音奏,他对人生的深刻见解,他的思想,他的伟人的精神的感召,深深地印在中国作家的心灵上,其痕迹也遗留在他们的作品中。"①

4. 围绕泰戈尔产生的分歧巨大、争论激烈

除了翻译泰戈尔的作品之外,五四学界围绕泰戈尔也展开了许多方

---

① 柳无忌:《印度文学》,中国文化出版社1945年版,第53页。

面的研究和讨论。1920 年发表的介绍与研究泰戈尔生平和思想的文章只有 4 篇,1921 年增加到 10 篇,1922 年增加到 13 篇,1923 年增加到 37 篇,1924 年飙升到 100 多篇。在泰戈尔访华期间,围绕泰戈尔的争论达到高潮,既有国内学者的评论,又有翻译外国学者的译作。争论的内容涉及泰戈尔的文化观、文学观、政治观、哲学观、妇女观、宗教观等诸多方面。具体来讲:泰戈尔在中国的演讲中赞扬东方文明特别是中国传统文化的精神价值,批评科学和物质文明给人类带来的灾难,使稍事平息的东西文化论争和科玄论争再掀波澜,也使五四反传统的矛头直接指向泰戈尔;泰戈尔在中国宣扬"爱"的福音,博得小资产阶级浪漫作家的阵阵喝彩,也遭到以共产党人为代表的猛烈批判;以翻译泰戈尔的文学作品为源点,在郑振铎、梁实秋、成仿吾等文学家之间发生了"全译"还是"选译"、"直译"还是"意译"等方面的翻译争论;围绕泰戈尔的散文诗是否具有文学价值和艺术价值的问题,文学界展开了广泛的争论。

在短短四年的时间里,译介与研究泰戈尔的作品竟如此之多,这在中国现代文学史乃至中国现代历史上都是史无前例的。上至社会贤达下至普通百姓,都对泰戈尔给予了高度的关注。"泰戈尔热"在中国兴起的原因可以从以下三个方面进行考察:

"泰戈尔热"兴起的根本原因是泰戈尔文学作品的思想与风格与五四思想界对新文学的现代诉求相一致。一方面,随着新文化运动的到来,为了寻求同封建思想文化作斗争的有力武器,亟须从国外进步思想中汲取营养,大量翻译外国的著作是第一步。"泰戈尔热"的兴起正是顺应了这种诉求。泰戈尔文学作品中所表达的反对封建主义和殖民主义、追求个性解放和精神自由以及弘扬平等博爱的思想,"恰好与'五四'当时彻底的反帝反封建思想、蔑视偶像权威、张扬个性的时代精神十分合拍"[①],使生活在战乱频仍的现实世界里的中国人得到一丝精神上的慰藉与安宁,也使五四作家获得了表现自己内心苦闷与追求的思想武器。泰戈尔文学作品的自由体风格与通俗易懂的语言特点,与新文学运动倡导的"反对文言文、提倡白话文"的表达方式也有相通之处。另一方面,泰戈

---

① 张光璘:《我国现代文学史上的一次泰戈尔热》,《外国文学研究》1983 年第 4 期。

尔的诗歌与中国古典诗歌时而清新隽永、时而奔放豪迈的风格相似；中国和印度几千年的思想文化联系使中国与印度有着天然的亲近感，中国古代的许多文学故事在题材上都或多或少带有印度文化的色彩。中印文化之间内在联系的要素，使时人在接受泰戈尔文学作品时显示出难得的默契。此外，泰戈尔凭借诗集《吉檀迦利》，成为亚洲第一个诺贝尔文学奖获得者，赢得了当时西方世界的最高认可。这不仅为东方国家挽回了在政治上失利的颜面，也唤醒了处在极度颓废状态的东方文化自信心，给予东方民族以巨大的精神鼓舞。欢迎者为迎接泰戈尔访华，大量翻译泰戈尔的作品并介绍他的思想，这也是促成"泰戈尔热"的重要原因。

五四时期，现代新闻出版业的繁荣为"泰戈尔热"的形成提供了重要的传播条件。中华民国成立后，中国的政治环境发生了巨大变化，《宪法》规定人民享有言论、出版、集会、结社等自由权利，这为现代新闻出版事业的发展提供了合法的契机。随着新文化运动的展开，中国学界创办了大批新式刊物，成立了众多出版机构，具体而言：新文化运动的主阵地《新青年》创办于 1916 年；新文学运动的重镇《小说月报》创办于 1910年，1920 年 1 月改版；大革命时期最受青年读者欢迎的报刊之一《中国青年》创办于 1923 年；并称为民国时期"四大副刊"的《晨报副刊》、《觉悟》（《民国日报》副刊）、《学灯》（《时事新报》副刊）、《京报副刊》，分别创办于 1921 年、1919 年、1918 年、1924 年；宣传中国共产党路线、方针和政策的机关报《向导》创刊于 1922 年；还有泰东图书馆成立于 1915 年，亚东图书馆成立于 1913 年，民智书局成立于 1921 年。还有一些刊物和出版机构在新思潮洪流的冲击下，也进行了适应现代需要的调整，如：近现代最大的综合性出版企业商务印书馆成立于 1897 年，由最初只经营印刷业务，发展到编译出版新式图书；1912 年成立的中华书局，业务规模由初创时编辑出版教科书扩大到新式报纸和杂志；商务印书馆设立编译部门，专门负责翻译和编辑外国名篇名著。上述的刊物和出版机构中，有许多都是刊载与泰戈尔相关内容的重要载体。

从外部环境看，"泰戈尔热"在中国的兴起还受到欧洲和日本"泰戈尔热"的影响。欧洲和日本是新文化运动的两个主要影响源，"泰戈尔热"不是中国自发产生的，而是由欧洲经日本传入中国的。20 世纪最初

20 年是泰戈尔文学创作的"黄金期",但当时他的作品在印度国内并没有引起人们的普遍关注。直到泰戈尔获得诺贝尔文学奖后,欧洲掀起"泰戈尔热",这股热潮由欧洲散播到世界的其他地方。"一战"的爆发使极其厌恶战争的泰戈尔对欧洲强权的民族主义持强烈批评的态度,他还拒绝了欧洲强国——英国女王授予的勋爵,此后,泰戈尔在欧洲的待遇一落千丈,"泰戈尔热"渐渐在欧洲消退。泰戈尔把世界未来的希望转移寄托到日本和美国身上,因而"一战"期间及战后,他频繁地访问日本和美国。受英国政府的影响,加上泰戈尔对美国狭隘民族主义的批评,泰戈尔在美国受到"冷遇",相反在日本则兴起了"泰戈尔热",这与"西学东渐"的规律密切相关。西欧是日本的效仿对象,日本因成功地学习西方进而成为亚洲最先走上近代化道路的国家。西方和日本又同为中国学习的对象,中国关注日本主要是希望从日本成功的经验中得到某些启示,"泰戈尔热"由欧洲经日本在中国兴起也就成为自然而然的事情了。

三、消寂阶段（1925～1949）

泰戈尔离开中国后,"泰戈尔热"降温,直到新中国成立以前,中国学界对泰戈尔的译介与研究一直处于消沉阶段。译介与研究泰戈尔的文章和著作的数量骤减,25 年的总量仍比不上繁荣时期的一年多,其内容也不过是重译或再版泰戈尔的作品。这表明,全国主要报刊和杂志的关注点已经转向他处。

表 7　1925～1949 年译介与研究泰戈尔的文章数量统计表

时间	有关泰戈尔生平、思想的介绍与研究	有关泰戈尔作品的翻译	合计
1925	4	9	13
1926	3	2	5
1927	0	2	2
1928	2	2	4
1929	1	1	2
1930	6	0	6

时间	有关泰戈尔生平、思想的介绍与研究	有关泰戈尔作品的翻译	合计
1931	3	5	8
1932	2	2	4
1933	1	0	1
1934	2	4	6
1935	0	3	3
1936	0	1	1
1937	1	5	6
1938	0	0	0
1939	1	0	1
1940	0	4	4
1941	0	2	2
1942	0	1	1
1943	0	2	2
1944	0	1	1
1945	2	2	4
1946	0	1	1
1947	0	2	2
1948	0	3	3
1949	0	0	0
总计	28	54	82

数据来源:张羽编目的《国内报刊评介泰戈尔文章索引》(《泰戈尔与中国现代文学》附录一),孙宜学编目的《中国翻译的泰戈尔作品目录(1900~1949)》、《中国关于泰戈尔的介绍、研究论文、著作目录(1900~1949)》(见《泰戈尔与中国》附录一和附录二),以及北京图书馆文献研究室编辑的《泰戈尔著作中译书目》。本表的统计规则同表6。

　　泰戈尔离华后,"泰戈尔热"转入消沉阶段的原因,主要有两方面:一是接受者认知泰戈尔的视角不同,在那个论争激烈的年代,在他们之间势必引起争论,产生认识分歧而分道扬镳,这种情况预示着"泰戈尔热"难以维持下去;二是受欧洲和日本的影响,中国的"泰戈尔热"偏重于讲求泰戈尔博爱与和平的价值取向。泰戈尔本人访华时也在演讲中宣扬自己崇尚的非暴力主张。这种情感与大革命失败后中国紧张的社会政治形势极不协调,势必导致"泰戈尔热"的衰退。

直到 20 世纪 50 年代,中印两国政治关系正常化,周恩来总理访问印度时参观泰戈尔创办的国际大学中国学院的举动及对泰戈尔访华的赞叹,再次引起国内学者对泰戈尔的关注,再加上中国日渐远离战火纷飞的年代,译介与研究泰戈尔的工作逐渐恢复起来。80 年代以后,随着思想上的拨乱反正,泰戈尔研究才逐渐步入正常的学术发展轨道。

第三节　泰戈尔两次访华的经过

泰戈尔一生始终怀着对中国人民的友好感情和对中国命运的关注,他曾经发出"相信我的前世一定是中国人"的感叹。早在 1881 年,年仅 20 岁的泰戈尔在《鸦片——运往中国的死亡贸易》一文中,严厉地谴责了英国向中国倾销鸦片、毒害中国人民的罪行。他曾经怒斥西方列强侵略中国、火烧圆明园、毁坏并掠夺大量中国珍稀文物的罪行,公开批评日本侵略中国山东与扶植袁世凯任伪总统等恶劣行径,声援中国人民的抗日战争。

应中国学者之邀,泰戈尔于 1924 年和 1929 年两度访问中国,五四思想界掀起的"泰戈尔热"为泰戈尔访华的顺利进行作了重要铺垫。泰戈尔在华期间游览了中国主要大中城市的许多名胜古迹,参加了各地为其举办的欢迎会,会见了社会各界名流,在文化、文学、哲学、宗教、教育等方面作了几十场演讲。由于人们看待泰戈尔的视角不同,对泰戈尔访华事件和泰戈尔的思想产生了诸多分歧和争论。与首次访华闹得沸沸扬扬不同,1929 年泰戈尔赴日本和美国讲学途中曾两次驻足中国的事实却鲜为人知。

一、1924 年访华

（一）促成泰戈尔访华的主要因素

泰戈尔访问中国得以成行,是其意欲访华的主观夙愿和部分中国学者的热情邀请双向互动的结果。

1. 泰戈尔意欲访华的夙愿

　　泰戈尔从年轻时便开始揣测"中国是如何的景象"。1913 年,泰戈尔获得诺贝尔文学奖后,应邀出访欧、美、亚、非等许多国家,却没有到过中国。对于一个"世界公民"来讲,这不能不说是一种遗憾。1921 年,冯友兰在美国与泰戈尔交谈时,泰戈尔说出了心中的这件憾事。他说:"中国是几千年的文明古国,为我素所敬爱","没有到过中国,至今以为憾",并表达了"必要到中国去一次"的愿望。

　　泰戈尔访问中国不带有任何功利色彩,仅是为了沟通中印两国的文化交流,希望亚洲国家建立一种精神上的联合,以实现东方文明在全世界的复兴。泰戈尔出国一般有两个主要目的:一个是宣传东方的精神文明、反对穷兵黩武的民族主义,另一个是为学校筹款。为此,泰戈尔陷入深深的矛盾之中,他说:"遣(谴——笔者注)责实利主义的人也需要为宣传自己的理想主义而求助于实利主义的社会。"①受政治因素的影响,特别是泰戈尔强烈谴责了英国对印度的侵略行径并拒绝英王授予的爵位,他在欧洲的待遇与战前大不相同,"筹款"自然也没有赢得多少人的同情与支持。他在欧美国家受到"冷遇"后,希望访问一个与印度在文化上有着血脉联系的国度的想法更加强烈了。令人感动的是,在访华之前,泰戈尔就表示:除了旅费,他在中国的一切费用全部由自己承担,这与此前访问中国的西方学者有着天壤之别。

　　2. 部分中国学者的热情邀请

　　早在 1920 年,蔡元培就向泰戈尔发出了访华邀请,由于泰戈尔正在欧美为国际大学②筹款而未能成行。1923 年 4 月,泰戈尔主动派自己的助手恩厚之到中国联系访华事宜。当时,恩厚之首先找到北京大学有关部门,表示泰戈尔有意访华。北京大学对此表示欢迎,但因要准备校庆等种种原因而无法承担接待任务。在这种情况下,恩厚之找到徐志摩。徐

---

　　①　[印]克里希那·克里巴拉尼著,倪培耕译:《泰戈尔传》,漓江出版社 1984 年版,第 351 页。

　　②　国际大学是泰戈尔按照自由的理念于 1923 年创办的。该校的办学宗旨是为了打破东西文化交流的障碍,实现构建一个东西合璧大学的理想。为使大学能继续办下去,泰戈尔不惜顶着功利主义之名,在欧洲各地巡讲为该大学筹款。在多方人士的帮助下,这所大学至今还存在着,并已经成为印度研究各国文化和进行跨国文化交流的中心之一。

志摩得知泰戈尔要来中国，马上带恩厚之找到接待过杜威、罗素来华的讲学社①。讲学社听说闻名世界的大诗人愿意到中国来，并且只要求承担旅费，马上答复恩厚之，立即给泰戈尔寄去了旅费，随即发出一封邀请函，盼望他 8 月份来华。

泰戈尔欣然接受中国学者的邀请，并发出一封电报说将于 10 月来华，但因诸种原因行期一推再推。临行前，泰戈尔与他的儿子先后患病，二人病愈后，又赶上临

图2 1924 年泰戈尔访华团与颜惠庆（内阁总理大臣，前右一）、庄士敦（溥仪的英文老师，后右四）、徐志摩（左一）、林徽因（中左二）等合影

近冬天，于是，不得不将访华日期定在来年二三月份。泰戈尔中国行一再推迟的另一个重要原因是不知道"以什么身份来中国"。泰戈尔对这个问题思考了很久。他在给法国作家罗曼·罗兰的信中表达了自己内心的矛盾。泰戈尔写道："我要到中国去，以什么身份，我不知道。是作为诗人呢？还是要带去好的忠告和健全的常识呢？"在中国的演讲中，他也强调了自己屡次暂缓行期的原因，他说："一半固然是因为我的身体不健，但是老实说，一半是为决断不下。""我心里想：'他们要我去究竟存什么

① 讲学社是一个学术团体，由梁启超 1920 年考察欧洲归国后创办的。该社倡导兼容并包的原则，主要成员都是当时文化界和政治界的名流，如胡适、蔡元培、王宠惠、黄炎培、熊希龄、瞿菊农、蒋百里。梁启超起草的《讲学社规约》第一条便指明了该社成立的目的和主要活动，《规约》指出："本社团欲将现代高尚精粹之学说介绍于国中，使国民思想发扬健实。拟定每年延聘世界专门学者来华巡回讲演。"（梁启超：《讲学社规约》（手稿本），转引自彭鹏《研究系与五四新文化运动》，中山大学出版社 2003 年版，第 66 页）在邀请泰戈尔访华前，讲学社曾按照《规约》先后邀请杜威（1919～1920）、罗素（1920～1921）、杜里舒（1922～1923）来华讲学。

盼望,我去时又有什么好消息带给他们?'"①泰戈尔到中国后发生的一系列激烈争论证明,他的犹豫和担心并不是多余的。

1924 年 1 月 28 日,恩厚之给徐志摩写信,告知泰戈尔将于 3 月中旬动身去中国,以及泰戈尔在中国的行程安排。几经辗转,3 月 21 日,泰戈尔一行人从加尔各答出发,终于踏上了访问中国之路。

(二)泰戈尔访华的行程安排

起初,泰戈尔是以个人身份被邀请的,但是泰戈尔希望能作为国际大学的代表访问中国,国际大学的董事会同意了他的请求。与泰戈尔同行的有国际大学梵文学者克提·莫亨·沈莫汉教授,国际大学艺术学院院长、孟加拉国画派大师兰达拉·鲍斯,国际大学乡村建设指导、泰戈尔的助手恩厚之,加尔各答大学历史学家卡里达斯·纳格教授,美国社会工作者葛玲,共 6 人。泰戈尔对首次中国之行作了精心的准备,从组成人员的安排上看,这本身就是一个国际性的文化联盟,符合泰戈尔意欲沟通东西文化的愿望。

图 3   泰戈尔应邀游览清朝御花园时,
与清帝溥仪合影

泰戈尔一行人 4 月 12 日抵达上海,5 月 30 日离开中国赴日本。在 48 天的行程里,由徐志摩担任随行翻译,行至上海、杭州、南京、济南、北京、太原、汉口等中国主要的大中城市,游览了西湖、灵隐寺、明孝陵、莫愁湖、曲阜孔庙、北海、法源寺等风景名胜古迹,参加了各地的欢迎会和中国学界为其举办的生日会,并在许多场合作了不同主题的演讲,所到之处人流如潮,接触的人物庞杂众多。全国各大主要报刊媒体对泰戈尔在中国的行程做了跟踪报道。

---

① 《太戈尔在上海的第一次谈话》,《小说月报》第 15 卷第 8 号,1924 年 8 月 10 日。

表 8　泰戈尔访华期间的行程表

地点	时间	主要活动及其内容
上海	4 月 12 日	上午 9 时 15 分抵达
		会见青年画家刘海粟,刘为泰戈尔画了两张速描,分别刊载于《申报》和《时事新报·学灯》
		接受东方通讯社的采访
		下午,拜访兵学大师蒋百里,并与其家人合影
		下午 5 时,游龙华古寺,赏桃花
		晚上 8 时,在青年会的殉道堂作第一次公开演讲
	4 月 13 日	下午 1 时,参加侨沪锡克人在闸北一家寺院开的欢迎会
		下午 4 时,在张君劢寓所参加由讲学社等团体举办的茶话会
杭州	4 月 14 日	游西湖
	4 月 15 日	游灵隐寺、六桥三竺等西湖名胜古迹①,参观"西泠印社"并获赠印有"泰戈尔"三个字的印章
	4 月 16 日	下午,在浙江省教育会演讲
上海	4 月 17 日	晚上 7 时,参加日侨欢迎会并演讲
	4 月 18 日	下午 3 时半,在商务印书馆召开盛大欢迎会,大约有 1200 余人参加
		晚上 7 时,参观有正书局并购买若干书画
车上	4 月 19 日	晨 1 时,离上海赴南京
南京	4 月 20 日	上午,游明孝陵、清凉山、莫愁湖
		下午 2 时,在东南大学演讲,第一次有人散发反对泰戈尔的传单
		晚上 9 时,离南京赴山东
车上	4 月 21 日	
济南	4 月 22 日	晨 5 时 40 分抵达
		下午 4 时,在省议会厅演讲
		晚上 6 时,济南各大学校长在铁路宾馆设宴招待泰戈尔

---

①　岳庙是西湖附近著名的景点之一。泰戈尔在杭州游西湖时却没有去岳庙,由此可瞥见泰戈尔是不太喜欢以武力方式解决问题的。参见孙宜学:《泰戈尔与中国》,广西师范大学出版社 2005 年版,第 36 页。

续表

地点	时间	主要活动及其内容
北京	4 月 23 日	晨 5 时半,离济南赴北京
		下午 7 时 15 分抵达,各界人士约四五百人到车站迎接
	4 月 24 日	与梁启超、林长民、蒋百里等叙谈
	4 月 25 日	上午 11 时,在北京饭店与法源寺一位长老见面
		中午参加英美协会举办的欢迎会,并在北京作第一次演讲
		下午,应讲学社之邀游北海
		下午 5 时,参加北海静心斋欢迎会并演讲
	4 月 26 日	下午 3 时,应佛化新青年会之邀到法源寺赏丁香、参加欢迎会并演讲
	4 月 27 日	上午 10 时,与溥仪见面、游览御花园
		晚上,参加北京学界在海军联欢社的宴请并演讲
	4 月 28 日	下午 3 时,在先农坛的雩坛对北京学界作公开演讲,遭遇反对传单
	4 月 29 日	上午 10 时,应邀参观画展,参加北京画界欢迎会,会见了徐悲鸿、齐白石、姚茫父等画家
		下午 2 时,参加在庄士敦(溥仪的英文老师)私宅举办的茶话会,在座多为英美人士,中国人有胡适、徐志摩、王统照、林徽因等,共计 30 多人
		晚上,到清华大学①
	4 月 30 日	在清华大学休息
	5 月 1 日	晚上,应清华师生邀请在欢迎会上作长篇演讲
	5 月 2 日	在清华大学休息并与学生交谈
	5 月 3 日	
	5 月 4 日	
	5 月 5 日	下午,参加在大佛寺举行的佛教会欢迎会
	5 月 6 日	下午,在燕京大学参加由北京英文教员联合会主办的演说会并演讲,谈近代教育问题

---

① 原定 4 月 28 日~5 月 20 日泰戈尔驻留清华园,实际上 5 月 5 日泰戈尔便离开了。泰戈尔在清华园的具体活动情况,参见孙敦恒:《印度大诗人泰戈尔在清华园》,《社会科学战线》1983 年第 4 期;金富军:《1924 年泰戈尔在清华活动考证》,《南亚研究季刊》2006 年第 4 期。

续表

地点	时间	主要活动及其内容
	5月8日	晚9时,参加中国学界为其64岁生日举办的庆生会,胡适致贺词,梁启超赠泰戈尔中国名字"竺震旦",西泠印社赠泰戈尔印有"竺震旦"的印章,林徽因和徐志摩等演出泰戈尔名剧《齐德拉》,泰戈尔致谢词
	5月9日	上午11时30分,应讲学社之邀在真光戏院给青年作第一次公开演讲,会上有人散发"我们为什么反对泰戈尔"的反对传单
	5月10日	上午,在真光影戏院第二次演讲,有人散发"送泰戈尔"的反对传单
	5月11日	取消原定在真光戏院的演讲,下午,访俄国公使加拉罕
	5月12日	上午10时,在真光戏院作在北京的最后一次演讲
		下午,赴西山休息
	5月13日	
	5月14日	
	5月15日	
	5月16日	
	5月17日	
	5月18日	与北京佛教讲习会会员张相文、何雯、沈均儒交流对佛教的看法
	5月19日	参加中外各界联合会为其举办的欢迎会
		晚上,在开明戏院观看梅兰芳演出的《洛神》,并赠诗一首
	5月20日	晚上,离北京赴太原
太原	5月21日	下午6时40分抵达
	5月22日	下午,在督军公署北厅与阎锡山会面,商谈乡村建设计划
	5月23日	在文瀛湖公园演讲
		教育机关开欢迎会,游晋祠
		晚,离石家庄赴汉口
汉口	5月24日	车上
	5月25日	晨,抵达汉口
		上午,应熊佛西①之邀在辅德学校主讲教育问题

① 熊佛西(1900~1965),江西丰城人。1919年在燕京大学学习教育和文学。1921年,他与茅盾和欧阳予倩等组织民众戏剧社,主编《戏剧》杂志,创作了具有反封建意义的话剧《青春底悲哀》。泰戈尔访华到达汉口时,正值熊佛西大学毕业后在辅德中学任教。尽管泰戈尔应邀在该中学讲演的主题是教育,但他于泰戈尔离华一年后便赴美国哥伦比亚大学学习戏剧。这一举动是否受到泰戈尔的影响,还有待学者进一步研究。

续表

地点	时间	主要活动及其内容
上海		下午,在省体育场演讲
		晚,离汉口赴上海
	5月28日	上午10时抵达
	5月29日	下午,参加上海各界欢送会并演讲
		晚10时,赴汇山码头
	5月30日	晨8时,乘船离上海赴日本

资料来源:《晨报》、《申报》、《泰戈尔与中国》(孙宜学著,广西师范大学出版社2005年版)。

(三)泰戈尔在中国演讲的主要内容

"演讲"是泰戈尔在中国最重要的活动之一。在近50天的行程里,他在全国各地许多场合作了近50场大小不同的正式和非正式演讲。泰戈尔回到印度后,将他在中国的演讲汇成集,取名《在中国的讲话》,于1925年由国际大学出版社出版。泰戈尔在该书的扉页上写着:"献给我的朋友素西玛,由于他的周到照料,使我得以结识伟大的中国人民。"当时全国主要报纸对泰戈尔在中国演讲的情况多有报道,但并不曾全文记录。徐志摩曾把泰戈尔访华期间的部分演讲整理成册,贯名《在中国的演讲集》。追求"永远变化着的事物与完美的永恒精神的和谐"的真理是泰戈尔全部思想的哲学基础,也是他在中国演讲的思想底蕴。谭云山①认为,泰戈尔一生的追求"是维护世界和平"和"宣传东方文化"。泰戈尔演讲的主要基调是:歌颂中印两国人民几千年来的伟大友谊和文化交流历史,多次强调其访华的目的是修补中国与印度两民族中断千余年的桥梁,建立亚洲的联盟,以实现东方精神文化在全世界的复兴,具体内容主要包括以下四个方面:

1. 文化方面

泰戈尔认为,东方和西方对"文明"一词的理解不同,因而造成东方和西方不同的发展状况。他阐释了"文明"一词从欧洲传入亚洲后含义

---

① 谭云山协助泰戈尔创办中国学院,并从此留在那里从事中印文化交流的工作。关于谭云山与泰戈尔及印度的关系的详细介绍,参见本书第一章第四节。

所发生的变化，认为将"文明"译为"萨维达"是不恰当的，"达摩"是与文明比较接近的译法，其含义为人类追求完美的代名词。他指出，东方文明和西方文明是一个真理的两个方面，具有各自的不同特点，东西文明本应互相借鉴，但现实的情况是，西方的物质文明压倒了东方精神文明的价值。泰戈尔还批评了西方的物质文明和科学的畸形发展给人类带来的精神危机，赞扬了东方文化特别是印度和中国注重"爱"与和平的精神价值。同时，他也提醒东方国家不应盲目效仿西方文明，提倡用"爱"解救受苦的人类，以图东方文化在世界的崛起。由于印度与中国不仅领土接壤，而且在文化上也极为亲近，泰戈尔还借此特别赞扬了中国传统文化的价值。（详见于第二章第三节）

2. 文学方面

泰戈尔通过向中国听众介绍印度文学革命和自己从事文学创作的情况，为中国的文学革命指明了可以寻求突破的路径。他指出，当时中国的文学如同印度文学改革前一样，遭受固定形式的拘束，严格的章法妨碍了表达的自由，因此缺乏生命的跳动。因此，他建议中国可以向印度学习，不仅要在精神思想上获得自由，而且要在文学表现形式上获得自由。

泰戈尔从自身研读但丁、海涅、歌德等文学家的作品，体会到研读译本不容易看到文字背后表达的内容，主张直接阅读原文以获得真情实感。他说："假如你单凭译文去认识她，她是不轻易开放她的宝藏给你看的。……诗歌是心灵的表现，它们不比得金银或是别的实体的物质可以随便兑换的。你不能从一个代理人的身上得到你爱人的微笑与妙瞬，不论他是怎样的尽心与尽职。"泰戈尔自称他所创作的自由体诗歌，既不是模仿欧洲新诗，也不是取法印度古诗，而是有其特殊性的。泰戈尔告诉中国读者若想真正读懂他的诗和了解他的思想，仅阅读他的中译本作品是不够的，更应该熟知印度的文化和文字。

3. 宗教信仰方面

泰戈尔自称他的宗教观是"诗人的宗教"，与他的诗歌同样遵循着神奇的线路，并在不知不觉中结合在一起。他认为，信仰是创造的源泉和产生伟大文明的动力，然而在现代世界有许多人是没有信仰的，这些缺乏信仰的人一定会滋生猜疑、烦恼和争斗。泰戈尔以宗教不应该是狭隘的教派这一定义为出发点,希望通过探寻宗教的共同点进而找到全人类都可以信奉的宗教,以此造就一个美好而和谐的未来。他找到的这个共同点就是"所有宗教的出发点都是以牺牲换取来的",当我们舍得牺牲自己时,才能体会到自身的真正价值所在。泰戈尔强调,他对宗教的这种感受来源于切身体会到的友爱与和善,而不是通过神学家的解释,也不是通过对伦理道德教义的广泛讨论,理由是他认为宗教信仰的真实性是出于个人的主观想象,而不是严密的逻辑推理。他具体解释说,"平和是寓于真理之中的内在和谐,而不是任何外部的调整;美能永恒地保证人们与现实的精神联系,而现实则期待着在我们爱的回应中达到它的完美。"泰戈尔理解的宗教实则是对真善美的信仰与追求,是相信人性的宗教,而不是严格意义上有神的宗教。

4. 教育方面

泰戈尔认为,枯燥的说教不能激发人的灵感,也不能使人感受到生活和自然的召唤。他认为,孩子们的心灵对外面世界的感知是十分敏锐的,他们在接受每一个新的事物时都是没有偏见并且热情饱满的,他们的潜意识也非常活跃,依靠"猜测的天赋"学会了许多成人无法解释的词汇。大自然提供给孩子们许多值得学习和具有重要教育价值的东西,然而这些已经不能引起带有成见和急功近利的成年人的注意。因而,由成年人主导的,呆板、空洞、单一而又乏味的所谓"正规"学校教育禁锢了孩子们接触大自然、探索世界奥秘的欢乐,"置身于自然"才是适合孩子们的最好教育方法。

泰戈尔将自己能创造出独树一帜的写作风格和文学作品归因于童年时没有接受成人主导的灌输式教育。他以为教育孩子的中心在于"造就理想",即让孩子们在一种自然和崇高的生活氛围中成长,"在差异中求统一,在观念的抵触中发现真理"。通过这种教育方式,学生心里产生的愿望将不是"去赢取财富和权力",而是"追求某种内在的完美,或是寻求自我的解放"。

泰戈尔宣称印度的国际大学就是他按照这套教育理念和原则建立起来的。学校设立在一个风景优美、远离城镇喧嚣的地方,以大自然为课堂,为孩子们营造一种创造的氛围。在那里,孩子们拥有极大的自由,学校的各种活动都贯穿和谐统一的思想,坚持各民族精神上团结统一的理念。泰戈尔还指出,他的这一行动得到世界其他国家许多学者的支持和加盟,他希望这个学校能拥有一个美妙的未来。

（四）五四思想界对泰戈尔访华的不同态度

20 世纪 20 年代,中国正处在遭受外来侵略、军阀混战、民不聊生、文化转型的跌宕起伏年代里,泰戈尔访华吸引了当时人们的普遍关注。在访问中国的外国学者之中,没有一个外国人受到像泰戈尔那样的重视,也没有一个人受到如此强烈的非议。有的学者对待泰戈尔本人、思想、文学作品及访华事件欢迎有嘉,有的学者则嗤之以鼻,还有的学者发表的言论仅限于客观介绍泰戈尔,对思想界围绕泰戈尔访华引发的论争不加以评价或表态。

1. 欢迎和赞扬的队伍

这支队伍主要由两部分人组成:一部分是梁启超、梁漱溟、张君劢、冯友兰、辜鸿铭等与泰戈尔同样具有东方文化认同感的人,另一部分是徐志摩、郑振铎、王统照、瞿世英、许地山等泰戈尔文学的追随者。

梁启超、张君劢和冯友兰在弘扬东方的精神文明和西方应向东方文化学习等主张上,与泰戈尔有着文化和情感上的共通之处,故而对泰戈尔访华表示热烈的欢迎。梁启超作为促成泰戈尔访华的关键人物之一,对泰戈尔的欢迎是不遗余力的。他不仅亲自安排泰戈尔在中国的饮食起居,并且为表达对泰戈尔访华的欢迎之情和让更多的中国人了解泰戈尔,还在北京

图 4　泰戈尔访华时与
梁启超（右二）合影

师范大学和清华大学作了《印度与中国文化之亲属关系》和《绝对自由与绝对的爱》两次有关中印文化的演讲,期盼泰戈尔访华产生的重要影响相当于古代印度高僧给中国带来的佛教福音。梁启超还亲自去火车站迎接泰戈尔,多次参加泰戈尔的欢迎会,为泰戈尔取"竺震旦"的中国名字。梁启超对泰戈尔的欢迎之情溢于言表,其主要原因是二人对战后东西文

化的体认情意相通。（详见第三章第四节）张君劢是邀请泰戈尔访华的
讲学社成员之一，他亲自到上海码头迎接刚刚踏上中国土地的泰戈尔。
泰戈尔访华期间，张君劢时常伴其左右并与泰戈尔交谈。五四思想界为
欢迎泰戈尔举办的第一个活动，就是在上海张君劢的家里。张君劢用英
语致欢迎词，以表示对泰戈尔的尊敬。冯友兰在1921年访问美国时曾专
程拜访过泰戈尔，就东西文化差异的问题与泰戈尔交换了意见并达成共
识，对泰戈尔意欲访华的举动表示了由衷的欢迎。

　　与上述人物不同，梁漱溟和辜鸿铭在对东方文化的理解、西方文化和
世界未来文化的走向上，与泰戈尔存在着较大差别，他们对泰戈尔的欢迎
是有限度的。

　　梁漱溟在泰戈尔访华期间曾就儒家哲学和宗教问题与泰戈尔进行过
交谈，也参加了一些欢迎泰戈尔的活动。二人虽然共同致力于复兴东方
文化的工作，但他们各自选取中国和印度作为复兴文化的不同路径，致使
梁漱溟对泰戈尔的欢迎是有保留的。（详见第三章第三节）梁漱溟与泰
戈尔都将人类发展分为人与自然、人与人、人与自身三个阶段，并且认为
人类正处于第二阶段向第三阶段过渡的时期，但他们对这三个阶段内涵
的理解以及对世界未来文化走向的认识上存在巨大差异。梁漱溟不赞成
泰戈尔"印度文化可以挽救西方的精神危机"的观点，他认为印度文化只
在遥远的将来，代表现在文化的是中国。梁漱溟认为，泰戈尔的思想并不
是印度文明的代表，与孔子思想同属一路。梁漱溟指出，泰戈尔讲求"直
觉"、"情感"和"爱"的思想受到西方生命哲学的影响，"不是印度人从来
所有的，不是西洋人从来所有的"，"虽其形迹上与中国哲学无关联"，实
际上却与儒家学说的遇事随感而应、乐善好施和仁爱同属一路，"属于中
国的，是隶属于孔家路子之下的"。[①] 梁漱溟赞同泰戈尔弘扬东方文明的
思想，意图在于通过将泰戈尔的思想引入到与孔子同一路向上来，使得儒
家文化在全世界的复兴。此外，梁漱溟批评了梁启超等中国学者因为泰
戈尔在西方受欢迎就随声附和的不理智态度，显现出梁漱溟不赞成梁启

───────────

　　① 梁漱溟：《东西文化及其哲学》，《梁漱溟全集》第1卷，山东人民出版社1989年
版，第513页。

超利用在西方世界兴起的东方文化救赎论以使东方精神文明复兴的做法。

被西方人喻为"中国的泰戈尔"的辜鸿铭曾亲自到火车站迎接泰戈尔,赞叹泰戈尔才情横溢,与泰戈尔就东西文化问题进行了会谈并留下合影。尽管二人表现得十分合拍,想法却南辕北辙,没有展开深入地交流。辜鸿铭认为中国文化优于西方文化,没有学习西方的必要。这与泰戈尔主张东西文化应取其所长补己所短的看法差异较大,但决定二人没有展开实质交流的更主要原因是辜鸿铭没有将中国置于东方文化范畴内,进而认为中国与印度没有共同之处,难以与泰戈尔达成复兴东方文化的共识,更不可能在复活东方文化的旗帜下真正走到一起。泰戈尔把中国、印度和日本看成东方文明的代表,而辜鸿铭则将中国文明与东方文明并列来谈。辜鸿铭认为,泰戈尔高深的形而上学是儒家学者、真正的中国人所不能理解的。他指出,东方文明意味着神秘和蒙昧的思想,印度文明表现得很明显,而在中国文明里,既没有神秘,也没有蒙昧,而是充满了人情味,中国文明与东方文明的差别之大超过东方文明与现代西方文明的差别,中华文明停滞不前、死气沉沉的原因在于印度佛教和西方基督教的传入。他仍然坚信伟大的哲人孔子,坚信恢复青春和适应新情况的孔子学说,相较而言,让泰戈尔"去当诗人吧! 让他去歌唱吧! 不过让他不要来给我们讲授什么文明课"①。

徐志摩、郑振铎、瞿世英、冰心、王统照、许地山等一批以"新月派"为代表的自由作家出于对泰戈尔艺术与人格的认同,对泰戈尔表示欢迎。这些人大多留学欧美,他们追求自由与民主的热情与泰戈尔诗化的人格遥相呼应。他们格外强调泰戈尔的诗人身份,特别关注的也是泰戈尔的文学作品所体现出来的追求爱与自由以及珍惜生命的思想。

徐志摩是欢迎者中最崇拜泰戈尔的人,他的文学创作深受其影响,在泰戈尔访华期间与其相处结成"忘年交"。他不仅是泰戈尔访华的主要联系人之一,在泰戈尔访华期间还受讲学社的委托,担任泰戈尔的随行翻

---

① 辜鸿铭:《泰戈尔与中国人》,原载《辩论报》(法国),1924 年 7 月 24 日,转引自沈益洪编《泰戈尔谈中国》,浙江文艺出版社 2001 年版,第 197 页。

图5　泰戈尔在清华大学演讲时与
辜鸿铭（右二）等合影

译,得到泰戈尔赠送的印度名字"素思玛"。徐志摩在泰戈尔访华前发表了《太戈尔来华》、《太戈尔来华的确期》、《泰山日出》、《诗人太戈尔》(《晨报·文学旬刊》1923年7月1日)等文章表达对泰戈尔的崇敬与欢迎之情。他把泰戈尔来华比喻成"泰山日出"(《泰山日出》,《小说月报》第14卷第9号,

1923年9月10日),慨叹"泰戈尔的名字,就是印度不死的铁证"(《太戈尔来华》,《小说月报》第14卷第9号,1923年9月10日)。徐志摩在文章中还道出了他们这些人喜爱泰戈尔并欢迎其访华的原因:一是泰戈尔诗歌的魅力,他在《诗人太戈尔》(《晨报·文学旬刊》1923年7月1日)中提出:"他的诗安慰了我们的痛苦,减

图6　泰戈尔访华时与徐志摩
（右一）、林长民（左三）
等部分欢迎者合影

轻了我们的烦闷";二是泰戈尔的人格魅力,他在《太戈尔来华》一文中讲到:"他(泰戈尔——笔者注)那高超和谐的人格,可以给我们以不可计量的慰安,可以开发我们原来淤塞的心灵泉源,可以指示我们努力的方向与标准,可以纠正现代狂放恣纵的反常行为,可以摩挲我们想见古人的忧心,可以消平我们过渡时期张皇的意气,可以使我们扩大同情与爱心,可以引导我们入完全的梦境。"在泰戈尔访华期间,徐志摩对其更是赞不绝口,伴随左右奔走得不亦乐乎。

郑振铎是当时翻译泰戈尔作品最多的作家。他在《欢迎太戈尔》(《小说月报》第14卷第9号,1923年9月10日)一文中指出:"世界上使我们值得去欢迎的恐怕还不到几十个人。泰戈尔便是这值得欢迎的最少

人数的人中的最应该使我们带着热烈的心情去欢迎的一个人! 他给我们以爱与光与安慰与幸福",是"一个灵魂上的最密切的同路的伴侣。他在荆棘丛生的地球上,为我们建筑了一座宏丽而静谧的诗的灵的乐园"。除了大量翻译泰戈尔的作品,郑振铎还撰写文章介绍和赞扬泰戈尔的文学艺术观,以表对其访华的欢迎之情。同时,他主编的《小说月报》率先在全国出版"泰戈尔专号",连篇累牍发表翻译和介绍泰戈尔的文章。郑振铎为中国读者了解泰戈尔,扩大泰戈尔在中国的影响起了重要作用。

冰心作为中国受泰戈尔影响最深的女性作家,在泰戈尔访华前撰文《遥寄印度诗人泰戈尔》(《冰心散文集》,北新书局 1932 年版)感谢泰戈尔的诗让她从悲伤和寂寞中走出来。她在文中讲道:"谢谢你以快美的诗情,救治我天赋的悲感;谢谢你以超卓的哲理,慰藉我心灵的寂寞。"泰戈尔戏剧的重要翻译者之一瞿世英,在泰戈尔访华期间参演了其戏剧代表作《齐德拉》。他从诗文中总结出泰戈尔的世界观和人生观是"无限之生"和"创造的爱",赞扬其思想与生命哲学派思想家柏格森和倭铿一样,"是表现时代精神的。读了他的作品,便令人觉着宇宙的活动和人生的变化是有意义的,是快乐的,便给人以无穷的勇气"。① 王统照作为中国受泰戈尔影响最深的男性作家,他的作品中充满了泰戈尔式"爱"的气息。他在《太戈尔的思想与其诗歌的表象》(《小说月报》第 14 卷第 9 号,1923 年 9 月 10 日)一文中将泰戈尔的思想概括为"自我的实现与宇宙相调和"、"精神的不朽与'生'之赞美"、"创造的'爱'与人生之'动'的价值"三部分,并把泰戈尔的森林哲学看成是古印度文明的结晶,且引用《吉檀迦利》里的一首诗作为欢迎泰戈尔的结束语,感谢泰戈尔给中国人带来"爱"的光芒。

这些人不仅喜欢泰戈尔的文学作品,还因此展开模仿,进而走上文学创作的道路,并结合自身特点在中国现代文学史上占有了不可替代的位置。例如:冰心受泰戈尔泛爱论中歌颂母爱和儿童纯真的影响,在撰写母爱和儿童题材的诗歌方面成就突出。徐志摩受泰戈尔泛爱论中男女情爱

---

① 瞿世英:《太戈尔的人生观与世界观》,《小说月报》第 13 卷第 2 号,1922 年 2 月 10 日。

的影响,在爱情诗创作方面颇有造诣。王统照深得泰戈尔诗歌创作的精髓,扬弃了泰戈尔式的泛爱论,终止了泰戈尔式的低吟浅唱,投向揭露社会罪恶的现实生活中去。这一批受泰戈尔影响的作家,在中国文学由传统向现代转型过程中起了关键作用。

2. 批评和反对的队伍

这支队伍以新文化运动的左翼人士为代表,包括陈独秀、瞿秋白、郭沫若、茅盾、沈泽民、吴稚晖、林语堂、胡愈之等。

这支队伍中有相当一部分人是共产党员,泰戈尔访华时,他们的思想已经基本完成了由民主主义向马克思主义的转变。他们大多运用马克思主义的唯物史观和无产阶级的革命理论,结合中国社会现实和青年发展前途来看待泰戈尔思想和泰戈尔访华事件。他们反对泰戈尔的主要原因在于:其一,泰戈尔反对暴力革命及宣扬和平与博爱的玄妙而空灵的思想,无益于中国的政治变革和中国青年的发展前途;其二,泰戈尔批评西方物质文明、否定科学价值、歌颂东方精神文明的论调,无益于中国的文化转型和国民性改造。

新文化运动的倡导者陈独秀,本是第一个将泰戈尔文学作品介绍到中国来的人。但当他看到思想界掀起译介和研究泰戈尔的热潮时,又撰写十几篇文章全方位地批评泰戈尔的文化观、政治观和人格,摇身变成最激烈的反对者。不仅如此,当时兼任中国共产党总书记的陈独秀,还发动共产党员掀起批评泰戈尔的热潮。陈独秀激烈批判泰戈尔的原因,除了反对派共有的从中国社会变革的角度的考虑之外,他与泰戈尔之间文明观的差异和他在文学价值观上的转向,也是不可忽视的两个重要原因。(详见第三章第一节)

在陈独秀的影响和号召下,瞿秋白、恽代英、沈泽民、茅盾等人轮番上阵批判泰戈尔。他们的批评有的针对泰戈尔本人的思想,有的则针对"别有用心之徒"。恽代英撰写《告欢迎太戈尔的人》(《民国日报·觉悟》1924 年 4 月 19 日),他在文中指出:"泰戈尔个人固然不当加以恶意的抨击,然而因为泰戈尔实在有被人家利用的可能,我们还是不能不对他的思想加几句批评的话。"鲁迅虽然没有直接批评泰戈尔,但也以暗讽徐志摩和新月社的形式,表明其来华有被人利用之嫌。他认为"印度的诗圣泰戈尔先生光临中国之际,象一大瓶好香水似地很熏上了几位先生们以文气和玄气"(《坟·论照相之类》),"人给他摆出一张琴,烧上一炉香……如果我们的诗人诸公不将他制成一个活神仙,青年们对于他是不至于如此隔膜的。现在可是老大的晦气"(《花边文学·骂杀与捧杀》)。

沈泽民和沈雁冰(茅盾)兄弟是中国共产党的最早党员,他们都赞扬了泰戈尔的高尚人格和文学成就,但他们又从中国青年和中国社会的前途角度,批判了泰戈尔的思想。沈泽民在《太戈尔与中国青年》(《中国青年》第 27 期,1924 年 4 月 18 日)中指出:"他的诗是我所爱读的,他的小说也有他的魔力,他的散文可以卓然成立一派,他的人格一定比梁启超张君劢等辈高出万万。"沈雁冰撰写《对于台戈尔的希望》(《民国日报·觉悟》1924 年 4 月 14 日)一文,也认为:"我们也是敬重泰戈尔的;我们敬重他是一个人格洁白的诗人;我们敬重他是一个怜悯弱者,同情于被压迫人们的诗人;我们更敬重他是一个实行帮助农民的诗人;我们尤其敬重他是一个鼓励爱国精神,激起印度青年反抗英国帝国主义的诗人。"然而,沈氏兄弟又都认为,泰戈尔玄妙的思想不利于改造中国青年的思想。他们指出,当时中国青年的思想"本来就太蹈空,行为本来就太不切实,意志本来就太脆弱","我们极不赞成再从而变本加厉"。但是,泰戈尔构造的"诗的灵的乐园"主张通过冥想的方式实现人与自然、人与神的和谐统一,对于中国青年"从浑沌的玄学思想到科学的精神"和"从昏迷的冥想生活到活动的生活"的两种觉悟有害无益。沈雁冰从中国内忧外患的角度批评泰戈尔高唱东方文化实等于"诵五经退兵",根本无济于事。

瞿秋白和郭沫若早期都曾受到泰戈尔的影响,并对泰戈尔的思想给予过热情的赞扬,但在泰戈尔访华时,他们的立场却发生变化,转而站在批评泰戈尔的队伍中。瞿秋白在 1921 年《赤都心史》"自然"篇中曾引用泰戈尔关于希腊文化与印度文化差异的论述说明东西文化的差异,流露出受泰戈尔影响的痕迹。然而就当时中国的现实阶级状况来看,瞿秋白也认为,泰戈尔爱的哲学仅适用于大自然,不适合于人群。就在泰戈尔访华之时,中国的阶级斗争形势越发严峻,瞿秋白已经是一个中国共产党党员,他必须将注意力转向实际的政治斗争。因此,他运用马克思主义唯物史观和无产阶级革命理论,从政治角度批评泰戈尔的国家观、"爱"的哲

学以及东西文化调和等方面的思想。瞿秋白在《过去的人——泰戈尔》
(《中国青年》第 27 期,1924 年 4 月 18 日)一文中尽管赞扬了泰戈尔《家
庭与世界》这部小说的艺术价值,同时他也从这部作品入手,对泰戈尔的
国家观展开批判。他指出,泰戈尔认为西方的毒害在于国家主义不在统
治者本身,是由于不明白国家是代表阶级统治的政权,若要反对国家,首
先应当反对那些根性上不能没有国家的阶级制度。他强调,世界上只有
阶级的对抗,没有泰戈尔所说的东西文化调和。他进一步解释说,泰戈尔
主张将东方精神文明的"慈爱忠恕"与西方的"法律秩序"相结合消灭国
家制度,乃是想重返梵天,其想法已经不适应现代社会的需要。瞿秋白在
《台戈尔的国家观与东方》(《向导》第 61 期,1924 年 4 月 16 日)中运用
马克思主义政治经济学理论具体指明了消灭国家的途径,即通过建立
"平民的国家",实行有规划的经济生产计划,逐步取消资本主义经济的
无政府状态,逐步消灭阶级的差别,最终达到阶级的消亡。

　　郭沫若早期的文学创作受到泰戈尔的影响,但在泰戈尔访华时,他却
站在了批判的队伍里。他在研究泰戈尔思想的基础上,将其全部思想概
括为"梵"的现实、"我"的尊严、"爱"的福音。他在《太戈尔来华的我见》
(《创造周报》第 23 号,1923 年 10 月)中提出,人类世界只有在从根本上
改革资本主义的经济制度之后,泰戈尔所说的梵的现实、我的尊严和爱的
福音才有可能实现,在这之前,这些只能作为有产有闲阶级的吗啡和椰子
酒,无产阶级即使付出多么沉痛的代价也无法实现泰戈尔构筑的理想状
态。郭沫若还从文化的角度,批判了当时人们邀请杜威、罗素、杜里舒等
外国学者访华只不过是一种满足虚荣心的表现,一种慕名的冲动,一种崇
拜偶像的冲动,而不是建立在深入研究他的思想和深切体会他的教训基
础之上,因而,人们不应再像办庙会那样热闹过后不假思索地对待泰戈
尔。从这些外国学者在华期间和离华后的反差情形来看,郭沫若的看法
不仅是对盲目地欢迎泰戈尔的人们的批评,也提醒了五四思想界对待泰
戈尔应注意的问题。

　　林语堂批评泰戈尔宣讲"爱"的哲学是从亡国奴的心态不得已而为
之的精神安慰。林语堂在《一个研究文学史的人对于贵推该怎样想呢》
(《晨报副镌》1924 年 6 月 16 日)中提出,人的精神与动物的物质生活一

样,都是对环境的一种反应。他认为,泰戈尔把精神复兴和宇宙和谐视为救国的基础等论调,不过是"亡国奴说大话",是对于英国太强大,在没有办法争得民族独立情况下的自我安慰。他还指出泰戈尔的看法没有蕴涵什么哲理,极其平淡,极不稀奇,不能拯救印度,对中国也没有什么益处。在众多批评泰戈尔的文章中,林语堂的言辞是犀利的,主张是激进的,他不赞成泰戈尔对殖民者采取的"消极"抵抗方式,默认的方式至少也应该是甘地的不合作。后来,林语堂的思想则日趋保守,从30年代写《吾国吾民》起,他开始皈依传统,其言行也温和得多。吴稚晖在《婉告太戈尔》(《政治生活周报》1924年4月27日)一文中也从政治角度,嘲讽泰戈尔的主张无异于将带有佛教意味的诗篇贴在墙上,以抵抗敌人的机关枪。

　　除陈独秀之外,批评者对泰戈尔的人格和文学成就还是基本肯定的,这与欢迎者对泰戈尔文学思想的积极宣传有关,但也有人对泰戈尔的文学思想专门提出批评,以闻一多为典型代表。闻一多在《泰果尔批评》(《时事新报·文学副刊》1923年12月3日)一文中从革命文学理论角度,批评泰戈尔的诗脱离了人生的现实需要并且缺乏形式的美感。他认为,文学应该建立在现实的人生基石上,诗歌不适宜表达哲理,泰戈尔文艺的最大缺陷是空洞地论理,没有把捉到现实。他进一步解释说,泰戈尔虽然接受东西文化的双重熏陶,但他受印度"怀慕死亡"的影响比西方"歌讴生命"的影响多,具体而言:"泰戈尔记载了一些自然的现象,但没有描写它们;他只感到灵性的美,而不赏识官觉的美";"摘录了些人生的现象,但没有表现出人生中的戏剧;他不会从人生中看出宗教,只用宗教来训释人生"。所以我们读泰戈尔的诗歌"仿佛寄身在一座云雾的宫阙里,那里只有时隐时现、似人非人的生物"。闻一多以"诗的形式应该是变异的"为理论依据,认为泰戈尔的诗不但没有形式,连大致的廓线也没有,由此得出结论:"泰戈尔是个诗人,而不是艺术家。"闻一多结合中国新诗空虚、纤弱、偏重理智、缺乏形式的的弱点,若再加上泰戈尔诗的影响,不但不能弥补中国新诗的弱点,反而会变本加厉。这表明:闻一多反对将泰戈尔诗歌引入中国,认为应该遏制泰戈尔诗歌在中国的传播以及对中国产生的消极影响。

　　受中国共产党批判泰戈尔的影响,部分激进青年在泰戈尔演讲的会场散发反对传单，制造混乱局面。这使泰戈尔的演讲情绪受到很大影响，被迫将原定在北京的六次演讲减少为三次。

3. 中立和理性的队伍

这支队伍包括胡适、周作人等一些自由主义的知识分子，同时还包括客观介绍泰戈尔思想的张闻天、江绍原、钱智修等人。他们既不同意欢迎者对泰戈尔的无限赞美，也不赞成反对者对其无情批判，而是主张以自由主义的宽容态度对待之。

周作人和胡适等人本着自由主义者宽容的态度，表示对来自异乡的泰戈尔应尽地主之谊，对其访华持欢迎的态度。周作人在《"大人之危害"及其他》（《时事新报·文学副刊》1923 年 12 月 3 日）一文中申明自己"不懂得泰戈尔"，认为欢迎者和批评者对泰戈尔访华所持的激进态度或所采取的积极举动都是没有必要的。具体而言，周作人一方面指出，欢迎者对泰戈尔尽地主之谊的欢迎是应该的，但借其招牌兜售玄学的手段是卑劣的；另一方面，他也指出，那些拥护科学的人群起反对，虽然精神可嘉，却也不免有点神经过敏了，理由是"中国人太顽固，不易受别人的影响"，泰戈尔访华将与杜威和罗素访华一样，离华后不会对中国人的生活和思想产生多大影响。因而，周作人明确表示"在反对与欢迎两方面都不加入"。胡适作为一个"抑中扬西"的文化主张者，本应加入反对者的行列，但在泰戈尔访华期间，胡适对泰戈尔演讲的内容并没有作任何评价，还充当其行程中的翻译，拒绝陈独秀的"批泰"邀请，为其访华的纯洁动机辩护，对其访华的举动表现出极大热情。其中的缘由，不乏胡适信仰的自由主义信条对其行为的规约，因为"自由的真基础是对于对方的主张的容忍与敬意"，反对者不允许泰戈尔发表自己主张的"不容忍的态度，是野蛮的国家对付言论思想的态度"。① 更主要的因素是胡适对泰戈尔文学革命成绩的认同。（详见第三章第三节）

张闻天作为中国共产党第一代领导集体核心的重要成员之一，在泰戈尔访华时，还没有加入共产党，对泰戈尔的态度既不同于共产党，也不同于当时受共产党影响的左翼青年。1922 年 2 月 10 日，张闻天在《小说

---

① 《太戈尔在京最后之讲演》，《晨报》1924 年 5 月 13 日。

图7　泰戈尔访华时与胡适(右三)合影

月报》上发表《太戈尔的"诗与哲学"》、《太戈尔对于印度和世界的使命》以及《太戈尔的妇女观》3篇译述泰戈尔的文章。这一期也是《小说月报》第一次创办"泰戈尔专号"。从比重来看，张闻天的文章占一半之多，在同期同栏目发表的还有郑振铎的《太戈尔传》和《太戈尔的艺术观》、瞿世英的《太戈尔的人生观与世界观》3篇文章。由此可见，张闻天的文章对于《小说月报》介绍泰戈尔的文学作品和宣传泰戈尔思想方面所起到的作用之大。这3篇文章浑然一体，是国内最早系统介绍泰戈尔思想的文献。张闻天主要从8个方面，系统而扼要地介绍了泰戈尔的宗教观、教育观、艺术观、政治观、文明观、妇女观、哲学观和文学观。

张闻天在评介泰戈尔思想时，呈现以下特点：

其一，张闻天眼中的泰戈尔是"无往而不用精神主义的"[①]。3篇文章贯穿一个思想主线，即追求人的精神自由是泰戈尔全部思想的精髓。在文中，随处可见用来形容泰戈尔思想的"精神"、"自由"、"生命"、"灵魂"、"和谐"、"美"等充满激情的措辞。

其二，张闻天认为，泰戈尔的思想带有印度的典型特点。他在《太戈尔对于印度和世界的使命》指出，泰戈尔以印度人的精神为至高境界，把印度作为东方精神文明的代表。泰戈尔如此热爱和颂扬印度是因为"印度重直觉而不重智慧，重宗教而不重科学，重自由而不重指导，重生命而不重占有"，恰好可以弥补西方文明"重视物质过于精神的，政治过于宗教的，权力过于和平心的"缺陷。

其三，张闻天采取"译述"的写法，即将对泰戈尔著作的翻译与评述

---

① 张闻天:《太戈尔的妇女观》,《小说月报》第13卷第2号,1922年2月10日。

结合起来。文章中大量地引用泰戈尔《人格》、《春之循环》、《吉檀迦利》、《采果集》等诗集中的原文。张闻天运用的论证模式是针对印度和当时世界存在的问题,围绕印度如何摆脱殖民统治、建设一个和谐世界的主题,阐释泰戈尔的观点和主张,对泰戈尔的评判力图做到有理有据。

张闻天的这 3 篇文章发表在泰戈尔访华前两年,此后他并没有发表任何有关泰戈尔的文章,也没有参加围绕泰戈尔的争论。究其原因,一方面是由于 1922 年 8 月到 1924 年初张闻天赴美国勤工俭学时,耳闻目睹了西方社会"人吃人"的现实,促使其将注意力由歌颂泰戈尔"爱"的哲学,转向与黑暗社会的现实进行斗争。从在此期间完成的长篇小说《旅途》和三幕话剧《青春的梦》中,可以看出张闻天在言行上已经实现泰戈尔的泛爱哲学与现实世界改造的理性结合,这就决定了他不可能参加"批泰"或"迎泰"的队伍。另一方面,当时张闻天还没有加入中国共产党,因而没有受到共产党的政治组织和政治批判思维的约束和影响。中国共产党是批判泰戈尔最激烈的队伍,与张闻天交情甚好、此时已经加入中国共产党组织的沈雁冰、沈泽民兄弟已参加到批判泰戈尔的行列中。但那时专注于个人文艺活动的张闻天因担心加入后不自由,故不愿意参加。

尽管后来张闻天的关注点同郭沫若一样转向别处,但在围绕泰戈尔进行的诸多笔墨官司中,张闻天还能保持清醒冷静的头脑,没有陷入其中,这对于一个 24 岁的青年来说是十分难得的。尽管张闻天的文章早在泰戈尔访华前就已发表,但他在文章中表达的对泰戈尔的认知与泰戈尔在中国的演讲中所表达的意图和所强调的思想是基本一致的。这反映了青年张闻天具有的敏锐辨别力和清醒判断力。

与张闻天相反,当时担任北京大学文学院教授的江绍原[1]在《晨报副镌》上发表了 6 篇有关泰戈尔的文章,其时间皆在泰戈尔离华后。文章详情目录见下表。

---

[1] 江绍原(1898~1983),祖籍安徽旌德,生于北京,中国著名的民俗学家和比较宗教学家。1917 年在北大哲学系做旁听生,五四运动时曾参与火烧赵家楼的活动,1920 年,赴美国芝加哥大学攻读比较宗教学,1922 年毕业后在意林诺大学研究院学习哲学,1923 年回国任北京大学文学院教授。

表9　江绍原在《晨报副镌》发表有关泰戈尔的文章统计表

时间	文章名称
1924.5.13	《研究〈塔果尔及其森林哲学〉里面的翻译》
1924.5.16	《泰戈尔的 CHITRA 与瞿世英的齐德拉》
1924.5.18	《一个研究宗教史的人对于泰戈尔该怎样想呢》
1924.6.4	
1924.6.13	
1924.7.2	
1924.6.6	《谁配翻泰戈尔底〈诗人的宗教〉》
1924.6.23	《泰戈尔与耶稣》
1924.7.27	《为什么有人硬以为泰戈尔与耶稣不能比》

江绍原的6篇文章主要包括以下三方面内容：

其一，从中印文化差异的角度，分析五四思想界对泰戈尔访华产生认识分歧的主要缘由在于双方都没有给"当事人"泰戈尔一个恰当表达自我的机会。一方面，针对反对者的主张，即认为泰戈尔既反对"普通的宪政运动"，又反对"武力的群众革命"，从而得出结论说泰戈尔是主张无抵抗主义的。针对这种说法，江绍原提出泰戈尔并非主张不抵抗对英国的侵略。他解释说，泰戈尔认为前一种方法是"口头上的乞怜"，后一种方法是"犯罪的手段"，泰戈尔采取的是不同于上述两条道路的第三条道路——"精神的复生"，即用"印度固有的传统的理想改造印度生活"。江绍原进一步指出，反对者不是不明白泰戈尔思想表达的真实意图，而是不明白为什么在印度文化土壤上会产生这种逆来顺受的思想。另一方面，江绍原指出，欢迎者强调泰戈尔的诗人身份，泰戈尔本人也把诗看成人生的伴侣，这对于"似乎向来是不特别尊重诗人"的中国人来讲，强化了对泰戈尔的不重视和反感。欢迎者却欲把泰戈尔这位"诗哲"抬上中国的圣坛，既有迎合中国人推崇圣人癖性的嫌疑，同时他们也忘记了"圣人不作诗，作诗非圣人"的中国传统观念。

其二，从宗教史的角度比较泰戈尔和耶稣的异同之处。江绍原认为，泰戈尔与耶稣尽管所处时代、国家、智识程度、思想背景等方面不同，但他们都主张"精神自由为真自由"①。江绍原的看法本是针对徐志摩等人反对将泰戈尔与耶稣相比较的议论有感而发的,文章发表后却遭到林语堂接连撰写两篇文章反驳他。一篇是《一个研究文学史的人对于贵推该怎么想呢》,从文学史的角度观察泰戈尔与耶稣,二人并不相像,主要表现在:耶稣的思想"无论在何国情之下"都成立,而泰戈尔的思想是"应时而发的语"。另一篇是《吃牛肉茶的泰戈尔——答江绍原先生》,重申泰戈尔不赞成独立、主张精神复兴的主张不是纯粹理智思考的结果,而是"身受英人尊崇欢迎所致",这与耶稣肯为自己的见解而死的信仰是完全不同的。江绍原又专门写了一篇杂感《泰戈尔与耶稣》(《晨报副镌》1924年6月23日),指出林语堂提出"耶稣的话"成立需要具备的两个条件是自相矛盾的。他根据第一个条件推论出"耶稣是个超自然的人,他的精神生活也是超自然的,因此不是反应的原则所能解释的";根据第二个条件推论出"耶稣也是个自然人","他的精神教训不是'对于亡国环境的反应'的观点所能解释的"。

其三,翻译泰戈尔文学作品与理解他的思想具有同等重要性。针对商务印书馆出版、冯飞翻译的《塔果尔及其森林哲学》一书,江绍原具体指出了冯飞翻译泰戈尔诗歌中的几处错误。从今天的翻译水平、技巧以及常识来看,冯飞的翻译的确存在不合乎逻辑和歪曲事实之处。江绍原指出,泰戈尔虽是诗人,其诗歌和文字却有一以贯之的思想,即"含蕴无限生命的大自然的意愿,歌颂宇宙的欢喜"。他认为,"冯先生虽然懂得了泰戈尔的哲学和根本思想,却似乎不十分懂得泰戈尔的诗歌和文字",这也反映出时人"都认为懂思想比懂文字更要紧"②的通病。

江绍原以"中立者"的身份,从中印文化差异的角度,解析围绕泰戈尔进行争论的双方观点中所存在的问题。这样做,不仅介绍并阐释了泰戈尔思想产生背后的文化动因,也警示人们从中国的角度理解泰戈尔是不可能办到的。他的文章或针对具体人物的具体看法,或针对具体事件,

---

① 江绍原:《一个研究宗教史的人对于泰戈尔该怎样想呢》,《晨报副镌》1924年6月13日。

② 江绍原:《研究〈塔果尔及其森林哲学〉里面的翻译》,《晨报副镌》1924年5月13日。

与那些虚指泰戈尔,甚至另有企图的文章不同。即使在与林语堂的争论中,面对其异常激烈的言辞,江绍原对"泰戈尔与耶稣"这个话题的探讨仅仅限于学术层面,其措辞温和而适当,激进的情绪和语言甚少见。江绍原对泰戈尔与耶稣相似性的比较,虽然遭到林语堂的反对,却也赢得了一些人的支持。如朴念仁在与江绍原同名文章《泰戈尔与耶稣》(《晨报附刊》1924 年 6 月 30 日)一文中,指出耶稣并非如林语堂所讲主张独立,表示赞同江绍原的看法。

　　除江绍原外,还有一些人对泰戈尔作了介绍说明,同样没有渗透政治因素、情感因素在其中。如陆懋德在 1924 年 6 月 3 日《晨报副镌》上发表《个人对于泰戈尔之感想》,对泰戈尔访华的身份、泰戈尔的思想、泰戈尔的审美、泰戈尔的品格和国内对泰戈尔的态度等五方面发表了自己的见解。他认为,欢迎者和反对者都误解了泰戈尔,欢迎者误解泰戈尔是印度革命的首领,反对者误解泰戈尔是反对物质文明的。他为泰戈尔辩解说,泰戈尔"亦非劝人绝对的不用物质文明,不过指出物质文明的弱点,使人知物质文明之外,尚有精神文明之重要而已"。这与张闻天所讲"我们不要误会泰戈尔只知东方的好处而不知西方也有好处"[1]的口吻如出一辙。

　　这些对泰戈尔访华持中立和理性态度的人,特别是张闻天和江绍原,对泰戈尔的评析或发表于泰戈尔访华前几年,或发生于泰戈尔离华后。这反映出这些人对泰戈尔的认知有意避开当时围绕泰戈尔的纷争,但他们又不想一味地保持沉默,故对泰戈尔的介绍和分析多于评价。他们以"局外人"的身份,从正面阐释泰戈尔思想的角度,指明了反对者和欢迎者围绕泰戈尔的争论中出现的一些问题。他们的资历、气势和影响虽远不如那些欢迎者和反对者,但他们剖析泰戈尔思想所体现出来的价值,与那些脱离泰戈尔思想本身所进行的无谓纷争相比,更具有现实意义。

二、1929 年访华

　　应徐志摩之邀,1929 年泰戈尔在赴日本和美国讲学途中两次驻足中

---

① 张闻天:《太戈尔对于印度和世界的使命》,《小说月报》第 13 卷第 2 号,1922 年 2 月 10 日。

国。与 1924 年截然不同的是,泰戈尔这次访问前后不过四五天时间,而且完全是私人性的,知晓的人仅限于徐志摩的朋友圈内。因在日本和美国受到"冷遇",泰戈尔的心情十分低落,在中国期间只是谈诗聊天。

1928 年 10 月,徐志摩游览欧洲归国途中,专门停留印度,拜访了泰戈尔,并邀请其再度访华。泰戈尔欣然答应。泰戈尔来中国前,曾特别嘱咐徐志摩:这次决不要像上次在北平那样弄得大家都知道,到处去演讲,只需做一个朋友式的私访即可。1929 年 3 月 19 日,泰戈尔在前往日本和美国讲学途中抵达上海,在徐志摩家中住了两天。这期间,泰戈尔只在徐宅与徐志摩谈诗,还专门为陆小曼朗诵了几首新诗。之后,泰戈尔即赴日本和美国,在回印度途中,于 6 月 11 日又在徐宅住了两天。泰戈尔的这一次旅行不是很顺利,不仅在加拿大不慎丢了护照,在美国移民局还受到侮辱,在日本也受到冷落,因此,他到中国时的情绪十分低落。徐志摩在上海码头敬候泰戈尔时,曾向同去迎接泰戈尔的郁达夫述说了泰戈尔的闷闷不乐。徐志摩说:泰戈尔一路不倦地宣讲他那博爱、宽恕、和平的主张,却一路受到排斥、讥讽和冷落,"诗人老去,又遭了新时代的摈斥"。① 同时,泰戈尔好友梁启超的早逝和张君劢被绑架,更让他无限伤怀。这一次泰戈尔的表现极为低调。

泰戈尔这次访华都是住在上海福煦路 613 号徐志摩家中,徐志摩亲自去迎接和欢送。陆小曼回忆当时的情景时说:"志摩是高兴得连跑带跳地一直往前走,简直连身后的我都忘了似的,一直往一间小屋子就钻,我也只好悄悄地跟在后边;一直到走进一间小房间,我才看见他正在同一个满头白发的老人握手亲近,我才知道那一定就是他一生最崇拜的老诗人。"②徐志摩与陆小曼因婚外恋结为夫妻,当时遭到许多人的非议。泰戈尔摒弃世俗偏见,为他们因爱情而结合送上了衷心的祝福。两夫妇对泰戈尔感激不尽,对泰戈尔的欢迎更是不遗余力了。徐志摩夫妇特意把泰戈尔的房间布置为印度风格,精心照顾泰戈尔的饮食起居,让老诗人有

---

① 郁达夫:《志摩在回忆里》,《郁达夫散文集》,浙江文艺出版社 1985 年版,第 148 页。

② 陆小曼:《泰戈尔在我家》,原载《良友》1940 年第 157 期,转引自人民网:http://www.people.com.cn/GB/wenhua/1088/2921341.html,检索日期:2004 年 10 月 15 日。

一种宾至如归的感觉。从泰戈尔写给徐志摩的一首小诗可以反映泰戈尔对他们的感谢,诗中说:"亲爱的,我羁留旅途,光阴枉掷,樱花已凋零,喜的是遍野的映山红显现你慰藉的笑容。"①诗中反映了徐志摩夫妇的热情款待抵消了诗人在旅行中遇到的种种不快,安慰了诗人受伤的心灵。

　　泰戈尔在徐宅度过的是平平常常的生活,除了与徐志摩谈诗外,会见的都是徐志摩的好友,如:邵洵美和盛佩玉夫妇、蒋百里。胡适曾带他的儿子胡祖望看望泰戈尔,并与泰戈尔就文学革命方面交换了意见。孙中山夫人宋庆龄还为泰戈尔举行了欢送会,并赠送他一套京剧脸谱,这也算是弥补了1924年泰戈尔访华时未能与孙中山见面的遗憾。

　　这次访华使泰戈尔与徐志摩的友谊更加深厚了。泰戈尔送给徐志摩夫妇三样东西作纪念,其中两件墨宝:第一件是泰戈尔在徐志摩名为《一本没有颜色的书》的纪念册上,用中国毛笔画了一幅笔调粗犷的大半身自画像,并在画的右上角,用钢笔题了一句英文诗:"小山盼望变成一只小鸟,摆脱它那沉默的重担";第二件是上文提到的泰戈尔用孟加拉文写的致谢诗;第三件是泰戈尔穿过的一件紫红色丝织长袍,上面用金丝精绣着印度民族风情的图案。临行时,徐志摩与泰戈尔还约定,泰戈尔70岁大寿时,徐志摩去印度给老人祝寿。然而由于中国民族危机的日益严重,以及曾经热情邀请并接待过泰戈尔的徐志摩不幸遭遇空难,徐志摩深爱的"老戈爹"再也没有来过中国。临终前,泰戈尔在一首诗中还怀念起当时访问中国的往事:

　　　"往事历历在目——
　　我生辰的洞房的净瓶里
　　盛着我采集的各国胜地的圣水。
　　我访问过中国,
　　以前不认识的东道主
　　在我的前额吉祥痣上写了
　　'你是我们的知音'。

---

①　白开元:《泰戈尔给中国文化名人的三首赠诗》,《印度文学研究集刊》第6集,上海译文出版社2003年版,第135—136页。

　　　　陌生的面纱不知不觉地垂落了，
　　　　心中出现永恒的人。
　　　　出乎意料的亲密
　　　　开启了欢乐的闸门。
　　　　我起了中国名字，
　　　　穿上中国衣服。
　　　　我深深地体会到：
　　　　哪里有朋友，
　　　　哪里就有新生和生命的奇迹。
　　　　外国花园里，
　　　　怒放着名字各异的鲜花——
　　　　它们的故乡离这儿很远。
　　　　在灵魂的乐土，
　　　　它们的情谊受到热烈的欢迎。"①

　　无论如何，1929 年泰戈尔访华的场面和影响，无法与 1924 年的情景相提并论。笔者之所以不厌其烦地赘述其中的细节，是想通过考察 1929年泰戈尔与中国友人的会面和交谈，逆向佐证 1924 年泰戈尔访华涉及的一些问题，例如：徐志摩对泰戈尔的崇拜是出于与泰戈尔的心灵相通、胡适对泰戈尔的欢迎主要出于对泰戈尔文学革命观的认同，等等。

　　泰戈尔访华归国后，一边从事中印文化交流的工作，一边关注着中国人民和中华民族的命运。当泰戈尔听到日本侵华战争爆发的消息后，多次以书信、诗歌和社论的形式，并采取实际行动，痛斥日本军国主义的侵略暴行，支持英勇抗日的中国人民。泰戈尔的举动增强了中国人民抗战胜利的信心，为中国的抗日战争赢得印度政府、印度人民乃至全世界的舆论支持以及获取物质援助起了重要作用。1945 年中国的抗日战争取得胜利，泰戈尔的遗愿实现了。他对中国人民的友好感情和良好祝愿，永远铭记在中国人的心中，正如周恩来 1956 年访问印度时发出的深情感慨：

　　　　① ［印］泰戈尔：《生辰集》，《泰戈尔全集》第 8 卷，河北教育出版社 2000 年版，第179～180 页。

"中国人民对泰戈尔抱着深厚的感情。中国人民永远不能忘记泰戈尔对他们的热爱。中国人民也不能忘记泰戈尔对他们的艰苦的民族独立斗争所给予的支持。至今中国人民还以怀念的心情回忆着 1924 年泰戈尔对中国的访问。"[①]

第四节　"跨越喜马拉雅的障碍"

泰戈尔访华在中印文化交流史上具有特殊意义,对两国的文化交流产生了深远影响。这一文化盛事不仅沟通了中断千年的中印文化交流,而且促成了中印文化交流机构的建立,推动了两国学者的学术交流,同时,泰戈尔访华还促使其开创了印度中国学之路,也推动了中国印度学的发展。

一、文化交流的沟通与界域的拓展

中国和印度同是世界文明古国,虽然隔着喜马拉雅山的天然屏障,但两国之间的往来却并未因此而中断。几千年来,两国人民互相学习,情深意重。两国的交流自秦朝建立以前已经开始,在唐朝达到鼎盛。但从宋元以后,尤其是到了近代,两国之间以物质方面交流为主,文化交流基本中断。直到 1924 年泰戈尔访华,中断千年的中印文化交流才得以恢复和拓展。

中印文化交流的历史源远流长,上可追溯到秦朝建立以前。那时,中国把印度叫做"天竺",印度把中国称为"Cina",音译为"支那",汉语可译为"秦"。印度的经典《罗摩衍那》和《摩诃婆罗多》以及中国的《史记》多次提到对方,两国的传说中月亮里都有兔子,都将星星划分为二十八宿。两国的交往究竟始于何时,已无从查证,毋庸置疑的是秦以前两国已经开始有了往来。到了两汉时期,两国的交流进一步加强。西汉的张骞、东汉的班超出使西域,使中印两国的交通更加顺畅,两国的交流更加频繁。《汉书·西域传》记载了当时印度部分地区的地理、民俗和物产等方面的

---

①　《新华半月刊》1956 年第 6 期。

情况。这一时期，双方交流以民间交流为主，其通道除了陆上的"西域道"，还有海上的"南海道"；除了物质文明的交流，还有精神文明的交流。而其中最重要的事件是佛教开始传入中国的中原地区，这也是中国古代与印度文化交流最重要的组成部分，正如薛克翘所言，佛教传入中国"不仅是中国历史上的一件大事，也是中印文化交流史的一件大事。如果往远处说，它又是亚洲乃至人类文化史上的一件大事"。① 佛教在世界三大宗教中产生得最早，它传入中国后，对中国方方面面产生的影响是难以估量的，后又经由中国传入日本、朝鲜、越南等地，在这些国家产生巨大影响，从而影响了亚洲以至整个人类文化的走向。

魏晋南北朝时期，中印文化交流全面展开，双方的频繁交往既包括民间和政府间的友好往来，也包括商业贸易活动，两国交流达到第一个高潮。期间，中国僧人成群结队去印度取经，印度僧人也来华诵经布道，并且带来了天文、历算、绘画、建筑、雕刻、音乐、舞蹈等方面的知识。魏晋时期兴起的"玄学"之风以及儒、佛、道三家思想的融合，正是佛教与中国传统思想结合的一个标志，也可视为中印文化交流取得顺利进展的一个重要象征。之后，中国经过长久的民族分裂，自隋朝起，又走向统一。隋唐五代十国时期，两国的文化交流主要表现为中国僧人向印度取经求法，印度僧人到中国译诵佛经，宣传佛法，以及两国政府间频繁地互派使节。唐朝时期，中国在各方面达到空前繁荣，前所未有的对外开放政策使中印文化交流也达到空前繁盛，集中表现为佛教的广泛传播。佛教题材的作品在繁荣的唐代绘画艺术中占很大的比重，佛曲在唐代十分流行，印度乐舞在唐朝宫廷中占主导，从唐朝的诗歌、志怪、传奇等文学作品的题材和体裁上也都可以看到印度影响的痕迹。

宋元时期，中国的海上交通日益发达，到明朝达到鼎盛。但佛教在印度历史上的消失，使由佛教带动的文化交流日渐衰微，相继而起的是海上的商品贸易往来。明清之际，中外文化交流发生"大转折"，"中国同欧洲的交流，成了一股激流，而同有传统交流关系的亚洲国家的交流，则成为

---

① 薛克翘：《中印文化交流史话》（增订版），商务印书馆 1998 年版，第 18 页。

一股涓涓细流,没有中断,但不强烈,大有若断若续之概"。① 到了清末,中国和印度相继沦为西方侵略者的半殖民地和殖民地,政治、经济、文化和社会生活的方方面面都遭受了严重的摧残。两国为各自的民族解放运动事业奋斗着,虽保持着对对方的关心、同情和支持,却没有正式的文化往来。

直到 20 世纪 20 年代,印度诗哲泰戈尔两度访问中国,双方在文化、文学、哲学、宗教、艺术等方面展开交流,才重新打开了两国文化交流的通道,由此揭开了中印文化交流史上新的一页。泰戈尔在中国的演讲中多次强调:印度与中国的文化合作在数千年前已经开始,两个国家像兄弟一样友善,但"在这千年内,我们往来的道上也许满长了蔓草……我们共同的事业就是去除我们胸膈壅积着的杂欲,再来沟通这个名贵的情感的交流"②。这也是 1924 年泰戈尔访华的主要意旨所在。泰戈尔访华带来的是宗教、文学、戏剧、绘画、书法等广泛的交流。

宗教方面:佛教历来是中印文化交流的核心内容,泰戈尔访华也带动了佛教和佛学的交流。泰戈尔曾与法源寺一位长老进行交谈,并应邀于次日到法源寺赏丁香花,参加佛教会为其举办的欢迎会,席间赞美了佛教所传播的"大爱与和平"是东方文化的精髓。《佛化新青年》杂志还出版了"泰戈尔专号",介绍泰戈尔与佛教的关系、泰戈尔的大爱与和平思想、泰戈尔对中国青年的积极影响等内容。泰戈尔与北京佛教讲习会会员张相文、沈钧儒、何雯等人就佛教问题交换了意见。泰戈尔指出,尽管印度宗教教派众多,但大多已皈归佛法,佛法"能解决宇宙中之现在未来,又能救拔世人,使了生脱死"③,并希望中印两国人民达成精神上的结合,发扬东方文化,为世界消除劫难。为此,泰戈尔与中国学者达成组织中印学会,互通声气的共识。泰戈尔还与中国年轻的印度哲学、佛学专家梁漱溟就儒家哲学及宗教问题进行了交谈。尽管二人对"儒学不是宗教"的理解不同,但这次交谈还是十分愉快。梁漱溟晚年回忆了当时与泰戈尔交

---

① 季羡林:《中印文化交流史》,新华出版社 1991 年版,第 157、158 页。
② [印]泰戈尔:《在中国的谈话》,沈益洪主编《泰戈尔谈中国》,浙江文艺出版社 2001 年版,第 23 页。
③ 《关于佛教的谈话》,《申报》1924 年 5 月 20 日。

谈的情景,为泰戈尔虚怀若谷的胸怀所折服。此外,泰戈尔访华团成员中的沈莫汉教授,作为印度著名的梵文学者和佛学专家,在陪伴泰戈尔游法源寺时讲解了印度佛法,在清华大学又作了有关印度佛教的演讲,在北京大学作了印度中古思想中反抗正统思想的演讲,并与中国学者进行了交流。泰戈尔访华再次引起中国人对佛教的关注,重新点燃对佛教描绘的美好心灵家园的希望,暂时脱离战乱带给人们身心的伤害。

文学方面:文学方面不是泰戈尔在中国演讲的核心,但他在该方面取得的成绩在访华前已为中国人所熟知。泰戈尔在演讲中谈到印度文学改革的经过和自己从事文学创作的经历,使中国读者更具体地了解印度文学和泰戈尔文学。同时,他与中国学者在文学方面的交流,不仅对中国现代文学产生了重要影响,还因此与许多中国学者结下了深厚友谊。在泰戈尔访华期间,一批被他的诗所迷恋的忠实追随者,跟随左右,不时与其交换心得。徐志摩与泰戈尔结成忘年交就是以文学为媒介的。一向认为与泰戈尔“志不同,道不合”的胡适,听了泰戈尔在中国关于文学的演讲,并与之进行交谈后,彻底改变了排斥的心理,转向对其文学成就的由衷赞赏。在鲜为人知的泰戈尔第二次来华时,胡适又与泰戈尔会面并进行了文学方面的交流。

戏剧方面:泰戈尔的戏剧《齐德拉》在中国上演,同时泰戈尔也观看了京剧《洛神》,对布景的改进也提出了意见,并与梅兰芳结下友谊。为庆祝泰戈尔 64 岁生日,徐志摩、林徽因等人用英文上演了泰戈尔的话剧《齐德拉》,这是中国首次上演印度的戏剧。剧终后,泰戈尔对随行者京剧表演艺术家梅兰芳说:“在中国看到了自己的戏很高兴,可我希望在离京前还能看到你的表演。”梅兰芳应邀为泰戈尔专场出演了《洛神》。演出结束后,泰戈尔到后台向梅兰芳致谢。在次日的饯行宴上,泰戈尔赞扬了梅兰芳的精湛表演,在梅兰芳纨扇上题诗:“认不出你,亲爱的,你用陌生的语言蒙着面孔,远远地望去,好似一座云雾绕的秀峰。”①这首诗表明:泰戈尔朦朦胧胧地享受京剧的美感,也道出了由于语言的障碍不能完

---

① 白开元:《泰戈尔给中国文化名人的三首赠诗》,《印度文学研究集刊》第 6 辑,上海译文出版社 2003 年版,第 133~134 页。

全理解人物复杂的内心世界，难以充分领略京剧艺术真谛的一丝遗憾。泰戈尔还对"川上之会"一场的布景提出了意见，他认为，《洛神》这部美丽的神话诗剧应当从各方面体现诗人的想象力，然而现实所用的布景过于平凡和单调，他建议"色彩应有红、绿、黄、黑、紫等重色，应创造出人间不经见的奇峰、怪石、瑶草、琪花，并色勒金银线框来烘托神话气氛"①。梅兰芳采纳了泰戈尔的建议，对布景作了更贴近剧情的改进，取得了良好效果，一直沿用下来。1961 年，在泰戈尔诞辰百周年之际，梅兰芳还拿出泰戈尔题诗的纨扇，请石真和吴晓铃两位孟加文专家推敲原文的意思，并写了《追忆印度诗人泰戈尔》一文，怀念印度这位友人。与泰戈尔共同观看《洛神》的孟加拉国画大师，绘制了一幅大型油画。该画气势磅礴，栩栩如生，观者无不叹为观止。

　　绘画方面：泰戈尔对中国绘画具有浓厚兴趣。他刚到中国便会见了青年画家刘海粟，刘海粟为泰戈尔画了两张素描，一张刊登在《申报》，另一张刊登在《时事新报·学灯》。另外，泰戈尔还参观了北京画界为欢迎他而举办的画展，凌直支在欢迎词中说："诗与画在精神上有一致之处，我们今天欢迎泰戈尔先生，其意也即在此……泰戈尔先生在诗歌改革方面已经出了举世瞩目的成绩，我们希望先生能把自己在诗歌改革方面的成绩，也能转而为绘画领域服务，领导我们走进一个新世元。"泰戈尔在演讲中表示赞成"诗中有画，画中有诗"的说法，他指出一些西方人士以为中国没有艺术实属误解，其实，中国的艺术具有悠久的历史。他认为，艺术没有国界，对中国画的发展提出两点建议：一是主张将历史的传统与现实相结合；二是提供印度与中国美术相互融洽的机会。泰戈尔访华团中的成员鲍斯是印度孟加拉画派的著名画家。他在北京大学曾作了题为"印度艺术之复兴"的演讲，用幻灯片演示了印度的艺术名作，并与中国艺术界人士进行了交流。

　　书法方面：在杭州时，泰戈尔参观了位于西湖边的西泠印社，并获得该社赠送的一枚刻有"泰戈尔"三个字的篆刻印章。泰戈尔激动不已，他

---

　　① 梅兰芳：《忆泰戈尔》，沈益洪编《泰戈尔谈中国》，浙江文艺出版社 2001 年版，第 213 页。

说:"在印度,小孩降临后有两件事最重要:第一要给他起个名字,第二要给他少许饭吃。这样,这个孩子就会和社会产生不可磨灭的关系。我的名字译成中文头一个字是'泰'字,我觉得此后仿佛就有权利到中国人民的心里去了解他们的生命,因为我的生命是非与中国人的生命拼在一起不可了。"①泰戈尔回国后,在会见一个来自杭州的留学生时还专门谈到西泠印社,他说"把字作为艺术品是中国特有的,即使不识中国字的外国人,也能领会到一直一横的挺秀和矫健"。②

二、交流机构的创建与交流频度的增强

中印文化交流的历史极其久远,然而两国却始终没有建立起固定的组织机构。泰戈尔访华不仅再次沟通了中印两国的文化联系,而且在中国学者谭云山③的帮助下,促成了"中印学会(Sino-Indian Cultural Society)"和"中国学院(Cheena-Bhavana)"的创建,为两国学者的文化交流提供了稳定的场所,推动了两国学者文化交流向纵深发展。

(一)"中印学会"的创立

泰戈尔在访华期间游走了中国主要大中城市,加深了对中国风土人情的了解。在一次交谈中,何雯曾向泰戈尔提出"将来可组织'中印学会',互通声气"的想法,得到了泰戈尔的赞同。他答道:"予此次来华,本有斯意,希望中印两国人民为精神之结合,共谋发扬东方文化。"④由此泰戈尔萌发在他创办的国际大学开展中国研究的想法。国际大学梵文为"Visva-Bharati",前半部是"国际"的意思,后半部是"学府"的意思,意为

---

① 《泰戈尔过济盛况补志　各学校在省议会开会欢迎》,《大公报》1924 年 4 月 25日。

② 转引自刘作忠:《泰戈尔中国行》,《贵州文史天地》1998 年第 1 期。

③ 谭云山(1898～1983),湖南茶陵人,他的一生上了三个台阶:出生在比较闭塞的农村,早年就读于湖南长沙第一师范学校,在船山学社自修东西文化哲学,见识到新思潮文化的世面,参加毛泽东领导的新民学会,创办了新文化团体"中兴学社";1927 年毕业后至新加坡任教,进入一个华人的社交圈子,处于与世界各地以及各种潮流接触的环境中;20 世纪 30 年代追随泰戈尔前往印度,进入泰戈尔构建"世界大同"的精神领域并参加到加强中印文化交流的前哨队伍。(谭中:《父亲谭云山平凡伟大的一生》,《谭云山与中印文化交流》,香港中文大学出版社 1998 年版,第 6 页。)

④ 《关于佛教的谈话》,《申报》1924 年 5 月 20 日。

图8 担任中国学院第一任院长的谭云山

"世界文化教育中心",与英文"International University"相吻合,"国际大学"即从英文翻译过来。1920～1921年泰戈尔访问欧洲时,受"一战"后欧洲凄惨景象的刺激,欲建立一所"世界和平"与"东西会合"的国际性大学,作为"人生教育的场所"(谭云山在《印度周游记》中语)。回国后,泰戈尔把获得的诺贝尔奖金八千英镑捐出来,在圣地尼克坦(译为和平乡)学校的基础上创办了国际大学,招收的学生不受年龄和国籍的限制。他多次到国外演讲,宣传国际大学并为之筹款。泰戈尔在中国的演讲中也多次提起国际大学,希望全世界有识之士能够与他共同致力于这项事业。1951年印度议会通过议案,宣布这所大学是一所中心大学,是"全国具有重要意义的机构"。印度的历任总理都兼任这所大学的校长。

1924年泰戈尔从中国回到印度后,由于与中国联系得不够,建立中印学会的事宜一直没有提到议事日程。直到1927年泰戈尔赴新加坡访问,遇到了谭云山。他被谭云山一边教研、一边寻求救国之路的事迹所感动。两人一见如故,泰戈尔邀请其去国际大学任教,谭云山欣然答应。1928年9月,谭云山告别新婚妻子,抵达国际大学,进入泰戈尔构建"世界大同"的精神领域,参加到加强中印文化交流的前哨队伍,开始了长达半个多世纪的中印文化交流事业。在那里,谭云山一边学习梵文,开设中文班教授中文课程,研究佛学和印度文化,一边为国内的《东方杂志》等报刊撰文介绍印度的传统文化和民族解放运动。在此期间,他深感组织更多的有识之士投身于中印文化交流的必要性。他指出:"欲谋两国民族之真切联合,非求两国民族互相了解不可;欲求两国民族互相了解,又非互相研究两国民族文化不可。"[1]谭云山的想法与泰戈尔不谋而合,得到了泰戈尔以及国际大学许多学者们的支持。在他们的共同努力下,制

---

[1] 谭云山:《印度周游记》,新亚细亚学会1933年版,第29页。

订了中印双方交换学者和在两国成立研究机构的计划。谭云山带着计划于 1931 年 9 月回国寻求支持和帮助,得到时任中央研究院长、北京大学校长蔡元培和中央考试院院长且在佛学方面颇有造诣的戴季陶的大力支持,使组建中印学会的工作得以顺利开展。

1933 年,中印学会的筹备会议召开。发起人有谭云山、周谷城、梁漱溟等 43 人,赞助人有蔡元培、于右任、林森、戴季陶等 24 人。中印学会的发起书《中印学会:计划、总章、缘起》明确提出:中印学会"以研究中印学术,沟通中印文化,并融洽中印感情,联合中印人民,以创造人类太平,促进世界大同为宗旨"。蔡元培担任会长,谭云山担任秘书长,负责在印度的实际事务。1934 年初,谭云山返回印度,组织以国际大学为根据地的中印学会。5 月,印度的中印学会成立。泰戈尔任主席,尼赫鲁任名誉主席。印度社会许多热衷于中印交流事业的人士都纷纷申请加入。11 月,谭云山再次回国,加紧成立中国的中印学会。1935 年 5 月,在蔡元培、戴季陶等人的帮助下,中国的中印学会在南京成立,讨论并通过了会章,选举蔡元培、吴稚晖、王一亭、叶楚伦、陈立夫、陈大齐、许崇灏、段锡朋、谭云山等 9 人为理事,选举戴季陶、许世英、徐悲鸿、辛树帜、马鹤天等 5 人为监事。蔡元培任理事会主席,戴季陶任监事会主席。至此,在中印双方的共同努力下,两国的"中印学会"分别筹建成功,为后来中国学院的成立和中印文化交流奠定了坚实的组织基础。

另外,受泰戈尔启发,北京、上海、南京先后成立了北京讲演协会、亚洲协会等群众组织,为发展中印文化交流作出了重大贡献。

(二)"中国学院"的建立

《中印学会:计划、总章、缘起》曾经指出:中印之间的联合与沟通"则在沟通中印两国文化始","则在研究中印两国学术始"。"中印学会"成立后的最重要工作就是在国际大学建立"中国学院",这也是"中印学会"对中印文化交流作出的最大贡献。由于泰戈尔的积极配合,谭云山在中印之间的"穿针引线",以及中国学界和中华民国政府的支持,中国学院从筹划到建成只花了不到两年的时间。

除了对他的祖国之外,泰戈尔从来没有对任何国家表示过像对中国这样热情洋溢的友谊。对中国,他有着强烈的相互合作和交流的愿望。

图 9　中国学院外景

他多次写信与中国方面联系沟通建立中国学院的具体事宜。1934 年 4 月 18 日，泰戈尔曾写信给戴季陶，称赞他对中印两国的文化交流作出的贡献，表达乐意将国际大学作为中印文化交流中心的愉快心情，并提出一个详细的预算计划。他在信中说："一个扎实的开端就是兴建一座大厦，叫做'中国大厦'，专供贵国的学生和学者住宿，以便和我们合作致力于文化复兴。需要的费用，包括大厦的维持费，大约为三万卢比。当然，如果计划考虑到中印学会的运作，包括奖学金和教授们的薪俸以及一个像样的图书馆，其费用就会不少于三万五千英镑。"[1]1934 年 4 月 23 日，泰戈尔写信给谭云山请他转达对中国人民的友爱。泰戈尔在信中写道："当你们中国的古德巡礼到我们印度，与我们印度的古德巡礼到你们中国时，所获得的真理与友谊，一直到如今，并未遗失。……今日吾人之责任，应追随那条古先伟大的巡礼的道路，以恢复那个伟大的巡礼的高尚英武的精神；那条道路，不仅是一条地理上的道路而已，却是一条伟大的历史道路；那条道路是越过了许多种族的差异与不同语言、习俗等种种艰难险阻而建筑起来的；由那条伟大的道直达精神的乐园，在那乐园里，全人类被仁爱与合作的纽带连成为一。"[2]

谭云山不仅担当泰戈尔与中国方面交涉的"信使"，他还为中国学院的成立出谋划策、筹集资金和书籍。中国的中印学会成立后，谭云山被指派为在印度的全权代表，帮助泰戈尔和他的下属提出建立中国学院的具体方案。1934 年 9 月，在泰戈尔的具体指导和国际大学同仁的帮助下，谭云山制订了建立中国学院的详尽计划：第一，建造中国学院，包括 1 个大厅，1 间阅览室，1 间厨房和 12 间客房，总共需费 3 万卢比印币，或 3.3 万法币；第二，设立基金，数目是 12 万卢比，供聘用两位教授（一位为中

---

① 谭中：《父亲谭云山平凡伟大的一生》，《谭云山与中印文化交流》，香港中文大学出版社 1998 年版，第 41 页。

② 同上书，第 44 页。

国文化讲座教授,另一位为中国佛教讲座教授)之用(月薪 250 卢比);第
三,设立奖学金,甲级奖学金每月 100 卢比,乙级奖学金每月 50 卢比,每
级共 4 名,需 14.44 万卢比(合 15.8 万法币);第四,设立图书馆,书籍将
由各方捐赠。后来,中国学院的运作基本是按照他们的这个设想。带着
这个计划,谭云山回国后经过一年多的努力,终于筹措到建立中国学院所
需要的足够资金和中文书籍,返回印度具体实施建立中国学院的计划。
后来,谭云山回忆说:"我在中国花了一年多工夫才完成这一使命。虽然
我没有使整个计划实现,但得到了充足的经费开始兴建。我募到的钱足
够完成中国学院的建筑,并购置家具。我所募到的捐书更超过原来的估
计。"①1935 年 8 月 4 日,泰戈尔在信中对谭云山为建立中国学院付出的
努力表示深情地感激和谢意,他说:"我不能忘记你,因为我知道,这件大
事只有你那不知疲劳的活动才能办到。"②

　　中国学界和国民政府对谭云山和泰戈尔的"化缘"给予了鼎力支持。
中国学界尤其是中国的中印学会为中国学院的成立作出了巨大贡献。
1936 年,蔡元培写信给泰戈尔,对他将国际大学辟为中印学会的总部表
示感谢,并明确表示支持谭云山为建立中国学院筹集资金和书籍的事业。
中国的中印学会捐赠三万一千七百十二卢比七安那半,作为建筑中国学
院的费用,同时又购买十万卷中文图书,理事会会长蔡元培赠送一套《四
部备要》线装书,包括经史子集好几百部。其他朋友和出版社又赠送了
大约五万卷。在中国学界的帮助下,谭云山得以带着足够的款项和书籍
返回印度动工兴建中国学院。

　　国民政府协助实施了资助在印度建立中国学院的计划。谭云山曾因
筹款一事提请国民政府援助。国民政府认为捐款给印度的事项,事关中
印之间的官方关系,由政府派人出面担任中印学会领导人比较适宜。于
是,中印学会的领导人就更替为在政府中任要职的戴季陶、陈立夫、朱家
骅等。由此可见国民政府对加强中印文化交流事业和建立两国文化交流

---

① 谭中:《父亲谭云山平凡伟大的一生》,《谭云山与中印文化交流》,香港中文大学
出版社 1998 年版,第 45 页。
② 同上书,第 46 页。

机构的重视程度。时任国民党总裁、南京政府主席的蒋介石也对泰戈尔宣传中国文化的义举表示敬意。戴季陶以个人名义赠送给泰戈尔一套书。在中国学院一楼会议室墙外有一块戴季陶书写的铜牌,内容为叙述中印文化关系史、展望未来中印文化关系以及他个人朝礼印度佛教圣地的观感。国民政府主席林森的题字"中国学院"四个正楷大字,多年来一直悬挂在中国学院的门楣上。国民政府的举动对恢复中印两国政府间的往来和增进两国人民的友好关系起了重要促进作用。1939年,印度国大党主席、中印学会成员尼赫鲁,以实现印度完全独立作为政治斗争目标,访问战火纷飞的陪都重庆,对中国人民的抗日战争表示同情和支持,并与国民政府达成《中印合作措施纲要》,内容包括:"交换教授讲学;交换留学生;交换出版物;交换新闻;互派调查、访问和旅游团。"后来,这些基本得到落实。1942年,蒋介石作为国防最高委员会委员长、对日作战中国战区的最高统帅,访问印度,与尼克鲁会谈,并在其陪同下参观了泰戈尔创办的国际大学。

图10 1942年,蒋介石在谭云山(左二)等人陪同下参观中国学院

在中印双方的共同努力下,1937年4月14日,中国学院正式在国际大学落成。这一天,恰好是孟加拉国的新年,寓意着中印文化关系的发展进入一个新阶段。泰戈尔和谭云山发表了讲话,中印朝野重要人士都纷纷发来贺电。

泰戈尔十分看重中国学院的成立仪式,四处奔波邀请合适的揭幕人选。泰戈尔本来打算邀请甘地,但甘地因有其他安排不能参加。泰戈尔转而邀请尼赫鲁,泰戈尔在信中说:"这庞大的图书馆以及五万卢比的基金,是中国人民赠送给印度人民的礼物。……中印学会的开幕仪式应该隆重到使我们的中国朋友觉得我们是不会辜负这份瑰丽礼物的人。我认为你是主持这开幕仪式最恰当的人。你一定要来!"可以说,中国学院的建立是老诗人晚年一个最大心愿。尼赫鲁接到信后,虽然身体不适,但由于泰戈尔信的分量之重,他还是满口答应了。就是开幕式的前一天,尼赫鲁病情加重,突然发高烧,他赶忙吩咐他的女儿连夜赶往圣地尼克坦,代表他出席开幕式。几经周转,开幕式仍然由泰戈尔主持,冥冥中注定了他与中国的不解之缘。

泰戈尔亲自主持了揭幕典礼并发表了热情洋溢的讲话,高度赞扬了中国学院的建立在中印文化交流史上的作用。泰戈尔指出:"对我来说,今天是一个期待已久的伟大日子。我可以代表印度人民,发出消隐在昔年里的古老誓言——巩固中印两国人民文化交流和友谊的誓言。远在一千八百年前,我们的祖先以无限的忍耐力和牺牲精神,为这种交流奠定了基础。""在座的中国朋友带来了友谊和合作的礼物。作为随着时间推移不断增长的理解的核心和象征,过一会儿将揭幕的中国学院,将发挥积极作用。中国的学生和学者将作为我们的成员住在这儿,他们的生活与我们的生活水乳交融。他们将为共同的事业付出辛勤的劳动,帮助逐步复修中印两国人民之间业已中断十个世纪、富于成果的康庄大道。"①继泰戈尔之后,被任命为中国学院院长的谭云山讲道:中国学院要建成一个高级研究中心,将组织两国学者共同进行一系列学术研究,并为他们的研究创造便利条件。学院所做的研究工作不仅有益于中印两国的文化交流和学术交流,而且将会产生世界范围的国际影响。为此,谭云山诚恳呼吁各国各行业的有识之士、政府官员们,为这个学院的发展和完善给予支持并提供帮助。最后,他希望大家为这个学院的诞生而祝福,为这个学院的未来而尽力。

泰戈尔把梵文"Cheena-Bhavana"译成"Chinese Hall(中国大厦)",而不用"Chinese Academy"或"Chinese Institution"(中国学院)。诚如谭云山的儿子谭中所讲:"严格地说,'中国大厦'和'中国学院'是有区别的,'中国学院'的名称里包含着学术组织和学术内容。"同时,谭中又指出:"Cheena-Bhavana 译成'中国学院'也是正确的,它可以被理解为'中国学院'或者'中国大厦',就看当事者怎么理解了。""由于谭云山主掌中国学

---

① [印]泰戈尔:《中国和印度》,《泰戈尔全集》第24卷,河北教育出版社2000年版,第445~447页。

院(从筹备到建立以后的领导、管理),使得'中国大厦'这个名词从来没在任何中文报道、写作中出现。"①林森为中国学院牌匾题词使用的也是"中国学院",可见中国方面一直接受的是谭云山的影响。至于泰戈尔与谭云山在此问题上观点相左的原因,还有待于学界进一步研究。

甘地向泰戈尔发来贺信,表达了对中国学院的祝福,"愿中国学院成为中印两国人民结合的象征!"尼赫鲁委托英迪拉捎信给泰戈尔,对不能如期参加开幕礼表示歉意,对中国学院给予了高度评价。他称赞,"它的伟大在于它勾引起对远古往昔的回忆,伟大也在于它使我们寄望于将来的同志关系,能使中印两国更紧密联系起来"。蒋介石委托中国驻印度加尔各答领事馆,向泰戈尔发来贺电说:"中国学院成立,曷胜所慰,愿共同努力发扬东方之学术与文化,以进人类于和平幸福之域而谋大同世界之实现。"蔡元培、戴季陶、陈大齐也发来贺电表示祝贺,他们把泰戈尔称为"同志","把中印文化交流看成跨越国界的为实现世界大同的共同神圣事业"②。他们的主张与泰戈尔创办中国学院的初衷不谋而合,深得泰戈尔的喜爱。

(三)以中国学院为中心的文化交流

中国学院的成立是中印文化交流史上具有里程碑意义的事件,它为中国和印度的文化交流提供了一个稳定的场所,使中印两国的文化交流进一步增强。中国人可以在那里学习印度文化,印度人可以在那里了解中国。

民国初期,中国向先进国家学习的意向越发明显。中国学生出国留学的日益增多,绝大多数集中于欧美或日本,几乎没有人去印度,泰戈尔访华改变了这种状况。受泰戈尔感召,赴印度留学的学生逐渐增多。曾圣提③是第一个响应泰戈尔召唤赴印度留学的,他也是中国近代以来第一个赴印度的留学生。他在一篇回忆泰戈尔的文章中写道:20年代读了

① 《谭云山与中印文化交流》,第39页。
② 同上书,第54页。
③ 曾圣提(1901~1982),原名曾楚侨,广东潮州人。泰戈尔访华时,他在上海从事文学工作。"圣提"是甘地为他取的名字,在梵文中是"和平"的意思。《在甘地先生左右》一书,是曾圣提于1943年回印度看望绝食中的甘地后而写成的。

泰戈尔的《飞鸟集》、《吉檀迦利》等散文诗,体会到泰戈尔"带给我们以带着浓厚印度风格的诗和他老人家手撰的短篇小说。那些作品使我陷入大森林、大雪山、大隐士甚至大胡子、大头巾、大佛像等的惊奇的梦幻里"。因此,他决定亲自去印度看看,学习梵文,并了解印度文化,遂"跟在泰戈尔先生访华回印的脚步后面,从中国汕头市去新加坡,去加尔各答,再到圣蒂尼克坦学村,投靠于他"。①起初,他在国际大学学习,后去甘地的真理学院,跟随在甘地身边,成为甘地唯一的中国学生,1926年回国。

魏风江是中国政府派往印度的第一个留学生,也是国际大学第一个中国学生。特别值得一提的是,他还是泰戈尔唯一的中国学生。他于1934年谭云山回国筹备成立中国学院时随之去印度。魏风江初到印度时,泰戈尔不顾自己70多岁的高龄,亲自到数十里外的车站去迎接。可见泰戈尔对第一个来自中国的学生的重视程度。不仅如此,泰戈尔格外钟爱这位弟子,每次外出讲学,总是把魏风江带在身边,期望他将来成为一名沟通中印文化的使者。1937年,抗日战争打响,魏风江看着祖国面临的危难,在身体瘦弱、不适合冲锋陷阵的情形下,不顾泰戈尔和谭云山的劝慰,于1941年回国。魏风江曾对泰戈尔说:"我是您老唯一的中国学生。我以后一定要做一个配得上是您的学生的人。祖国抗战胜利以后,我一定要把此身献给中印文化沟通的事业,我要听从您的教导,继承先贤古圣的遗志,把中印两国人民的友谊,促进并巩固起来。"②7年留印的经历,对魏风江的生活产生转折性的影响。他与泰戈尔结下深厚的师生情谊,激励他回国后一直致力于推动中印文化交流的工作。魏风江在自己的住宅(杭州西湖附近)设立"泰戈尔纪念室",把留学印度时拍摄的珍贵照片和相关物品陈列展出。1987年,魏风江故地重游,国际大学的校友们打出"欢迎您——在中国为泰戈尔精神不倦呐喊的老校友"的中文标语。印度驻华大使沙尔曼·海达先生代表印度政府和印度人民,赠送魏风江一尊古铜色的泰戈尔的半身塑像,以表彰他半个世纪以来为促进中印文化交流所作出的贡献。1986年,贵州人民出版社出版了魏风江的回

---

① 曾圣提:《忆印度伟大诗人泰戈尔先生》,《南亚研究》1983年第2期。
② 魏风江:《我的老师泰戈尔》,贵州人民出版社1986年版,第175页。

忆录《我的老师泰戈尔》，记述了一个中国学生眼中的泰戈尔形象，为人们了解访华结束后泰戈尔的思想和活动提供了宝贵的原始资料。

泰戈尔访华不仅促使一批中国学生赴印度留学，而且由泰戈尔推动建立的中国学院还邀请许多中国学者和艺术家到印度参观访问，为一大批中国文化艺术界人士赴印研究交流提供了方便。著名画家徐悲鸿受泰戈尔邀请于1939～1940年担任中国学院的客座教授，教授中国艺术。他还在国际大学举办中国近代画展，

图11　位于浙江杭州安贤陵园的魏风江墓碑

在加尔各答举办作品展。此外，他多次为泰戈尔画像并赠其"骏马图"，与泰戈尔结下了深厚的友谊，也与印度美术界同仁建立了友好关系，如国际大学美术学院院长南达拉尔·鲍斯。这一年是徐悲鸿创作空前高产的一年，绘制了油画7幅、国画24幅和素描14幅，他的代表作《群马》就是在这一时期完成的。著名教育家陶行知于1938年访问印度时，曾到国际大学拜访泰戈尔，与泰戈尔进行了会谈，并聆听了孟加拉国乐曲。当时，陶行之还拜访了甘地，受其之邀撰写了《中国的大众教育运动》一文，期望对印度的大众教育有一定指导意义。甘地分三次发表在《哈里真》杂志上。金克木（1941年）、吴晓铃（1942年）、徐梵澄（1942年）、陈翰生（1944年）、常任侠（1945年）、陈洪进（1945年）等人都曾到中国学院访问或短期工作。他们受到了学生们的欢迎，为中国学院的繁荣作出了贡献。回国后，他们普遍成为从事研究印度的资深学者，并在高校讲授有关印度文化的课程，如：金克木1946年在武汉大学开设印度哲学史课，1948年又在北京大学开此课程。

三、印度中国学的开创与中国印度学的发展

泰戈尔访华期间，中印两国学者曾达成交换学生的协议，由国际大学沙斯特里带领印度学者到清华大学教梵文并开展印度研究，由梁启超带领中国学者到国际大学教授中文并开展中国研究。虽然这项设想没有实

现,但泰戈尔访华产生的影响,尤其是在他推动下创建的中国学院对印度中国学和中国印度学的研究具有深远意义。

（一）印度中国学的开创

中国学在印度的兴起首先应当归功于泰戈尔,泰戈尔访华为印度中国学的发展奠定了坚实的基础。印度研究中国的最初动力来源于探索与邻国文化联系的渴望。印度对中国的研究可以追溯到两国早期的佛教和贸易交往中,如僧侣对佛教的传播,此时的研究并没有形成系统的理论和范式。到了近代,印度学界对中国研究的内容和规模仍是十分有限的,且存在以第三种语言"英语"为交流媒介的严重缺陷。"我们确实不能忘记,从一种语言传到另一种语言,基本词汇不断从一个国家传到另一个国家,又从一名作家传到另一名作家。人们把词汇像球那样传来传去,但传回时的球与传出时从不完全相同"。① 直到泰戈尔访华及在其促动下中国学院的创建,这种状况才从根本上得以改变,以汉语和印度语直接交流为显著特征的印度中国学才得以开辟。

语言是跨文化交流的媒介,突破语言障碍是进行跨文化研究的前提。1924 年,泰戈尔在访问中国时,曾表达了对中印文化交流以英语为媒介的遗憾。他说:"我演说所用的语言,既非印语,又非中国话,用的乃是英文,这语言上的隔阂,乃是一件最痛心的事。"②1918 年,加尔各答大学首先开设了中国语言和文学课程,这主要源于践行"一战"后复兴东方文化的设想。因为当时没有中文教师,他们便把研究中国的学生送到法国和日本等地学习中文,后来成为印度中国学专家的师觉月（P. C. Bagchi）就是其中一位。1921 年,国际大学聘请法国的中国学专家西尔万·列维（Sylvain Levi Lin）担任讲授中国佛学的客座教授。1924 年泰戈尔访华团成员之一、国际大学教授克提·谟亨·沈莫汉,对印度文化和中国文化拥有很深的造诣,遗憾的是他也不通晓中国语言。这个时期,印度中国学的研究虽然取得了一定的进展,但存在借助于英语和英文材料,而不是直接

---

① ［法］费尔南·布罗代尔著,顾良、张慧君译:《资本主义论丛》,中央编译出版社1997 年版,第 127 页。

② 《泰戈尔过济盛况补志　各学校在省议会开会欢迎》,《大公报》1924 年 4 月 25日。

从中国获取原始中文材料的严重缺陷，就连泰戈尔本人对中国的了解也是如此。同时，印度的大学聘请的中国学专家也没有来自中国的。直到中国学院创建后，印度与中国学界建立了直接的联系，以中印两国语言直接沟通的印度中国学研究才真正开始。中国学院开设了中印两国的多种语言课程，包括汉语、藏语、梵语及印度其他语言，还有欧洲的几种语言。它是印度第一个汉语教学机构，也是 20 世纪 30 年代印度中国学的最重要的研究基地。经过 70 多年的演变，中国学院仍然是印度进行汉语教学的重要机构，为印度中国学研究输送了大量的语言方面的人才。从 1947 年起，中国学院由单纯的科研转向科研与教学相结合，1968 年成为印度第一个拥有中国学学士和硕士学位授予权的单位。此时，学院相继开设了中国语言文学、中国历史文化等方面的课程，其中古代汉语和佛教汉语是最具特色的两门课。

原始资料是跨文化研究的重要对象，中国学院拥有丰富而珍贵的中文藏书，它的中国学研究取得突出成绩也直接得益于此。中国学院的图书馆藏非常丰富，绝大部分是 20 世纪 30～40 年代以前出版刊行的中文古籍，按古典、历史、哲学、文选分类法分为四大类，中国文化百科知识方面的图书所占比重最大，其次是佛学经典。其中，中印文化交流史和中世纪印度史方面的书籍，以及绝大部分在印度失传、在中国却保存下来的由中印高僧合译的几千卷汉文佛典，这些资源是印度的其他图书馆所不能比拟的。此外，还有大量中国字画、图册，很多为中国近现代艺术家所赠原作，现已成为稀世珍品。多年来，到中国学院访问的中国人赠送的书籍愈加丰富了它的馆藏资源，如 1957 年周恩来访印时，赠送中国学院一万多本中文图书，内容包括中国现代文学、中国政治、历史、经济等中文古籍，至今中国学院图书馆还用专柜珍藏着这些书。中国学院进行的许多有关印度和中国方面的研究工作，都是借助这个丰富的馆藏才得以完成的。当时，印度中国学的主要研究机构还有新德里的印度国际文化研究院，但它的藏书量和师资力量都无法与中国学院相比。中国学院成为 20 世纪 30 年代印度中国学研究的最重要机构。

中国学院充分利用其藏书丰富和设备齐全的有利条件，在中国学院院长谭云山的领导下，大力开展专题研究，组织学术演讲和文化考察，并为来此学习或进修的中国学生设立奖学金。印度、中国、斯里兰卡、泰国、德国等国的学者和学生撰写并出版了大量有关中国问题的著作,翻译了许多中国古籍,发行了《中印研究》丛书。中国学院对中国的研究呈现出宏观与微观、历史与现实、横向与纵向相结合的特点,其内容不仅包括中国古代的语言、文字、风俗、宗教、地理、哲学、文学等,还包括近现代中国的政治、经济和社会生活等方面。此外,他们还开展了中印宗教、文学、哲学等方面的比较研究。中国学院成立初期,主要研究的是佛教、语言、艺术、文学和中印之间的历史联系,即学界通常所说的汉学研究。后来,在印度逐渐产生和分化出其他中国学研究机构,中国学院则利用其丰富的佛教馆藏,将研究重点集中在佛学方面。他们的研究成果主要体现在中国佛教及比较宗教学方面,研究重点是把在印度已经流失的佛学经典由汉语再译成梵文。这无疑是对复兴中印文化交流具有彪炳史册意义的举动。现代中国学研究的蓬勃发展起始于印度独立后,特别是中印两国正式建立友好邦交关系后,印度出于现实利益的考虑,将关注的焦点转向中国现实的政治和经济问题。印度学界出现了研究中国现实问题的中心,如德里大学的著名的佛教研究系开始展开中国研究。印度中国学领域从一开始便存在传统汉学与现代中国学合流的趋势,这在其他国家的中国学研究中是不存在的。

德里中国研究中心在回顾几十年印度中国学历史时,指出印度中国学的三个主要缺陷:缺少一套完整的掌握汉语技能和有关中国历史、文化、地理等方面的基础训练;缺少进行学术交流和综合研究的适当环境;缺少从中国直接获得原始资料的便利条件。参照这三个缺陷,中国学院在印度中国学研究方面的开创意义是不容置疑的,但同时这三个缺陷也警示人们印度的中国学研究还是任重而道远。

(二)中国印度学的发展

近代以来,中国学界对印度的关注主要源于政治考虑,与印度的交往主要限于贸易往来,并没有上升为学术研究层面。"一战"后,随着东方文化热的兴起,中国的一些杂志陆续发表了关于印度文学、哲学、佛学等方面的文章,一些大学也开设有关印度学的课程。1924 年泰戈尔遍布中国大江南北的足迹及其热情洋溢的演讲,扩大了泰戈尔的声望,使其赢得了许多中国人的喜爱。人们通过泰戈尔了解了有关印度的情况,在关注和研究泰戈尔的同时,中国学界出现一股研究印度文学、哲学、历史、宗教、社会等方面的热潮,对印度的研究迈入一个新的阶段。

印度文学:20 世纪初,苏曼殊和鲁迅先后注意到印度独具特色的梵语文学并给予其高度的评价,此后中国学界从事梵语文学译介与研究的人开始多起来。为迎接印度诗哲泰戈尔的到来,中国学界掀起的"泰戈尔热"也推动了以泰戈尔为中心的关于印度文学的译介与研究。许地山和柳无忌分别于 1931、1945 年出版《印度文学》,介绍印度文学的发展史。

印度哲学:应北京大学校长蔡元培之邀,梁漱溟开设《印度哲学概论》课程,这是北京大学也是中国高校开设的第一门印度学课程,在中国高教史和哲学研究史上具有里程碑式的意义。此后,中国各高校相继开设印度学课程,将对印度的关注纳入学术轨道。例如:孙中山创立的中国大学,在哲学教育系增设印度哲学课程,与"中国哲学史"、"西洋哲学史"课程并列。据《北平中国学院概览》记载,本课程为初学者而设,主要讲述印度哲学的起源和流派,并对各种术语详加解释。中国的中印学会曾呼吁国内的教育界和学术界在大学里开设印度佛学和印度文明史讲座。

印度佛教:从清末开始,佛学研究热开始升温,特别是佛教复兴运动以来,佛学备受人们关注,学界对佛教传入中国的源头——印度的研究也逐渐多起来。泰戈尔在访华期间,曾几次谈到印度佛教及其与中国佛教的关系,鼓励中国知识分子对印度佛教展开深入研究。应泰戈尔邀请,前往国际大学传播中国文化的谭云山,到印度后对印度佛教有设身处地的感知,对印度佛教的研究与其他国人相比也较深入。

印度历史:19 世纪中叶以来,中国和印度相继沦为西方列强的殖民地、半殖民地,两国因忙于各自的民族解放事业,文化交往几乎被迫中断。但是,中国的革命领袖和思想家十分关注印度民族解放运动的命运,这主要出于以印度的沦陷引以为戒的考虑。1852 年,魏源在《海国图志》中以大量篇幅,介绍了印度被征服的全过程和印度的国家概况。康有为和梁启超等维新派以印度为前车之鉴,多次上书光绪帝,肯求尽早变法以免亡国。辛亥革命领袖孙中山与印度革命者颇有交往,通过这个渠道对印度的革命形势有了比较深入的了解。20 世纪 20 年代,印度国大党采取甘地的非暴力不合作的反英政策,甘地的名字频繁地在中国出现。据有学者统计,从 20 世纪 20 年代到 1948 年甘地被暗杀,中国出版有关甘地及其主义的书籍达 30 余种。五四时期,中国学术界还围绕甘地主义展开了一次大讨论,随着泰戈尔访华团的到来,泰戈尔与甘地的比较研究也开始出现。

谭云山是第一个抱着促进中印文化交流的明确目的赴印度的人,他在旅印华人眼中可谓是家喻户晓的人物。甘地赞扬他是"促进两国文化交流的使者"。谭云山原打算先去印度,再到欧洲,但在泰戈尔和甘地的崇高精神感召下,他取消了赴欧洲的计划,将毕生的精力奉献给中印文化交流事业。除了前文所讲谭云山对中印学会和中国学院的创建,以及在印度宣传中国文化所起到的关键作用之外,他还十分关注印度的情况对中国的借鉴意义,撰写大量以印度为主题的文章发表在国内刊物上,如《印度国际大学概述》、《1929 年的印度国民大会,印度民族运动之进一步》、《印度独立运动之近局》(《东方杂志》第 27 卷第 13 期,1930)、《甘地访问记》等。1931 年,谭云山赴印度各地旅游后写成的《印度周游记》①(1933 年新亚细亚学会出版)和《印度丛谈》(1935 年上海申报月刊社发行)两本著作,详细地介绍了印度的地理、历史、社会、政治、经济、宗教、语言文字、风俗习惯及学术思想等方面的内容。当时,中国思想界对《印度周游记》非常重视,评价也非常之高。蔡元培为这本书撰写了书名,于右任题词赞扬谭云山是"中印民族与中印文化之联络者",刘守中评价这本书是"联合中印民族先声"。这两部书堪比《佛国记》和《大唐西域记》,是当时中国人了解印度的必读书目,对中国深入了解印度的历史和时局,加强两国的友谊起了非常重要的作用,也是当今中国人研究印度历史文化的一份宝贵资源。

泰戈尔访华,在中印两国对对方的研究中所起的作用,是空前绝后

---

① 当时,中国学界对这本书是非常重视、评价非常之高的。蔡元培为这本书撰写了书名,于右任赞扬谭云山是"中印民族与中印文化之联络者",刘守中评价这本书是"联合中印民族先声"。

的。遗憾的是,现实中中印双方对对方的研究仍以英语为媒介,而不是以两国语言的直接交流为主。泰戈尔访华时也指出中印文化交流存在语言方面的障碍,他指出:"因为我说的话,不是中国话,懂的人很少;我也不能说自己的话,因为没有介绍的人;除用英语外,简直没有法子。"①泰戈尔当年的遗憾在当今的中印文化交流中仍没有办法弥补。这说明中印两国还需要加倍努力增强对对方的理解,争取使两国的交流早日开出友谊之花、结出幸福之果,使中印大同(CHINDIA)②的理想早日实现。

---

① [印]泰戈尔:《从友爱上寻光明的路》,孙宜学编《泰戈尔来华讲演及论争》,安徽教育出版社2007年版,第9页。

② "CHINDIA"印度的商业部长兰密施(Jairam Ramesh)2005年创造的一个英文单词,是中国(China)和印度(India)合并后的缩写。印度的中国问题专家谭中将其译成"中印大同",意思是中印两国彼此明了相互的差异,共同前进与合作,在互相理解中求得和谐。参见谭中:《实现"中印大同"理想,建设"和谐亚洲"》,http://guancha.gmw.cn/show.aspx? id=2141,2006—11—25。

第二章　围绕泰戈尔访华的
思想文化论争

　　五四时期,大量外来思想涌入中国,古今中外的各种思想相互涤荡,引发了诸多论争。其中,不少论争与外国学者访华密切相关,如杜威、罗素访华就分别引发了问题与"主义"之争和社会主义论争。印度诗哲泰戈尔访华则使原本已经开始的东西文化论争、科玄论争和"传统与现代"之争等论争掀起了新高潮。遗憾的是,这未能引起当今学人的足够重视。实际上,泰戈尔访华前后,五四时期的上述三大论争的焦点立即转移到泰戈尔身上,各派从不同角度和目的出发围绕泰戈尔及其访华展开了新一轮的论争。围绕泰戈尔访华的三大思想文化论争,展现了五四思想界复杂的精神面貌,揭示了五四各文化派别存在的诸多问题,推动了论争格局的变动和议题的深化。

第一节　泰戈尔与东西文化论争

　　五四时期的东西文化论争在不同的阶段有不同的中心议题,泰戈尔在中国的演讲中赞扬东方的精神文明,批评西方的物质文明,主张构筑以仁爱与平和为特征的"人类第三期文明"等,与东西文化论争的三个主要议题相契合。再加上围绕在泰戈尔周围的"东方文化派"的推波助澜,东西文化论争的焦点立即转移到泰戈尔身上,对待泰戈尔的态度也随之成为评判参与者所属派别的依据。

一、东西文化论争的进程及焦点转移

近代以来,随着中国的殖民地化程度逐渐加深,中国处于既要摆脱西方侵略又要向西方学习的尴尬境地。中国学习西方的过程,经由器物和技艺的物质层面,深入到经济模式、政治体制和教育制度等制度层面,再到文学、艺术、哲学、宗教、价值观念、思维方式、国民性格等更深层的文化层面。如何处理东西文化的关系问题,日渐成为人们关注的焦点。五四前后,随着西方思潮的大量涌入,知识分子把中国落后贫穷的原因归于文化方面,东西文化论争达到前所未有的高潮。1915 年,以《东方杂志》和《新青年》为阵地,以这两个杂志的主编杜亚泉和陈独秀为主的争论拉开了东西文化论争的序幕。此后,逐渐形成了以杜亚泉、梁启超和梁漱溟为代表的东方文化派和以陈独秀和胡适为代表的西化派两大阵营的对抗。从时间上看,东西文化论争可以"一战"为界分为前后两个阶段。从内容上看,双方主要围绕东西文化的异同优劣、东西文化调和共存、中国文化的出路等三个问题展开讨论,先后形成以梁启超的《欧游心影录》和梁漱溟的《东西文化及其哲学》为焦点的探讨。

（一）以《新青年》和《东方杂志》为阵地的争论

五四时期的东西文化论争始于陈独秀等新文化运动的发起者发出全面向西方学习的宣言,引起杜亚泉等文化保守主义者的不满,双方主要就东西文化的异同优劣问题进行了探讨。1915 年 12 月 5 日,陈独秀在《新青年》的创刊号上发表《法兰西与近世文明》(《青年杂志》第 1 卷第 1 号,1915 年 9 月)一文中,在对东西文明进行比较的基础上,得出结论说东方文明虽在时间上处于"近世",但就文明发展程度而言却是"古之遗",明确提出要对中国文明"改弦更张",力主全面向西方学习。汪淑潜在同期发表《新旧问题》一文,将东西文化的差别归于新与旧,并认为新与旧"绝对不能相容"。接着,陈独秀又发表《东西民族根本思想之差异》,对东西文化的"水火不容"特点作了细致的比较,对东方文明的批评和对西方文明赞颂之情清晰可见。《新青年》创刊后在中国各界的影响日益增大,该刊对东西文化的看法也引起时人的普遍关注。

杜亚泉从 1916 年 10 月 10 日在其主编的《东方杂志》上发表《静的

文明与动的文明》一文开始,先后发表《战后东西文明之调和》、《迷乱之现代人心》等数篇文章,对陈独秀的观点提出了质疑。他与陈独秀针锋相对地提出,东西文明的差异是"种类不同",并作一系统阐释。他把儒家思想看成是经世济民的良方,主张以"统整"的方式实现东西文明的调和。1918 年 6 月,钱智修在该杂志上发表《功利主义与学术》一文,从反对功利主义的角度对西方文明提出了批评。他在文中阐明了西方文明对中国影响和危害最大的都是功利主义,特别阐述了功利主义对学术的危害性。与钱智修的文章发表在同一期的还有平佚的《中西文明之评判》,介绍了台里乌司等三位西方学者赞同辜鸿铭在撰写的《中国对于欧洲思想之辩护》和《中国国民之精神与战争之血路》两本书中所表达的看法。辜鸿铭在书中表达的主要思想是认为以孔子伦理思想为代表的中国文明,优于以物质主义为基础的西方文明。平佚借西方学者之口,表明自己也是赞同辜鸿铭的主张的。

　　鉴于以《东方杂志》为阵地的文化保守主义者的回击,陈独秀于 1918 年 9 月发表《质问〈东方杂志〉记者——东方杂志与复辟问题》,就《东方杂志》发表的《迷乱之现代人心》、《功利主义与学术》和《中西文明之评判》三篇文章提出了 16 条质疑。其中,驳杜亚泉的《迷乱之现代人心》虽然只有 1 条,但所占篇幅最大。事隔三个月,杜亚泉于 1918 年 12 月《东方杂志》上发表《答〈新青年〉杂志记者之质问》一文,驳斥了陈独秀对三篇文章的责难,并申明自己以儒家思想"统整"现代西方文明的立场。1919 年 1 月和 2 月,陈独秀又在《新青年》上发表《本志罪案之答辩书》和《再质问〈东方杂志〉记者》两篇文章,主张高举"德先生"和"赛先生"的旗帜批判中国旧文化,并阐明中国固有的文明固然有"相当的价值",但还"不足支配今之社会"。上述陈独秀和杜亚泉之间的争论在五四思想界产生轩然大波,在二人争论的过程中,梁启超、章士钊、李大钊、胡适、梁漱溟、张东荪、陈嘉异等许多学者也都参与其中。针对"一战"爆发后人们对东西文化的认知所产生的变化,东西文化论争的内容不仅包括东西文化差异的性质,还谈到文化的新与旧及东西文化能否调和两个主要问题。对后一问题的集中探讨主要在"一战"结束后,特别是在 1920 年梁启超访欧代表团归国以后。

（二）以《欧游心影录》为中心的探讨

早在1917年4月15日，杜亚泉在《战后东西文明之调和》一文中，就已经明确提出，"一战"使西方文明破绽显著，暴露出西方文明的弊病。但由于当时中国知识分子关注的焦点是中国能否在战争中取胜，而不是对东西文化的反思，因而，杜亚泉的看法没有引起时人的充分关注。战后，在反思东西文化的世界潮流中兴起的文化保守主义思潮，对中国思想界产生了巨大的影响。1920年初，梁启超率领代表团结束为期一年多的欧洲考察，回国后他根据对战后欧洲的观感写成的《欧游心影录》于同年出版。国人带着热切的希望盼望着梁启超给人们带来西方的最新信息。令人感到意外的是，一向主张积极学习西方的梁启超，在书中大声疾呼"西方文明的危机"，转而主张以中国古代文明为主体，吸收一些西方文明来构成新的文明，并且希望用这种新文明去拯救西方将要破产的物质文明。梁启超的转变对东西文化论争产生重大影响，促使探讨的中心问题从东西文化的异同优劣转到东西文化能否调和共存，论争从以陈独秀和杜亚泉二人为主力进行转至以评判梁启超及《欧游心影录》为中心，一时间陈独秀、胡适等主张全面向西方学习的人向梁启超发起进攻。

（三）以《东西文化及其哲学》为中心的探讨

围绕梁启超的争论还未平息，梁漱溟根据其讲演整理而成的《东西文化及其哲学》一书，于1921年底出版。他在书中颠覆了以西方文化为中心的探讨模式，对"西化"和东西文化调和的观点进行了全面清理，提出西方、中国、印度三期文化重现的理论。他认为，西方文化已经过时，印度文化在遥远的将来才能实现，只有中国文化才是适时的，并打出复兴儒学的旗帜。一些文化保守主义者虽然不赞同梁漱溟的具体观点，但对他批评西化派的主张和打出儒家文化的旗帜表示热烈的欢迎。

同时，梁漱溟遭到西化派的反对和批判。其中胡适曾在《读书》杂志上发表《读梁漱溟先生的〈东西文化及其哲学〉》的长文对他进行了比较系统地批判，梁漱溟也撰文并在北京大学作了《答胡评〈东西文化及其哲学〉》演讲予以反驳。胡适批判梁漱溟的主要观点及其理由如下：其一，梁漱溟把复杂的文化现象放在简单的公式里，犯了笼统的毛病。胡适认为，组成文化的分子繁多，产生文化的原因也极复杂。其二，梁漱溟提出人类文化三路向的依据,即人类解决人与自然、人与人、人与自身三大问题的先后顺序,不能作为划分不同文化类型的标准。胡适提出"持有限可能说",意思是指生活是生物对环境的适应,而人类的生理构造大致相同,人类面临的问题也大同小异,解决的办法也不过几种。其三,梁漱溟用意欲向前、持中和向后来分别概括西方、中国和印度文化的特点是不准确的。胡适认为,各种文化大致是走同一路线的,梁漱溟归纳的东西文化不同特点有的已经成为世界性的。例如,印度人为理想而自饿不食、投入寒渊、赴火炙灼等事例说明印度文化也有意欲向前的要求,中国文化也有要求物质享乐的表现,"调和持中"和"随遇而安"乃是人类共同追求的理想境界。其四,批判梁漱溟将中国文化发展的方向看成世界文化的前进方向。胡适认为,文化有时间和空间的区分,文化的发展方向不必苛求一致,文化的存在不必谋求世界化,自有其存在的余地,中国文化所代表的仅是中华民族文化的发展方向。胡适的观点可以反映出当时批判梁漱溟的西化派的基本主张。

论争过后,理性地从文化发展的特性上来看,文化具有时代性和民族性的双重特性。就民族性而言,东西文化没有优劣、新旧之分。就时代性而言,西方文化是近代资本主义文化,东方文化还是传统的古代文化,因而西方文化具有东方文化不可比拟的优点。东方文化派正确地认识了东西文化的民族性,但不承认二者之间存在时代差异;西化派则刚好与之相反。东西文化论争的双方各执一端,导致他们看待东西文化调和及世界文化走向等问题的矛盾。双方固执己见的结果只能是扩大认识分歧,陷入无休止的争辩。反对西化派的文化保守主义者,尽管他们的主张不尽相同,但他们在反对全盘西化、复兴东方文化的基本立场是一致的,"东方文化派"因此而得名。这时,西化派阵营因所持理论武器不同而发生分化,以陈独秀为代表的部分西化派已经完成由民主主义向马克思主义的转变,他们对东西文化问题的思考更侧重于从解决民族危机的现实需要出发,所运用的批判武器也转向马克思主义的基本理论。

二、泰戈尔的演讲与东西文化论争议题的契合

泰戈尔获得诺贝尔文学奖后,曾应邀出访欧美地区的许多发达国家,

宣扬东方精神文明的价值。泰戈尔在西方亲眼目睹了战后欧洲国家衰败的景象,在面对西方国家以强力压制东方国家的现实状况下,其复活东方文化的信心更加坚定了。他对东西文化的思考更侧重于强调如何利用东方文化的精神优势拯救西方文化的精神危机,泰戈尔在中国演讲的主要基调也是如此。泰戈尔在演讲中批评西方的物质文明、赞扬东方的精神文明、构筑以东方"爱"的福音为核心的"人类第三期文明",这些内容契合了东西文化论争的主要议题。他的观点与东方文化派相似,与西化派相悖,他的到来自然引起东西文化论争双方的倍加重视。

（一）东西文明差异的性质

无论东方文化派,还是西化派,抑或泰戈尔,他们都认为东西文明之间是存在根本差异的,并且都列举了东西文明差异的诸多表现。他们的分歧在于:东西文明差异的性质是"种类之异"还是"等级之别"？泰戈尔与东方文化派主张前者,西化派则赞同后者。

泰戈尔在中国的演讲中,以"金刚石"和"稻粒"比喻精神文明和物质文明。他认为,精神文明的价值高于物质文明,东方偏重于精神文明,西方偏重于物质文明。他指出,金刚石的价值虽然比稻粒大,"但金刚石仅仅是一个虚漠的外形,而稻粒则能与人以生命的滋养。物质文明,虽然附着有光致的表面,但却不如精神生活有活泼自然的愉慰,能给人以真的充实的生命。"①泰戈尔不仅将东西文明的差异看成是精神文明和物质文明的区分,在泰戈尔以往的主张中,他还习惯用"静"和"动"描述东西文明的差异,并列举过具体的表现形式。例如,泰戈尔在回答冯友兰的关于东西文明差异性质的问题时,泰戈尔很肯定地回答二者差异的性质是"种类的差异",集中体现为"静"和"动"的区别。他还把二者的关系比喻为"声音"和"歌唱",在人生目的上分别表现为"实现"和"活动"的区别。

运用"静"和"动","精神文明"和"物质文明"作为东西文明的根本差别,也是东方文化派的基本观点。掀起东西文化论争的杜亚泉,在列举东西文明差异的表现后,将东西文明的差异归结为静与动的区分。他在

---

① 《太戈尔在上海各团体欢迎会上的讲演》,《文学周报》第 118 期,1924 年 4 月 21 日。

《静的文明与动的文明》(《东方杂志》第 13 卷第 10 号,1916 年 10 月)一
文中认为,东西文明的差异是由历史形成的,东西文明一为自然,一为人
为;一为向内,一为向外;一为个人,一为团体;一为道德,一为胜利;一为
和平,一为战争,最后得出结论:"西洋社会为动的社会;我国社会为静的
社会。由动的社会发生动的文明;由静的社会发生静的文明。"梁启超也
多次强调,"东方的学问,以精神为出发点,西方的学问,以物质为出发
点。"①梁漱溟在代表作《东西文化及其哲学》中也指出,西方文化、中国
文化和印度文化代表了人类文明的三种不同类型,中国落后不是因为中
国走得慢,而是因为中国走的不是与西方文化同一路向。东方文化派将
东西文化的差异视为种类的不同,处处流露出对东方文化的赞扬。

　　西化派普遍认为,文明包括物质的和精神的两方面,不能将二者作为
区分东西文明的标准,他们也同样列举了东西文明的众多差异,但他们认
为,东西文明的区分是"等级之别"。陈独秀认为,东方文明和西方文明
都包括物质和精神两个方面,不同的是二者在东西文明中所占的比重不
同。他在《法兰西人与近世文明》(《青年杂志》第 1 卷第 1 号,1915 年 9
月)一文中指出,以中国和印度为代表的东方文明虽然在时间上是"近
世",但就文化进化程度而言,"犹如古之遗也"。胡适和瞿秋白也明确地
指出,因为人类发展有共同的规律,有需要解决的共同问题,但各民族因
面临的天然条件不同,"生产力发达的速度不同,所以应当经过的各种经
济阶段的过程虽然一致,而互相比较起来各国各民族的文化于同一时代
乃呈先后错落的现象"。因此,他们主张东西文化的差异是"时间上的迟
速,而非性质上的差异",西方文明已经进入近代,而东方文明还停滞在
古代时期。② 常燕生在《东方文明与西方文明》(《国民》第 2 卷第 3 号,
1920 年 10 月 1 日)一文中,把东西文明的差异是"古今之别"的观点及其
原因表达得非常清楚。他认为,人们之所以把东西文明的差异看成是

---

① 梁启超:《东南大学课毕告别辞》,《饮冰室合集·文集之四十》,中华书局 1988 年
版,第 12 页。
② 参见胡适:《读梁漱溟先生的〈东西文化及其哲学〉》,《读书杂志》第 8 期,1923 年
4 月 1 日;屈维它(瞿秋白):《东方文化与世界革命》,《新青年》(季刊)第 1 期,1923 年 6 月
15 日。

"种类"的区别的重要原因是误把近代文明的特质当作西方文明的特质，误把古代文明的特质当作东方文明的特质。与东方文化派不同的是，西化派将西方文明置于高于东方文明的发展阶段，在对东西文明比较中流露出对西方文明的无限赞美和对东方文明的无情批判。

（二）东西文明的现状及出路

泰戈尔和东方文化派普遍认为，东西文明各有优劣，双方应该互相补充。西化派大谈西方文明的优点和东方文化的缺点，认为东西文明不能调和，主张全面学习西方。

泰戈尔认为，真理具有"动"和"静"两个方面，"两样都不能偏废"，东方文明和西方文明各自代表了真理的一个侧面，因而，东西文明应该相互倚重，取长补短，而不必刻意求同。具体而言：一方面，泰戈尔强调东方要学习西方的长处，要毫不犹豫地献上对西方文明的赞美之词，同时，他还强调西方生产的东西为西方所用，东方不应简单地照搬照抄，东方要找到自己文明的优点作为存在的理由；另一方面，泰戈尔认为，"西方文明重量而轻质"，[①]其物质至上的理念容易导致行为上的独占、搜刮和剥削，以致道德沦丧，因此，西方应该学习东方的合作、友爱、信任和帮助，以弥补自身文明的缺陷。针对当时东方盲目学习西方和西方文明出现精神危机的现实，尤其是看到中国与印度同样存在物质至上的现状，泰戈尔在演讲中明确表达对物质主义充斥中国的不满。他指出，"中国文化被物质所迫，濒于危险之境，不得不据实以告，深望于人人心中，引起反抗的精神，以维护东方固有之文化"，[②]并明确批评了一些东方人认为我们应该抄袭模仿西方的做法，深信未来的时代是属于像中国这样以"牺牲之道德"扬名的时代，而绝非依靠体力或智力征服的时代。泰戈尔也毫不讳言地表示，此次来华的目的是希望在复活东方文化特别是亚洲文化的旗帜下，谋求印度和中国的联合。可见，针对东方如何摆脱落后和受西方奴役的境地这一问题，泰戈尔更重视发挥东方固有的精神文明的作用。

---

① 《泰戈尔第二次讲演》，《晨报》1924 年 5 月 11 日。

② 转引自实庵（陈独秀）：《评太戈尔在杭州上海的演说》，《民国日报·觉悟》1924年 4 月 25 日。

东方文化派与泰戈尔的观点类似,他们一方面主张用儒家的伦理道德精神挽救战后西方文化的精神危机,另一方面主张吸收西方文化的精华为己所用。杜亚泉认为,人类生活最要紧的两个要素,一个是经济,另一个是道德,两方面都发达才是真正的文明。杜亚泉的观点与泰戈尔将东西文明看成一个真理的两个侧面的看法相近,不主张任何一方处于压倒性的优势。杜亚泉还与泰戈尔同样认为,东方和西方的现状都不是完满的生活,甚至呈现出一种病态。他主张,一面输入西方文明,使其融合于中国固有文明之中,一面运用中国固有的文明一以贯之西方的断片文明。此外,杜亚泉对东方文化前途的感悟与泰戈尔也极为类似,他认为,要救中国"决不能希望于自外输入之西洋文明,而应希望于己固有之文明。若能救济于西洋之种种主义主张,是犹望魔鬼之接引入天堂也"。①梁漱溟在《东西文化及其哲学》一书中,不仅认为东方的精神文明可以拯救西方物质文明受损的弊病,而且还指出,西方文化的科学与民主"异采"是世界上哪个地方都不能例外的。东方文化派之所以在承认东西文化是种类不同的前提下,还主张东西文化的调和,其根源在于,他们认为文化的演进是新旧杂糅的,新是相对于旧而言的,不善于保旧者,也就决不能迎新。因而,东方文化派也普遍认为,中国社会要与时俱进,也不能排斥西方文明中的优秀部分,但要注意必须以中国文明为立足点。

西化派普遍认为,西方文明是现代文明精神的集中体现,现在的状况是东方文明落后于西方文明,西方国家对东方国家的侵略是东方国家的物质文明和科学技术不发达造成的。建立在封建宗法制度基础上的东方文化,损害了个人独立的人格,抑制了个人意志的自由,剥夺了人与人的平等权利,与现代文明社会的要求完全不相符。西化派中有的人不承认西方文明出现危机,有的人即使承认也不认为东方具有解决危机的能力。因而,他们反对东西文化的调和,主张东方国家应该学习西方的科学技术,大力发展物质文明。陈独秀认为,东西文化的差异是"古之遗"与"近世文明"的区别,西方文化和东西文化犹如水火一样不相融合,人们的选

---

① 伧父(杜亚泉):《迷乱之现代人心》,《东方杂志》第15卷第4号,1918年4月。

择只能在"革新"和"守旧"中取一。可见,西化派对中国出路的设定是"西化",不同于东方文化派主张的"东方化"或"中西文化的调和"。尽管陈独秀和胡适两位代表人物主张"西化"的动因是依据文明发展具有"惰性"的恶德,他们希望通过与西方文化的全面接触,达到与东方文化派共同主张的东方的传统文化与西方的现代文化相融合的最终目的,但他们与东方文化派及泰戈尔在改造东方文化的路向上毕竟是具有巨大分歧的。

（三）世界文明的走向

泰戈尔构筑了平和与博爱的"人类第三期之世界"的梦想,标志着他对世界未来文化走向的构想。泰戈尔将人类的进化分为三个时期:第一期是"洪水猛兽时代",人类用脑力战胜威胁生存的洪水猛兽等自然界中的敌人;第二期是"体力智力战争时代",人类中的强者战胜弱者;第三期是"平和博爱的时代",在这一时代人类要以服从、牺牲为代价;西方人已经达到第二期,东方人已经进入第三期。[①] 泰戈尔把人类对物质的需要看成是人类低层次的需要。他认为,东方文化比西方文化进化到更高的阶段,代表了世界未来文化的发展趋势。泰戈尔眼中的人类文化进化的三个时期,可以理解为分别着重处理人与自然、人与人,以及人与自身三种关系的时期,这与梁漱溟的东西文化观的立论依据极其相似。梁漱溟根据人类解决人与自然、人与社会、人与自身三大问题的先后顺序,指出东方和西方首先碰到的问题不同,因而产生不同的文化特质,西方、中国和印度代表了三种不同的文化路向,西方文化代表的第一路向是过时的,中国文化代表的第二路向和印度代表的第三路向分别代表现在和将来。尽管泰戈尔与东方文化派对世界未来文化的具体构想存有差异,但他们都将世界文化走向的焦点会聚在东方。

三、围绕泰戈尔的争论

泰戈尔访华前,五四思想界对泰戈尔的东西文明观已经产生认识分歧。1921 年 9 月,胡愈之在《东方杂志》上发表《台莪尔与东西文化之批

---

① 《泰戈尔在北京雪坛的讲演》,《晨报》1924 年 4 月 29 日。

判》一文,假借西方学者之口批评了泰戈尔的东西文化观。国内第一篇
介绍泰戈尔思想的文章——钱智修的《台莪尔氏之人生观》——就发表
在掀起东西文化论争的《东方杂志》上。钱智修是该杂志的主编杜亚泉
的助手。在东西文化论争中,陈独秀将他的文章与杜亚泉的放在一起进
行了批判。不过,这时候的论争参与人数较少,评论也不多,而且语气也
比较温和。泰戈尔刚到中国时,钱智修便预言,随着泰戈尔的到来,"东
方文化与精神生活……问题,必又成为论坛的争端"。①　事实证明,果然
如此。

　　泰戈尔在中国的演讲中批评了西方的物质文明,大力提倡复活东方
的精神文明,这些内容不仅契合了东西文化论争的主要议题,而且泰戈尔
的观点与梁启超、梁漱溟等"东方文化派"的文明观相辅相成,与西化派
背道而驰。这些人在泰戈尔访华期间围绕在泰戈尔周围,刻意宣传泰戈
尔批评西方文化、赞扬东方文化的一面,并不时兜售自己的思想,更强化
了西化派对泰戈尔的反感。东西文化论争的焦点转向以评判泰戈尔为中
心的争论。

（一）关于复活东方文化

　　无论是欢迎者还是反对者,都普遍把泰戈尔看成是东方文化特别是
印度文化的典型代表。由于论争双方对东方文化的价值取向不同,对泰
戈尔提倡的复活东方文化的态度自然迥异。东方文化派偏重于弘扬东方
文化的优秀部分,对泰戈尔赞扬东方文化的思想自然十分欢迎。西化派
则着力于批判东方文化的落后和腐朽部分,对泰戈尔的思想自然持反对
和批评态度。

　　1. 东方文化派普遍认为,泰戈尔的到来意味着中国和印度这两个东
方文化的代表者重新走到一起,他们赞同泰戈尔抨击西方文化、弘扬东方
文化的主张,支持中印联手复兴东方文化的事业。

　　梁启超看到战后欧洲满目疮痍的情形,心中萌发以东方固有精神文
明挽救西方精神危机的想法,与泰戈尔不谋而合。他不仅把泰戈尔视为
印度文化和东方文化的代表,而且还把他看成是沟通中印文化交流的使

---

①　坚瓠(钱智修):《欢迎泰戈尔》,《东方杂志》第 21 卷第 6 号。

者,并支持泰戈尔把印度与中国联合起来同谋东方文化复兴大业的理想。梁启超指出,我们欢迎泰戈尔并不是出于偶像崇拜,而是由于他来自中国的兄弟之邦——印度,中国与印度拥有几千年的交往历史,中国文化受印度的影响而变得丰满。但自唐末以来,两国的文化交往中断了,因而,梁启超期盼千年后来华的泰戈尔能够使中印两国联合起来,弘扬东方精神文明,并表示"用一千多年前洛阳人士欢迎摄摩腾的情绪来欢迎泰戈尔哥哥,用长安人士欢迎鸠摩罗什的情绪来欢迎泰戈尔哥哥,用庐山人士欢迎真谛的情绪来欢迎泰戈尔哥哥"。[①] 梁启超尊称泰戈尔为"哥哥",可见对泰戈尔的敬意和亲近。他还为泰戈尔起了"竺震旦"这个象征着中国和印度友好关系的中文名字。

冯友兰早在 1921 年就拜见了正在美国为国际大学筹款的泰戈尔,就东西文明的问题进行了交谈。那时,他就已经明确表示赞同泰戈尔的文明观,给予泰戈尔"东方第一流人物"的高度评价。当泰戈尔向他述说没有去过中国的遗憾时,冯友兰立即对泰戈尔意欲访华的举动表示由衷地欢迎。他说:"现在中国人的知识欲望非常发达,你要能到中国一行,自然大受欢迎。"泰戈尔来华后,冯友兰不仅到火车站迎接泰戈尔,还成为泰戈尔的座上客。

梁漱溟和辜鸿铭对泰戈尔的看法有别于一般的东方文化派。梁漱溟认为泰戈尔的思想仅可以代表东方文化,却不能代表印度。他认为,泰戈尔的思想并非印度所固有,虽形迹上与中国哲学相距甚远,但实质上与中国儒家思想同属一路。由于梁漱溟把中国文化代表的方向看成是世界未来文化的方向,因此,与中国儒家思想相近的泰戈尔仍然可以作为东方文化的代表。同时,泰戈尔与梁漱溟对儒家和宗教问题存在认识分歧,致使二人并没有在复活东方文化的旗帜下走到一起。辜鸿铭与一般的东方文化派一样,把泰戈尔看成印度文化和东方文化的代表。与他们不同的是,辜鸿铭却不把中国置于东方文化的范畴之内。他认为,中国文化与以印度为代表的东方文化存在巨大差异。他心中代表未来文化发展方向的是中国传统的儒家文化,因而,他毕生致力于弘扬中国传统文化的事业。在

---

① 梁启超:《印度与中国文化之亲属关系》,《晨报副镌》1924 年 5 月 3 日。

他看来,泰戈尔提出的复活东方文化与中国无关,故而没有对泰戈尔表现出多大的热情。

此外,孙中山也对泰戈尔宣传复兴东方文化的事业表示支持。泰戈尔刚刚踏上中国的土地,孙中山便派人到香港与泰戈尔会面,并带去一封盼望泰戈尔去广州的邀请信。他在信中说:"向学者表示敬意乃是我们的古老风尚,但我将欢迎的你,不仅是一个曾为印度文学增添光辉的作家,而且还是一个在辛勤耕耘的土地上播下了人类未来福利和精神成就的种子的杰出劳动者。"①由于孙中山忙于国共合作事宜,且身体欠佳,况且泰戈尔访华行程早已安排好,致使泰戈尔未能与孙中山会面。但从这封信中可以看出孙中山对泰戈尔宣传东方文化精神事业的敬重和认可。

2. 西化派普遍认为,泰戈尔至少是一个东西文化调和论者,复活东方文化无益于改变东方被侵略的状况,泰戈尔在中国宣扬"复活东方文化"有碍于中国学习西方的进程。

陈独秀与瞿秋白都认为,泰戈尔是完全站在反对西方文化、支持东方文化立场上的。陈独秀在《太戈尔与东方文化》(《中国青年》第27期)一文中指出,泰戈尔的主张"虽名为调和'东方'与'西方',实际上完全站在东方文化的观点上"。他进一步解释说,泰戈尔赞扬的东方文化指的是"尊君抑民,尊男抑女"、"知足常乐,能忍自安"、"轻物质而重心灵"等落后消极的因素,让这些思想复活只能导致社会的退步。茅盾在《对于台戈尔的希望》(《民国日报·觉悟》,1924年4月14日)一文中提出,中国正处于内忧外患的双重压力之下,泰戈尔"高谈东方文化实等于'诵五经退兵'",明确表示"不欢迎高唱东方文化的泰戈尔"。这三个人的看法反映了部分五四知识分子在政治上主张反对西方侵略与在文化上主张学习西方的矛盾心理。

胡愈之在泰戈尔访华引发的东西文化论争之前,就发表《台莪尔与东西文化之批判》一文,假借西方学者赫尔褒兹(Herbertz)之口,表示泰戈尔复活东文化的主张,对东方和西方都是无益的。他认为,西方文化与东方文化具有不同的起源和特征,东西文化是不能调和的,西方文明虽然

---

① [印]海曼斯·比斯瓦斯:《泰戈尔与中国》,《人民日报》,1958年5月8日。

有缺点,若像泰戈尔所说将东方文化输入西方文化,不仅不能挽救西方文化,反而会使其陷于更大的危险之中。

（二）关于"爱"的福音

五四知识分子普遍认为,泰戈尔宣扬的"爱"的福音是美好的,但在对这个福音能否解除西方文明的弊端,能否解除东方国家痛苦的认识上,他们是有分歧的。

梁漱溟、辜鸿铭、郭沫若在不同程度上赞扬了泰戈尔"爱"的福音。梁漱溟认为,以儒家思想为核心的中国文化可以弥补西方的精神危机,他把泰戈尔的思想划归到"孔家门下",因而,他赞扬泰戈尔在西方人饱受战争和物质文明所带来的创伤和痛苦之时,拿"直觉"、"情感"和"爱"去拯救他们,实属对症下药。辜鸿铭出于中国对异国者来华应尽的地主之谊,对泰戈尔给中国带来的"爱"的福音表示欢迎。他在《泰戈尔与中国人》(原载《辩论报》(法国)1924 年 7 月 24 日)一文中指出,泰戈尔这位不辞辛劳、翻山越岭来到中国的诗哲,意欲给中国人带来美好的话语和佳音,在我们这个文明的国度里,应该得到承认和欢迎。

郭沫若早期的文学创作曾受到泰戈尔泛爱论的影响,泰戈尔访华时,他的关注点已经从浪漫的文学创作转向现实的政治斗争。他认为,"爱"的福音固然可以挽救西方的缺陷,但却不能拯救东方。他在《太戈尔来华的我见》(《创造周报》1923 年 10 月 14 日)一文中指出:满足感情冲动与满足知识欲望是并行不悖的,在西方过于趋向动态而迷失本源的时候,泰戈尔的森林哲学可成为他们救济的福音。但对于久沉于死寂的东方民族而言,起死回生之剂却不在此。郭沫若指明了"爱"的福音适用范围的有限性,至于对东方国家应该如何摆脱苦难,他与其他共产党员一样,主张与统治阶级进行现实的政治斗争。

陈独秀、瞿秋白、茅盾、沈泽民等中国共产党人依据马克思主义唯物史观和无产阶级革命理论,认为泰戈尔提倡的"爱"的福音固然美好,但在外受帝国主义压迫、内受封建地主阶级统治的国家,宣扬"爱"的福音无异于向统治阶级妥协。同时,他们还认为,西方社会出现问题的根源不在于泰戈尔所说的物质文明的发达,而在于占少数的统治阶级垄断物质文明成果的私有制度。因此,他们认为,解决问题的根本途径是消灭剥削制度,建立人民统治的国家,只有在这样的国家里,"爱"的福音才能够实现。

　　陈独秀在《评泰戈尔在杭州上海的演说》一文中明确指出,造成现代社会的烦恼的原因,一是"弱小民族物质文明不发达,遂造成民族间的侵略",二是"少数人垄断物质文明的恩惠,遂造成阶级间的掠夺"。沈泽民在《评"人类第三期之世界"》(《中国青年》第 31 期,1924 年 5 月 17 日)一文中也认为,帝国主义的掠夺和物质文明的发达是两回事。郭沫若在《太戈尔来华的我见》一文中也从政治角度指出,西方的动乱和东方的死灭都在于"制度之不良",必须从根本推翻现存的制度,泰戈尔的理想才能实现,否则,他的说教只能是徒劳无功。瞿秋白在《台戈尔的国家观与东方》(《向导》第 61 期,1924 年 4 月 16 日)和《过去的人——太戈尔》(《中国青年》第 27 期,1924 年 4 月 18 日)两篇文章中表示,泰戈尔所说的慈爱忠恕和法律秩序的调和只有在劳动阶级的国家里才可能实现,他以提升个人的修养避免社会冲突的消极防御,在印度资产阶级反抗英国殖民统治的时代具有历史价值,但到了"群众劳工运动"时代,随着国民革命浪潮一天天高涨,怕犯杀戒的情绪慢慢消失了,泰戈尔宣传的爱和光明不过是当时一部分落后的印度市侩的"革命"情绪。他还劝告泰戈尔若真是"平民的歌者"和"奴隶的诗人";就应该鼓励平民和奴隶积极、勇进、反抗、兴奋的精神,使他们亲密友爱地团结起来,颠覆资本主义的国家制度。瞿秋白的意思是说,泰戈尔"爱"的福音具有一定的历史意义,但在无产阶级革命的时代,泰戈尔的主张就过时了。瞿秋白的看法恰好反映了中国共产党为防止泰戈尔思想对中国的政治变革产生消极影响,故而批判泰戈尔的现实需要。

　　林语堂从亡国者的心理推断,泰戈尔高唱"爱"的福音、大谈精神救国,实为迫不得已而为之的下下策。他指出:"大凡身处亡国之境,必定使一人的精神很感觉不舒服的。因而必生一种反应,思所以恢复国光的道理……暗杀、革命、宪法改革都干不了,或不想干,于是乎有最无聊的一办法,谓之精神安慰!""今日享盛名受优遇之泰戈尔提倡印度独立反对英国政府,必有许多不便,然对于此国运问题又不能无解嘲之法,于是于无意中不自觉地提起这最方便最不碍人的精神运动精神聊慰法子。"①他以嘲讽的口气批评了泰戈尔不专注于实际斗争而提倡精神安慰的不明智之举。

鲁迅对泰戈尔的看法有别于林语堂,他认为不论泰戈尔宣传怎样的思想,都是对外界的一种回应。他提醒人们,"我们试想现在没有声音的民族是那几种民族。我们可听到埃及人的声音? 可听到安南,朝鲜的声音? 印度除了泰戈尔,别的声音可还有?"②与林语堂对泰戈尔的冷嘲热讽相比,鲁迅显得宽容大度得多。

(三)关于"人类第三期之世界"

1. 陈独秀、沈泽民、茅盾等反对者认为,泰戈尔主张通过精神主义达到"人类第三期之世界"的理想缺乏现实性,只是替资产阶级做说客,无益于中华民族的解放运动,在遭受内外压迫和青年迷惘不堪的情况下,中国迫切需要的是发展物质文明和改造国民的"奴性"。

沈泽民在《评"人类第三期之世界"》一文中,以"思想是跟随时代有变迁的"为理论依据认为,泰戈尔构筑的"人类第三期之世界"是以重精神、主静的东方文明战胜重物质、主动的西方文明后出现的一个人与自然以及人与人和谐的世界。这个想法是美好的,但在帝国主义大肆掠夺的时代,依靠精神主义是无法实现的,"人类第三期之世界"只能变成闲暇的有产阶级的思想,是谦恭懦弱者构筑的虚幻的和冥想的世界。因而,泰戈尔的思想既不符合印度民众的生活状况,也不是中国民众所急需的;我们应该做的是,加紧去追求物质文明的发达。茅盾在《太戈尔与东方文化》一文中将泰戈尔构筑的"人类第三期世界"与克鲁泡特金的作比较,分析了泰戈尔对未来世界设想的空灵性。他指出,如果说克鲁泡特金的思想"忘记装了大门",那么泰戈尔的思想"简直不要大门";如果说,克鲁泡特金的思想是"纸上的",泰戈尔的思想便是在"烟雾里的"。经过对比,茅盾称"人类第三期世界"是"灵魂的世界"、"鬼的世界",它是要求我们经过奴隶式的服从、损失了肉体之后才能够达到的。

---

① 东君(林语堂):《一个研究文学史的人对于贵推该怎样想呢》,《晨报副镌》1924年6月16日。

② 鲁迅:《三闲集·无声的中国》,《鲁迅全集》第4卷,人民文学出版社2005年版,第15页。

反对者进一步结合中国的具体现实指出"人类第三期之世界"的危害。他们认为,中国正处于内忧外患的双重焦虑之中,泰戈尔的和平运动只能叫人们卑躬屈膝,中国问题的出路在于武力反抗。茅盾在《对于台戈尔的希望》(《民国日报·觉悟》1924 年 4 月 14 日)一文中指出,中国正处于国外的帝国主义和国内的军阀主义的双重压迫之下,唯一的出路是中华民族的国民革命,而达到目的方法只有武力。陈独秀在《巴尔达里尼与太戈尔》(《向导》第 67 期,1924 年 5 月 28 日)一文中指出,泰戈尔的和平运动,只是劝一切被压迫的民族像自己一样,向帝国主义奴颜婢膝地忍耐、服从、牺牲,简直是为他们做说客。瞿秋白认为,泰戈尔反对国家,将国家视为"道德"实现的唯一障碍,笼统地谴责一切国家以及国家间的战争,其实质是否定政治的经济本质与内涵,抹煞国家的阶级内容,反对劳动平民参加政治斗争、求得自身生存和发展的权利,在客观上起到了为统治者辩护的效果。他指出:"印度已经成了现代的印度,而太戈尔似乎还想返于梵天,难怪分道扬镳——太戈尔已经向后退走了几百年。"①从他们分析中国的内忧外患的情形来看,泰戈尔的思想不适合中国的现实需用。

反对者反对泰戈尔的空灵的精神世界说,除了出于中国革命形势的考虑外,还有一个主要的原因是防止中国青年被泰戈尔不切实际的想法所迷惑,放弃与恶势力斗争的追求。泰戈尔访华以前,陈独秀就明确指出,号召全党反对泰戈尔的主要原因是担心中国青年的前途受到泰戈尔消极思想的影响。他说:"泰戈尔初到中国,我们以为他是一个怀抱东方思想的诗人,恐怕素喜空想的中国青年因此更深入魔障,故不得不反对他。"②茅盾在《对于台戈尔的希望》一文中,分析了五四时期青年人的思想状况。他说:"中国青年目前的弱点正是倦于注视现实而想逃入虚空,正想身坐涂炭而神游灵境",这种不切实际地陶醉在灵的乐园里,需要有人把他们拉回到现实中来。反对者还对泰戈尔提出建议,希望泰戈尔发挥反抗帝国主义的爱国精神抵抗"奴性"。

---

① 秋白:《过去的人——太戈尔》,《中国青年》第 27 期,1924 年 4 月 18 日。
② 实庵(陈独秀):《太戈尔是一个什么东西!》,《向导》第 67 期,1924 年 5 月 28 日。

2. 浪漫主义的文学家徐志摩、郑振铎、瞿世英等人大力赞扬泰戈尔的性灵世界,辩解泰戈尔反对的对象是帝国主义、武力主义和物质主义,将对泰戈尔文化思想的赞美延伸到泰戈尔的文论思想,东西文化论争也随之蔓延到文学界。

新文学的年轻诗人徐志摩,为泰戈尔访华做了许多欢迎工作,不仅对泰戈尔的文学造诣大献赞羡之词,他还表示认同泰戈尔对现代文明的看法。他在《泰戈尔》(《晨报副刊》1924 年 5 月 19 日)一文中指出:"现代的文明中骇人的浪费,贪淫与残暴,自私与自大,相猜与相忌,飓风似的倾覆了人道的平衡,产生了巨大的毁灭,芜秽的心田里只是误解的蔓草,毒害同情的种子,更没有收成的希冀。"针对反对者把泰戈尔看成是帝国主义的座上宾和精神主义的化身,徐志摩为泰戈尔辩解道:"他(泰戈尔——笔者注)顽固奋斗的对象只是暴烈主义,资本主义,帝国主义,武力主义,杀灭性灵的物质主义;他主张的只是创造的生活,心灵的自由,国际的和平,教育的改造,普爱的实现。但他们说他是帝国政策的间谍,资本主义的助力,亡国奴族的流民,提倡裹脚的狂人:肮脏是在我们的政策与暴徒的心里,与我们的诗人又有什么关联? 昏乱是在我们冒名的学者与文人的脑里,与我们的诗人又有什么亲属?"郑振铎和瞿世英等人也发表与徐志摩类似的看法,表明赞同泰戈尔的东西文化观。以徐志摩为代表的这些浪漫主义作家的文学创作皆受到泰戈尔不同程度的影响,而且他们与泰戈尔也建立了友谊关系。他们以文学家的身份参与到对泰戈尔文明观的品评中,遂使东西文化论争深入到文学界。

新文化运动中的左翼分子抨击泰戈尔的文明观并非直接针对泰戈尔本人,主要针对他们的论敌"东方文化派"那些所谓"别有用心"之徒,诚如郭沫若所讲:"我们对于泰戈尔个人并不反对","泰戈尔如以私人的意志而来华游历,我们由衷欢迎;但他是被邀请来华,那我们对于招致者便不免要多所饶舌。"[1]沈雁冰说:"当时,就泰戈尔之来中国宣传'东方文化',而表示反对者,有好多人写文章,发表的地方也不光是《觉悟》。这是响应共产党对泰戈尔的评价,也是对别个动机而邀请泰戈尔来中国

---

[1]　郭沫若:《太戈尔来华的我见》,《创造周报》1923 年 10 月 14 日。

'讲学'的学者、名流之反击。"①这里的学者、名流包括尊称泰戈尔为"哥哥"的梁启超、将泰戈尔划归于"孔家门下"的梁漱溟、称呼泰戈尔"老戈爹"的徐志摩。因而,在这些反对者的论述中时常将泰戈尔的名字与梁启超、张君劢、梁漱溟等东方文化派的人物联系在一起,其中表现最明显的要数陈独秀。就连泰戈尔离华后他还不忘把泰戈尔与梁启超及研究联系在一起,在论辩中还出现将泰戈尔的思想等同于他的人格的过激言论。

四、历史评价

其一,围绕泰戈尔访华的东西文化论争不仅反映了论争双方的基本观点和主要分歧所在,而且还导致了论争双方及其内部产生新的认识分歧,并引起论争格局产生新的动向。

东西文化论争的参与者对泰戈尔的评判反映了论争双方的基本观点、主要分歧和双方所存在的主要问题。泰戈尔在中国演讲中指明东西文明的种类差异、赞扬东方精神文明、批评西方物质文明、构筑"人类第三期世界"与东西文化论争的三个主要议题相契合,反映了东方文化派和西化派在东西文化差异、东西文化调和、东西文化出路等方面的观点分歧。双方对待泰戈尔的态度反映了论争双方各持文化的民族性和时代性一端的缺陷。他们针锋相对地对抗体现在评判泰戈尔的文化观上。

参与围绕泰戈尔访华的东西文化论争的阵容,比他访华前的东西文化论争的阵容要强大,也超过了泰戈尔访华引发的其他论争。除了此前已经参与的梁启超、梁漱溟、辜鸿铭、冯友兰、陈独秀、瞿秋白、胡适等人外,沈泽民、恽代英、林语堂、吴稚晖、郭沫若、茅盾、鲁迅、徐志摩、闻一多、郑振铎等文化界、政治界、文学界的人士也都纷纷参与其中。由于认知泰戈尔的视角不同,对泰戈尔东西文化观的评判也就不同。

围绕泰戈尔访华的东西文化论争产生了新的认识分歧并引起了新的变动,其中表现最明显的在"东方文化派"内部。"东方文化派"在复兴中国传统文化这一基点上是一致的,因而对泰戈尔赞扬东方文化特别是中国传统文化表示热烈欢迎,但是,他们内部以及与泰戈尔之间在如何复兴

---

① 茅盾(沈雁冰):《我走过的路》(上),人民文学出版社1998年版,第277页。

东方文化问题上存在很大差异,如梁漱溟和辜鸿铭,对泰戈尔的欢迎程度也迥然不同。同属于西化派的陈独秀和胡适因各自的立场的不同,对待泰戈尔的问题上也持不同的态度。对待泰戈尔的态度不能简单地按照原有阵营搞"一刀切",而是应该作实事求是的分析。

其二,泰戈尔赞扬东方精神文明的价值,在当时物欲横流的现实中具有很强的针对性,对于净化人的心灵,以及对中国的西化热的降温起到一定作用,但由于西化派对泰戈尔东西文化观的误解,即认为泰戈尔是反对西方文化,致使泰戈尔的忠告没有得到中国人的普遍认可。

泰戈尔的东西文化观可以划归于东西文化调和论的范畴,这一派在中国历来是受到左右夹击的。泰戈尔在当时西方文化为中心的世界文化氛围中正视了东方文化的价值,树立了东方国家的民族自信心,再次找到东方文化在世界文化的发展中应有的位置,具有划时代的理论意义。他在中国的演讲中宣传东方精神文明的价值,在当时物欲横流的世界中具有很强的现实针对性,对于净化人的心灵具有重要现实意义。泰戈尔的文明观与东方文化派存在共鸣,因而赢得了东方文化派的欢迎,在一定程度上纠正了西化派的过激言行,弥补了西化派理论的不足。西化派则因泰戈尔批评了西方文化、主张复活东方文化,误以为泰戈尔根本反对西方文化、绝对赞成东方文化,表现出对泰戈尔的反感。这一点,泰戈尔本人是注意到的,他在演讲中反复强调:我们必须接受来自西方的真理,即使仰慕和赞美,也不为过。如果我们不接受的话,我们的文明就会流于片面、呆滞而又了无生气。张闻天在泰戈尔访华前曾为泰戈尔辩解说:"我们不要误会泰戈尔只知东方的好处而不知西方也有好处。他最欢喜西方人对于社会服务的热心。他称赞西方人的有规则,有秩序和自由。""他并不反对机械的介绍进来,他反对的是机械的精神和由此而产生的结果",他不主张"以一民族的文明支配全世界","东西文明沟通之后的世界便是和谐的世界"。[①] 张闻天实则在为泰戈尔辩护,他对泰戈尔的理解与泰戈尔本人的看法基本吻合,但是当时他对泰戈尔的辩解并没有引起

---

① 张闻天:《太戈尔对于印度和世界的使命》,《小说月报》第 13 卷第 2 号,1922 年 2 月 10 日。

人们的注意。西化派对泰戈尔的误解实则也是对东方文化派的误解,致使泰戈尔的忠告没能引起当时人们的足够重视。

其三,反对者批判泰戈尔的文化观脱离了对中国政治变革和思想改造的现实考虑,也是具有一定合理性的。

泰戈尔在中国演讲中批评西方的物质文明、赞扬东方的精神文明、宣扬"爱的福音",这与他在欧美国家讲学的基调基本相同。然而,这些国家并没有因为泰戈尔批评西方文化而感到不悦,反而十分感激泰戈尔带来的福音,但是泰戈尔在中国的待遇则与之大相径庭,他非但没有受到比较一致的欢迎,反而引来多方面的激烈批判。在追求物质强国、科学救国并鼓励国民奋起反抗的先驱们看来,从中国的现实需要出发,泰戈尔提出的通过弘扬东方文化达到友爱、平和的"人类第三期之世界"的美好想法过于神秘且充满理想主义色彩,在务求实效的中国人看来难以理解。在当时国难当头、民不聊生的中国社会中,泰戈尔的忠告无异于助长了中国人骄傲自大的心理,让人们在阿 Q 式的精神胜利法中聊度时日。其中,左翼分子的批判最有力,但存在带有意识形态批判色彩的缺陷。

第二节　泰戈尔与科玄论争

1923 年爆发的科玄论争,又称科学与人生观论争,是五四思想界发生的重大论争之一。它既是广义的东西文化论争的组成部分,又是狭义的东西文化论争的延续。泰戈尔访华及其在中国的演讲涉及科学的功用,科学与人生观、"一战"及西方精神危机的关系,人的精神意志自由等问题,这些内容恰好契合了科玄论争的主题。他的观点与玄学派一致,与科学派和唯物派相左,论争的焦点迅速转移到评判泰戈尔的思想上来。

一、科玄论争的缘起及进展

近代以来,学习西方的科学技术,已经成为中国独立富强的必然选择。五四新文化运动将"科学"作为一面旗帜,更加稳固了科学在国人心中的至高地位。但是,"一战"使西方社会的弊病突显出来。许多人把战争爆发和精神危机出现的原因归结于科学的肆意发展。国内学界亦受此潮流影响,以梁启超大声疾呼"科学万能的破产"为导火索,以张君劢和丁文江的争辩为科玄论争的前哨,就此拉开了科玄论争的序幕。梁启超和胡适的加入推动了科玄论争进入高潮期。哲学、政治、社会学、心理学、地理学等各界人士都纷纷参与探讨,逐渐形成以张君劢和梁启超为代表的玄学派与以丁文江和胡适为代表的科学派。以陈独秀为代表的唯物派对玄学派和科学派的批判,使科玄论争形成三足鼎立的局面。三方围绕科学的功用、科学能否解决人生观问题、科学与战后爆发的精神危机的关系,以及中国文化的出路等问题展开讨论。

1918 年 12 月,梁启超代表北洋政府,率领访问团赴欧洲进行为期一年多的考察。在欧洲,他亲眼目睹了"一战"给这些国家造成的巨大破坏和精神创伤,改变了对科学的坚定信仰,对科学能否解决人生观的问题提出了质疑。他在《欧游心影录》中指出,欧洲文明的核心是科学精神,在其庇护下导致了自由意志的缺失和抢面包吃的现象。"一战"的惨剧惊破了西方科学万能的大梦,叫起科学破产来。他预言:"欧人经过这回创巨痛深之后,多数人的人生观因刺激而生变化,将来一定从这条路上,打开一个新局面来,这是我敢断言的哩。"①梁启超既是中国近代著名的启蒙思想家,也是新文化运动领袖们的精神导师之一。这些人对科学的看法受到梁启超和严复等启蒙思想家的重要影响,因此,梁启超对"科学"的态度转变,在五四思想界产生的影响是非比寻常的。在已经建立起对科学坚定信念的新文化运动领袖们看来,梁启超对"科学"功用的质疑意味着对新文化运动的旗帜提出挑战。梁启超的呼喊成为科玄论争的导火索,引发了五四知识分子对科学与人生观问题的关注。科学与人生观的问题也逐渐从东西文化论争中脱离出来,并与东西文化论争并行而论。

梁启超访欧团的成员之一张君劢,也是梁启超的学生。他与梁启超对战后欧洲的衰败深有同感。张君劢于 1923 年 2 月 14 日,在给清华大学学生作的《人生观》演讲中,表达了科学不能解决人生观问题的主张。他认为,人生观具有截然不同于科学的特点,"一战"的爆发宣告了科学

---

① 梁启超:《欧游心影录节录》,《饮冰室合集·专集之二十三》,中华书局 1988 年版,第 18 页。

万能论的破产。他在文中首次明确指出,科学不能指导人生观和重建精神文明。他最后得出结论:科学无论如何发达,人生观问题的解决,绝非科学所能达到,只能依赖人类自身。之前,梁启超在《欧游心影录》和梁漱溟在《东西文化及其哲学》中都对科学的万能功用提出了质疑,但二者并没有像张君劢这样明确表示反对科学指导人生观。最早反驳张君劢的是他的好友丁文江。丁文江于1923年4月14日在《努力周报》上发表题为《玄学与科学——评张君劢的〈人生观〉》一文,逐条地批驳了张君劢对科学与人生观的界分,指责"玄学鬼附在张君劢身上"。丁文江指出,由于人生和心理的问题也是遵循某种规律在运动的,因而它们都是科学研究的对象。他在张君劢提出的9个人生观不能统一的问题的基础上,又增加几个问题,以说明科学的目的就是在于摒弃个人的种种主观成见,使人更合理地生活。他援引达尔文、斯宾塞、赫胥黎、马赫、皮尔士、杜威等人的观点佐证"科学方法是普遍适用"的论点,强调单靠内心的修养无法造成精神文明,当今最大的责任与需要,是把科学方法应用到解决人生问题上去。接着,张君劢在《晨报副刊》上分上、中、下三篇发表《再论人生观与科学并答丁在君》。张君劢把丁文江的观点归结为一点,即用科学支配人生,他从牛顿讲到爱因斯坦,说明"科学公例"都有一定的适用范围,站在唯意志主义立场驳斥丁文江"中了迷信科学的毒",批评丁文江不应诋毁研究玄学的价值。丁文江又在《努力周报》发表《玄学与科学——答张君劢》,站在马赫主义立场上重申了自己的观点,并将张君劢的人生观斥之为"玄学"。张君劢随即在中国大学作了题为《科学之评价》的演讲,予以回击。张君劢和丁文江二人之间几个回合的往复辩论,涉及了科学与人生观的关系、科学与"一战"的关系、科学与战后精神危机的关系等方面内容,可视其为科玄论争的前哨。

张君劢与丁文江都不是五四思想界的重量级人物,他们的争论没有产生震撼的效果。当站在他们背后的支持者梁启超和胡适,撰写文章表明各自立场并正式加入讨论时,科玄论争的参与范围和社会影响也随之扩大了。

1923年5月,梁启超在《时事新报》上发表《关于玄学科学论战之"战时国际公法"——暂时局外中立人梁启超宣言》一文。他企图以中立者的身份对论辩双方提出两点希望:其一,希望论辩双方将问题集中于一点,针锋相对;其二,希望论辩双方态度庄重严肃,不可相互讥笑或谩骂。之后,梁启超又在该报上发表《人生观与科学》,指出张、丁二人的"偏宕之处",对张君劢轻蔑科学、夸大自由意志的范围和丁文江夸大科学的作用都作了批评。这表明梁启超对论辩双方观点既不完全反对,又不完全赞同。但论辩双方没有注意到梁启超在文中所表达的中立立场,而是把他划到玄学派一边。这主要是因为梁启超在文中也突出强调了不受科学支配的"情感"在人生观中的突出作用,这实际上表达了对科学能够解决人生观问题的否定。另外,引发科玄论争的张君劢是梁启超的学生,他的思想受到其师梁启超的影响,以及梁启超此前大呼"科学万能破产"的豪言壮语,也是梁启超被划归到玄学派的两个重要原因。在杭州养病的胡适看到张、丁二人的笔墨官司,于梁启超发表文章相隔几日后,便以调侃的语调也撰文《孙行者与张君劢》,批驳了张君劢的观点。他指出,张君劢在观点上反对科学万能,认为人生观不受"公例"的支配,却是按照科学和逻辑进行阐述,因而没有跳出科学的范围。胡适是新文化运动的倡导者之一,也是"科学"旗帜的忠实拥护者。尽管他以不同于丁文江的实证主义为武器,"希望他们能把这十条都拿到科学教室和实验室里去细细证实或否证",①但他对张君劢的批评无疑表明他站在科学派的立场。胡适此前的表现也决定其自然被推为科学派的主将。

　　自从梁启超和胡适这两位五四时期的头面人物参加讨论,科学与人生观的讨论便进入大范围和大面积的论辩阶段,一时成为思想界关注的焦点。王星拱、吴稚晖、林宰平、唐钺、任叔永、孙伏园、范寿康等人各抒己见,表明立场。随着论争的展开,形成以张君劢和梁启超为代表的"玄学派"与以丁文江和胡适为代表的"科学派",论辩双方将已发表的论辩文章结集成册,并公开出版。1923 年 11 月,上海亚东图书馆编辑出版了《科学与人生观》(上、下)一书,由陈独秀和胡适作序。同年 12 月,上海泰东图书馆出版了内容基本相同的《人生观之论战》文集,由张君劢作

---

①　胡适:《介绍我自己的思想》,《胡适文集》第 5 卷,北京大学出版社 1998 年版,第 512 页。

序。两个出版机构选择不同的人物作序,反映了两本论文集代表的立场不同。陈独秀在序言中明确表示,双方之间的争论不过是唯心主义不同派别之间的争论,只有唯物史观才能科学地解决人生观问题。他指出:"一班攻击张君劢、梁启超的人们,表面上好像是得了进步;其实并未攻破敌人的大本营,不过打散了几个支队,有的还是表面在那里开战,暗中却已投降了……就是主将丁文江大攻击张君劢唯心的见解,其实他自己也是以五十步笑百步,这是因为有一种可以攻破敌人大本营的武器,他们素来不相信,因此不肯用。"陈独秀以马克思主义的唯物史观为武器,抓住了论辩双方皆以唯心主义为武器的弱点,对论争双方进行了批评。他的看法也自然引起双方的不满与回击。于是,以陈独秀和瞿秋白为代表的马克思主义者加入讨论,使科玄论争由科学派和玄学派之争,转为唯物派、科学派和玄学派三足鼎立的格局。

唯物派与科学派在批评玄学和赞颂科学这一点上基本是一致的,但由于唯物派和科学派运用的批判武器不同,有时唯物派嫌科学派对玄学派的批判不彻底,进而对科学派的批判甚于玄学派。科玄论争三方的基本观点分别为:玄学派反对机械决定论,强调人生观问题具有主观性的特点,只能反求诸己、进行内心修炼,非科学规律所能解决,因而认为科学解决不了人生观问题,主张力求从中国传统文化资源中寻求出路。科学派强调尽管西方科学发展存在危机,但中国的科学仍不发达,推动社会进步、改造国民性仍需要发挥科学的功用,主张以进化论为武器,遵循科学的实证主义精神,认为对科学暂不能解决的问题要存疑;唯物派认为,玄学派和科学派都以唯心主义为批判双方的武器,任何观念的形成都有物质做基础,情感是受外在物质世界刺激而产生,因而受自然法则支配,主张只有唯物史观才能科学地解决人生观问题。

二、泰戈尔的演讲与科玄论争议题的契合

1924 年泰戈尔访华时,科玄论争已经暂告一段落,但唯物派和科学派对玄学派的批评并没有停止。应玄学派梁启超等人邀请的泰戈尔,在中国演讲的诸多内容与科玄论争的主要议题相契合,其中包括科学功用的限度、科学的功用与人生观的关系、科学与西方精神危机的关系、解决

精神危机的出路等内容。

（一）科学的功用及其与人生观的关系

泰戈尔肯定了科学的发展对人类的生产和生活所产生的积极作用。他指出，科学不但可以治愈病痛，供给人们更多的食物，而且还使交通更加便利，使人们更容易接近，使生活更加惬意，同时，科学还给予人们推理和思考的能力。科玄论争中的各派也是普遍赞成科学具有积极作用的。科学派和唯物派自不必说，玄学派也肯定了科学的作用，但将之限定在自然领域。因而，科玄论争的焦点不在于是否承认科学具有价值，而在于科学的作用是否有限。

玄学派与泰戈尔普遍看到科学对人生观问题的解决可以起到一定的积极作用，但他们也同样注意到人的心理现象和问题不能仅依靠科学得到解释和解决。玄学派普遍认为，科学的作用是有限的，主要原因在于科学解决不了人生观问题。泰戈尔也认为，科学解决不了心灵的问题，科学的无限发展抑制了人的精神的自由。他在《在杭州各界欢迎会上的讲演》（《申报》1924 年 4 月 20 日）中谈道：科学只能使物质方面增加便利，却不能给我们心灵上带来很多便利和愉快，人类精神被抑制的世界是一个抽象的没有人性力量的世界。这表明了泰戈尔对科学万能功用的怀疑和对科学有限价值的确信，同时也反映了泰戈尔与玄学派的基本主张是相同的。张君劢对人生观特点的分析与泰戈尔类似。他在对科学与人生观作了一番比较后，总结出人生观具有不同于科学的五个特点：主观性、直觉性、综合性、自由意志和单一性。在这五者之中，他认为自由意志居于核心地位。这与泰戈尔十分强调的人的精神绝对自由的看法类似。张君劢还列举出人们在处理亲族关系、异性关系、财产关系、对社会制度之态度、心灵与物质的关系、个人与集体、我与他、对世界之希望、对造物主之信仰等九个问题时意见是无法统一的。张君劢得出的结论是，无论科学怎样发达也解决不了不受客观规律约束的人生观问题。这又与泰戈尔看到科学对人类思维具有一定指导意义的看法不同。

在处理科学与人生观的关系问题上，泰戈尔与梁启超将人生观分层而论的观点更为接近。梁启超则将人生观作了理智和情感两个层次的划分，他指出："人生问题，大部分是可以——而且必要用科学方法来解决的。却有一小部分——或者还是最重要的部分是超科学的","人生关乎理智方面的事项,绝对要用科学方法来解决。关于情感方面的事项,绝对的超科学。"①意思是说,人生观中有一部分领域是科学无法企及的,科学能解决的仅是人生中的求"真"的问题,在体现"爱"与"美"的情感世界科学则无能为力。范寿康与梁启超同样认为,科学不能完全解决人生观问题。与梁启超不同的是,范寿康将人生观分为"先天的"和"后天的"两部分,他认为:"先天的形式是由主观的直觉而得,决不是科学所能干涉。后天的内容应由科学的方法探讨而定,决不是主观所应妄定。"②范寿康对人生观分层的标准与泰戈尔不同,但二人划分人生观的基本理路是一致的。

科学派与唯物派的观点则与他们截然不同,前者认为人的心理现象也在科学研究的范围之内,科学可以解决人生观问题。如丁文江在《玄学与科学——评张君劢的〈人生观〉》一文中提出,科学方法在解决知识方面的问题是万能的,科学的目的在于摒弃个人的主观成见。他解释说,科学与人生观之间没有不可逾越的鸿沟,人生观随着客观环境的变化而改变,因而,人的精神和心理也是科学的研究对象,也应有个公认的衡量标准。唐铖在《心理现象与因果律》一文中从心理学角度说明一切心理现象的产生都是有原因的,并在《一个痴人的说梦——情感真是超科学的吗?》一文中批评"情感是超科学"的观点是痴人说梦。胡适在《科学与人生观·序二》中,全面而明确地表达了科学派的基本主张。在文中,他表示赞同丁文江"人生观是因知识经验而变换的"观点,并进一步解释了心理变迁的原因是可以由科学方法探寻出来的。同时,胡适又强调,科学也不见得束缚人的自由,因为人可以运用智能,创造新因以求新果。以陈独秀为代表的唯物派对科学的推崇远甚于科学派,他们认为,科学规律就是绝对的经济规律,将科学规律的范畴大大缩小。陈独秀在《科学与人生观·序一》中明申唯物派的立场,坚信只有客观的物质原因可以变动

---

① 梁启超:《人生观与科学》,《科学与人生观》,辽宁教育出版社 1998 年版,第 126、130 页。

② 范寿康:《评所谓"科学与玄学之争"》,《科学与人生观》,辽宁教育出版社 1998 年版,第 295 页。

社会,可以解释历史,可以支配人生观。

（二）科学与西方的精神危机

泰戈尔认为,人类长久以来崇拜的科学的肆意发展,导致人类互相残杀的"一战"的爆发,进而引发西方文明精神危机。他在中国的演讲中讲到,科学的发展虽然带来物质文明的发达,但科学发展到肆意蔓延的地步则易于导致物质至上的理念,物质至上的理念又容易导致行为上的独占、搜刮和剥削,以致道德沦丧,容易使人类彼此残杀、互相侵略、不相结识、不求了解。泰戈尔进一步指出,现实的状况是西方世界以科学制造出来的强大智力力量压倒了东方对精神和道德力量的信念,使东方屈服于西方,造成为争夺势力范围而爆发的人类历史上第一次大规模的自相残杀。与泰戈尔类似,张君劢、梁启超、梁漱溟、范寿康等玄学派普遍认为,西方文明出现的种种弊端特别是战后欧洲国家出现的种种惨相,都与科学的肆意发展具有密切关系。

丁文江、胡适、陈独秀等科学派和唯物派不承认"一战"的爆发是西方文化破产的明证,他们将爆发战争的原因归结于科学以外的其他因素。唯物派普遍认为,"一战"爆发是由资本主义私有制度造成的。胡适在《科学与人生观·序二》指出,大战的爆发固然有经济方面的原因,但这不是唯一的原因。他对战争爆发的原因作了多方面的科学阐释,认为,思想、知识、言论、教育等这些方面也可以导致社会的变动,也可以解释历史,也可以支配人生。他还指出,陈独秀一边主张经济史观的决定论,一边又从事思想文化革命的事业,按照唯物派的理解,其行为应该是自相矛盾的,但事实证明并非如此。丁文江在《玄学与科学——评张君劢的〈人生观〉》一文中指出,大战的爆发并不能说明欧洲文化破产,纵然欧洲文化破产了,科学也绝对不应负这种责任,因为破产的大原因是国际战争,对战争最应该负责的人是政治家和教育家。

（三）解决精神危机的出路

泰戈尔在中国的演讲中,指明了解决精神危机的根本出路在于树立对精神自由的坚定信仰。他指出,仰仗科学和物质进步这些外部力量并不能使一个国家真正富强,因为,只有科学与物质的世界不是一个现实的世界,而是一个抽象的没有人性力量的世界。他强调信仰是创造的力量,人的精神支柱不在于枪炮和聪明,而在于无限的、无形的、纯洁的、无畏的信念,即合作和友爱、相互信任和相互帮助。而这种牺牲的道德力量将帮助人们击退贪婪和自私,带来力量和文明的真正进步,消化科学发展的成果,使人们摆脱受奴役的状态,控制使用新武器或新机器。玄学派的张君劢受柏格森自由意志和宋明理学注重心性修养的影响,主张人生问题只能反求诸己,强调恢复以宋明理学为代表的玄学以激发人们积极向上的进取精神。同为玄学派的梁漱溟的文化观也受柏格森的影响。梁漱溟认为泰戈尔讲求直觉与儒家思想同属一路,他明确表示赞成泰戈尔提倡精神自由的内心修炼。梁启超则与梁漱溟不同,他认为直觉是人类在观察基础上产生的结果,仍然逃脱不了科学因果律的支配,强调人类比其他生物高级在于他有自由意志。他指出,人生观中包含体现爱与美的情感这一极其重要的组成部分,带有神秘性的特点,用科学方法加以支配则没有价值可言,如释迦割臂饲鹰、基督钉十字架替人赎罪。因而,梁启超主张人的自由意志要与理智相辅,他反对丁文江所说的用科学统一人生观,因为不可能有一个统一的人生观,而且也没有统一的必要。瞿菊农在《人格与教育》提出,自由意志是创造力的源泉,人格是绝对自由的,物质可以在某种限度上限制人们的身体,却万万不能侵犯人格的活动。

科学派与唯物派普遍认为,中国的科学仍不发达,主张建立起科学的人生观。胡适在《科学与人生观·序二》中提出,中国正苦于科学的提倡不够,科学的教育不发达,正苦于科学的势力还不能扫除弥漫全国的乌烟瘴气。丁文江在《玄学与科学——评张君劢的〈人生观〉》一文中指出,科学不仅"逐外"并且还是"教育同修养最好的工具",学科学的意义有:破除成见,培养爱真理的诚心,平心静气地分析问题,参透宇宙万物之间的微妙关系。他主张对科学暂不能解决的问题应该存疑而不是诉求于玄学,只有这样,才能够真正体会到生活的乐趣。

三、围绕泰戈尔的争论

泰戈尔在中国的演讲中涉及科玄论争主要议题的内容与玄学派的立场和观点基本一致。玄学派在泰戈尔访华期间时常围绕在其周围,并宣传自己的主张。也正因为这样,泰戈尔为唯物派所反感。于是,以评判泰戈尔为中心,科玄论争再次掀起波澜。与此前相比,论争的阵营发生重大变化。与唯物派一道批判玄学派的科学派对泰戈尔访华抱以宽容的态度,没有加入围绕泰戈尔访华的论争。论争的双方变为唯物派和玄学派。论争的内容主要围绕科学的功用、科学与战争的关系、泰戈尔思想的玄学性等问题展开。双方除了延续原有的认识分歧外,在玄学派内部对泰戈尔的评判也产生了分歧。

（一）关于泰戈尔对科学的批判

玄学派与泰戈尔同样对科学的万能功用进行了批判,他们对科学价值有限性的看法是一致的,因而对泰戈尔赞扬和欢迎有加。唯物派因泰戈尔批评了科学和物质文明,进而断言泰戈尔是反对科学和物质文明的。他们还认为战争的爆发和中国的受欺压乃是由于科学和物质文明不够发达。

陈独秀认为,泰戈尔觉得科学及物质文明足以促进人类互相残杀的危机,乃是由于不明白社会制度之效用,并误解了科学及物质文明本身的价值。他进一步解释说,科学与物质文明本身没有罪恶,造成现代社会无限烦恼的原因是由于弱小民族的物质文明不发达和少数人垄断了物质文明的恩惠。沈泽民赞同陈独秀从政治角度解析战争爆发的看法,他指出,中国与印度受国际帝国主义压迫的原因是"同在经济落后的手工业时代",唯一的解救方法是"急起民族革命以推翻世界的经济组织",中国青年应该从"浑沌的玄学思想"觉悟到"科学的精神上来"[1]。亦湘也发出"希望国内青年不要受泰戈尔的蛊惑"的感叹:"'中国现实社会枯燥极了,科学的桎梏心灵,干涸情感已达顶点了,物质文明已露出破裂了',中国的科学尚幼稚到这般地步,万万不可容许这等反科学的思想的流行;且科学并未桎梏心灵,干涸情感,这都是反科学者捏造诬陷的话。"[2]

科学派的主将胡适,没有批判严厉批评科学的泰戈尔,在泰戈尔遭到反对者的批判时,反而给予泰戈尔安慰。泰戈尔对胡适说:"你听过我的演讲,也看过我的稿子。他们说我反对科学,我每次演讲不是总有几句话

---

[1]　沈泽民:《太戈尔与中国青年》,《中国青年》第 27 期,1924 年 4 月 18 日。
[2]　亦湘:《太戈尔来华后的中国青年》,《中国青年》第 27 期,1924 年 4 月 18 日。

特别赞叹科学吗?"胡适回答道:"这全是分两(意思是分量——笔者注)轻重的问题,你的演讲往往富于诗意,往往侧重人的精神自由,听的人就往往不记得你说过赞美近代科学的话了。"他还安慰泰戈尔:"我们要对许多人说话,就无法避免一部分的无心误解或有意的曲解。"①据此,可以推断出,胡适是了解泰戈尔批评科学的真实意图的,因而没有批判他,也没有加入批判泰戈尔的行列。

(二)关于泰戈尔访华的目的

唯物派认为泰戈尔访华是应科玄论争中败北的玄学派之邀,为其助阵而来。他们对泰戈尔的批判实际上也是对玄学派的批判。

第一个反驳玄学派的丁文江称张君劢是"玄学鬼"附身。泰戈尔访华时,也附带被说成是"玄学鬼"。恽代英在《告欢迎太戈尔的人》(《民国日报·觉悟》1924 年 4 月 19 日)一文中明确指出,中国的"玄学鬼"邀请泰戈尔访华的目的是为他们张目。沈泽民认为泰戈尔是印度的顽固派,他将其与唯物派的论敌辜鸿铭、康有为、梁启超、张君劢等中国的顽固派相提并论。他明确指出:"太戈尔就是中国的辜鸿铭或康有为;但至少他是个梁启超或张君劢。玄学与科学之争中,张君劢表示他自己是一个玄学派,主张精神的独立,太戈尔更过之,他承认神的存在。"②鲁迅在泰戈尔离华后,谈到泰戈尔在中国不受欢迎的原因:玄学派将泰戈尔打扮成一个不食人间烟火的仙人,脱离了中国的现实需要。他说:"泰戈尔到中国来了,开坛讲演,人给他摆出一张琴,烧上一炉香,左有林长民,右有徐志摩,各各头戴印度帽。徐诗人开始介绍了:'叽哩咕噜,白云清风,银盘——当!'说得他像活神仙一样,于是我们的地上的青年们失望了,离开了。神仙和凡人怎能不离开呢?"③

事实上,玄学派的确有借泰戈尔为自己张目之嫌,他们是促成和欢迎泰戈尔访华的重要力量之一。玄学派的梁启超与泰戈尔接触较早,而且,

---

① 胡颂平编著:《胡适之先生年谱长编初稿》第 3 册,联经出版公司 1984 年版,第 567 页。

② 沈泽民:《太戈尔与中国青年》,《中国青年》第 27 期,1924 年 4 月 18 日。

③ 鲁迅:《花边文学·骂杀与捧杀》,《鲁迅全集》第 5 卷,人民文学出版社 2005 年版,第 616 页。

泰戈尔访华是应梁启超创办的讲学社之邀,他在中国的饮食起居都是由梁启超一手操持的。科玄论争的掀起者张君劢也是泰戈尔访华不遗余力的欢迎者。泰戈尔初到中国时,他曾到上海码头迎接。为迎接泰戈尔访华举办的第一个欢迎会也是在张君劢家进行的。此外他还经常伴随泰戈尔左右,并与其进行交谈。

　　自由主义者周作人对双方的意图看得十分清楚,他指出:"想借他老先生(指泰戈尔——笔者注)的招牌发售玄学便不正当,至于那些拥护科学的人群起反对,虽然其志可嘉,却也不免有点神经过敏了。""倘然有一般玄学鬼要想利用这位老翁来华做他们的护身符,那便是污辱了泰戈尔了。倘然有一般青年为了反对那些利用泰戈尔的玄学鬼而反对及泰戈尔的自身,那更是污辱了泰戈尔了。"①在这个问题上,没有参加泰戈尔访华引发的科玄争论的胡适,不仅拒绝了陈独秀"批泰"的邀请,他还为玄学派辩解说:泰戈尔早在科玄论争爆发前便安排助手恩厚之到中国联系访华事宜,但在安排过程中遇到了许多问题和麻烦,泰戈尔访华的日期被拖延了一年之久。

　　(三)关于泰戈尔思想的玄学性

　　在梁启超和梁漱溟等玄学派看来,泰戈尔曼妙玄化的思想正适应挽救精神危机的需要,而同属于玄学派的辜鸿铭却主张语言应平实易懂,批评了泰戈尔思想的玄妙性。唯物派从政治角度批判了泰戈尔的思想。在他们看来,泰戈尔的思想无益于中国的民族解放运动。

　　张君劢于"一战"后师从生命哲学派大师倭铿研习哲学,经常向同为该派的大师柏格森问学,其思想深受这一派影响。他回国后不久便掀起科玄论争,成为主张玄学的代表人物之一,他对主张心性修养的泰戈尔自然十分欢迎。梁漱溟对泰戈尔也表示欢迎。他将柏格森的生命哲学、印度唯识学和中国的儒家伦理相结合,认为泰戈尔注重的"直觉"与儒家思想存在一致之处。但是,由于他和泰戈尔对儒家思想的理解存在不同,致使他对泰戈尔的欢迎又是有限度的。梁启超为欢迎泰戈尔作了几次演讲。他在《印度与中国文化之亲属的关系》(《晨报副镌》1924 年 5 月 3

————————

①　陶然(周作人):《"大人之危害"及其他》,《晨报副刊》1924 年 5 月 14 日。

日）中说，"绝对自由"是印度给予中国的两样珍贵礼物之一，它是指"脱
离一切遗传习惯及时代思潮所束缚的根本心灵自由，不为物质生活奴隶
的精神自由"，泰戈尔则是这两件礼物的"权化"和印度文明的代表。从
梁启超对泰戈尔的赞扬中可以看出：梁启超认同泰戈尔所代表的印度文
化所强调的精神自由对中国人的思想启蒙（也可以理解为新文化运
动——笔者注）具有积极意义。然而，被当时人喻为"中国太戈尔"的辜
鸿铭在《泰戈尔与中国人》一文中，一方面赞叹泰戈尔的文笔流畅、才情
横溢，另一方面也指出泰戈尔思想中浓重的东方蒙昧和神秘的色彩。他
十分反感泰戈尔在作品中大量引用比喻、象征等手法和过于华丽多彩的
语言，赞同的是像孔子一样用最明白易懂的语言表达思想。

小资产阶级浪漫作家徐志摩和瞿世英等人，从文学角度赞扬了泰戈
尔诗歌的魅力在于思想的玄妙，因而壮大了欢迎泰戈尔的声势。徐志摩
在《四团体欢迎太戈尔之茶话会》（《申报》1924 年 4 月 14 日）中强调，泰
戈尔的演讲"俱诗人意味，辞意均奥妙，听者不能领悟其辞句，亦当心会
其深意，盖诗味不在耳闻，须持内心"。瞿世英指出，泰戈尔的思想和柏
格森、倭铿很相像，都注重生命的力量。他认为泰戈尔是个神秘主义者，
说的话只可意会不可言传。①

泰戈尔来华前，陈独秀已经明确表示："现在只应该专门研究科学，
已经不是空谈哲学的时代了……可惜头脑里为中国、印度的昏乱思想占
领了，不知道用科学的方法研究人事物质底分析……中国、印度古来诸大
冥想家，谣言造了几千年，梦语说了几千年，他们告诉我们的宇宙人生的
知识，比起近百余年的科学家来真是九牛一毛。"②从中不难发现陈独秀
对玄学不屑和对科学尊崇的态度。泰戈尔来华后，陈独秀更加强调来自
印度的泰戈尔的哲学只是抽象的空论，没有具体地指出中国社会进步所
需要的东西。沈泽民在《太戈尔与中国青年》（《中国青年》第 27 期，1924
年 4 月 18 日）中也指出，泰戈尔提倡的冥想生活是将印度人的懒散生活
经过带有神秘色彩的诗人美化的结果，是闲暇的有产阶级的思想，是神的

---

① 瞿世英：《泰戈尔的人生观与世界观》，《小说月报》第 13 卷第 2 号，1923 年 2 月。
② 陈独秀：《答皆平（广东—科学思想）》，《新青年》第 9 卷第 2 号，1921 年 6 月。

思想而不是人的思想,这种思想无法将印度从压迫中解救出来,也无法使中国青年从昏迷的冥想生活觉悟到鲜活的现实生活中来。出于与沈泽民相同的考虑,茅盾表示"希望泰戈尔认知中国青年目前的弱点正是倦于注视现实而想逃入虚空,正想身坐涂炭而神游灵境"[1],也就是说中国青年需要的是有人给予他们力量,将他们拉回到现实社会里进行切实地奋斗。

四、历史评价

科玄论争围绕科学能否解决人生观问题这一主题展开,体现了"一战"后国人对科学之功用的深层反思。作为五四时期人们关注的焦点问题之一,论争三方的领导者都对这场论争的意义给予了很高的评价。胡适认为:"六个月的时间,二十五万字的煌煌大文,大吹大擂地把这个大问题捧了出来,叫乌烟瘴气的中国知道这个大问题的重要。"[2]梁启超称赞科学与人生观的问题"是宇宙间最大的问题,这种论战是我国未曾有过的论战,学界中忽生此壮阔波澜,是极可喜的现象"[3]。陈独秀也指出,五四思想界对科学与人生观问题的探讨,科玄论争所讨论的问题在文化先进、科学发达的国家早已讨论过,但"文化落后的中国,到现在才讨论这个问题,而却已经开始讨论这个问题,进步虽说太缓,总算是有了进步"。[4]

其一,围绕泰戈尔访华的科玄论争反映了论争格局的总体面貌,对待泰戈尔的不同态度促使论争的阵营产生了新动向。

泰戈尔在中国演讲的内容契合了科玄论争的主要议题,引起了当时许多人的关注,其中不乏各个学科领域的名人。由于人们评判泰戈尔的

---

① 雁冰(茅盾):《对于台戈尔的希望》,《民国日报·觉悟》1924 年 4 月 14 日。
② 胡适:《科学与人生观·序二》,《科学与人生观》,辽宁教育出版社 1998 年版,第 16 页。
③ 梁启超:《关于玄学科学论战之"战时国际公法"——暂时局外中立人梁启超宣言》,《科学与人生观》,辽宁教育出版社 1998 年版,第 111 页。
④ 陈独秀:《科学与人生观·序一》,《科学与人生观》,辽宁教育出版社 1998 年版,第 1 页。

标准各异,围绕泰戈尔的探讨异常激烈,这使已经走向低潮的科玄论争再次掀起波澜。围绕泰戈尔访华的论争主要在唯物派和玄学派之间进行,主要表现为唯物派对泰戈尔和玄学派的批判。科学派中的许多人没有参与其中。唯物派一如既往地批评反对科学者,以陈独秀对泰戈尔的批评尤为激烈。陈独秀昔日的战友、科学派的主将胡适,却没有站在批判泰戈尔的行列里。这与胡适的自由主义者的身份和立场密切相关。以胡适和丁文江为代表的许多自由主义者,对科学和人生观的看法与泰戈尔虽然存在诸多差异,但对这位来自异国的学者大都能持一种宽容的态度。不仅如此,胡适在唯物派诬蔑泰戈尔访华是为玄学派摇旗呐喊时,还曾替泰戈尔和玄学派辩解。这也反映了科玄论争中的部分人尽管在"战场"上进行着唇枪舌剑的辩论,私底下却还是结交甚好的友人。然而,在科玄论争中力挺泰戈尔的玄学派,对待泰戈尔却不尽是赞扬和欢迎。梁启超、梁漱溟和辜鸿铭这三位玄学派的主将对泰戈尔的态度就各不相同。梁启超对泰戈尔欢迎之情溢于言表,梁漱溟并未如人们期待中的一样对泰戈尔表现出极大的热情,而辜鸿铭居然反对泰戈尔思想的玄妙性。

可见,在五四时期的思想文化论争中,各派别之间以及各派内部的情况都是异常复杂的,没有明确而固定的阵营界分。因此,人们在解析他们的思想时,不能采取"一刀切"的态度。

其二,唯物派误解了泰戈尔批评科学价值的本意,削弱了泰戈尔提醒中国人迷信科学和忽视人性的危害等忠告对五四思想界理应起到的积极作用。

陈独秀、瞿秋白等反对者从泰戈尔批评科学的功用、赞扬精神自由的价值等相关言论中,推论出泰戈尔是反对科学的。这是唯物派对泰戈尔的误解,也是对玄学派的误解。事实上,泰戈尔一生始终是科学的支持者,他曾撰写自然科学普及读物《我们的宇宙》,赞扬科学是探寻真理的锁钥。泰戈尔于1921年接受冯友兰拜访时,曾奉劝中国"'快学科学!'东方所缺而急需的,就是科学"。他在中国的演讲中也反复强调科学的功用:科学赋予人们理性的力量,使人们能够主动意识到自己的理想的价值,人们不能蔑视科学和物质进步,就像不能轻视自己的身体一样。泰戈尔把科学提高到与身体同等重要的地位。当有人误解泰戈尔反对科学的时候,泰戈尔申明,他反对的是科学的肆意发展,并非反对科学本身,"不过余以为科学是附丽于人生的,非人生为科学的。人的生活,要与物质文明同时发达,不能任物质文明超过人生"。① 可见,泰戈尔不仅不反对科学,反而更加突出强调科学的积极作用,他反对的是用科学统领一切而造成人在社会发展中的作用降低。然而,当时很多人认为泰戈尔的担忧是过早了。如胡适认为:"中国此时还不曾享着科学的赐福,更谈不到科学带来的'灾难'。"②胡适在为纪念泰戈尔一百周年诞辰所写的《追忆泰戈尔在中国》一文中,回忆了左翼青年误以为泰戈尔反对科学,进而在其演讲的会场散发反对传单,使其不悦时,泰戈尔特地向他倾诉了自己受到误解的苦闷。玄学派与泰戈尔的主张类似,他们同样意识到了科学对于中国现代化的意义,他们反对的是科学万能论而不是科学本身。"科学"是新文化运动的旗帜之一,激进派因为泰戈尔与玄学派批评了科学的功用便误以为他们是反对科学的,进而展开了激烈的批判。

事实上,"一战"的爆发或许不能说由科学的发展所致,但与科学也的确有着密切的关系。泰戈尔在中国的演讲中,运用大量篇幅批评了科学至上的原则,并强调人的精神自由的真价值。这是当时反思科学主义思潮的进步表现,是人本主义思潮再次兴起的明证。对中国的具体情况而言,五四思想界也掀起反对科学主义的浪潮,然而,科学主义的潮流逐渐控制了思想界的走向。据报道,泰戈尔在东南大学演讲时,遭遇到"许多青年的误解,以及如雪片般的反对传单"。③ 在北京演讲时,更是有人公开散发"送泰戈尔"传单,说泰戈尔访华是应玄学派之邀。尽管在气势上科学派和唯物派占了上风,尤其表现在唯物派批判泰戈尔批评科学价值、宣传人的精神自由上面,但玄学派并没有论争中败下阵来。在当时科学之风盛行于中国的情况下,玄学派弱化了科学主义思潮的蔓延,促进了东方文化派和现代新儒家的兴起。虽然没有根据中国的特殊形势准确地表达自己对科学的双重看法,是泰戈尔本人应该负责任的。但是,由

　① 《在北京的最后讲演》,《晨报》1924 年 5 月 13 日。
　② 胡适:《科学与人生观·序二》,《科学与人生观》,辽宁教育出版社 1998 年版,第11 页。
　③ 《太戈尔之在南京——董凤鸣致孙伏园信》,《晨报副镌》1924 年 4 月 26 日。

于唯物派对泰戈尔的误解而引起对其激烈批判,致使泰戈尔的忠告未能引起反对者的足够重视,未能让五四思想界深刻反思科学主义思潮的弊病。

其三,科玄论争三方的观点各有长短,他们对"科学"与"人生观"两个概念的界定与价值取向的不同择取,造成对科学与人生观问题的片面理解或泛化倾向。

在科玄论争之初,梁启超便指出,讨论者应将问题集中,进行针锋相对地探讨。唐钺也指明,双方在辩论时应对所使用名词下定义。事实证明,科玄论争中的人们对"科学"和"人生观"两个概念的界定和运用不统一,导致认识分歧的产生和对对方的误解,并造成许多纷争,围绕泰戈尔的争论将这个问题更加凸显出来。

论争者普遍将科学划分为自然科学和社会科学两大类,并对科学的层次作以界分,但他们对科学内涵和外延的不同择取,致使他们有关科学功用的探讨并非是在同一语境中的对话。陈独秀认为,科学有广义和狭义之分,狭义的科学指的是自然科学,广义的科学包括社会科学在内。他将科学派胡适的实证主义和唯物史观包划分在科学的范围之内,把玄学逐出科学的殿堂。张君劢认为,精神科学严格来说不算科学,与陈独秀将属于精神科学的玄学排除在科学之外的看法相似。梁启超曾经批评张君劢对科学的狭隘看法,他指出,化学、数学、物理和几何等等是科学,政治学、经济学和社会学等也是科学。但是,梁启超对科学概念的理解存在"只要够得上一门学问的,没有不是科学"①的泛化倾向。论争者还普遍对"科学"的外延作了若干层次的划分。梁启超将科学区分为"科学本身"与"科学研究所产结果"。瞿菊农将科学区分为科学精神、科学方法、科学本身、科学应用四个层次,他认为科学精神与科学方法最重要,而人们却只注重科学本身。丁文江也承认科学精神与科学方法是创造科学的东西,因而,他反复强调他们所说的"科学万能"不是它的材料,不是它的结果,而是它的方法。陈独秀的用意与丁文江类似。在理论上,论争者普

---

① 梁启超:《科学精神与东西文化》,《饮冰室合集·文集三十九》,中华书局1988年版,第3页。

遍对"科学"概念作了若干层次的区分,但在具体运用中,存在泛化的倾向,即把科学知识、科学方法、科学精神等若干层次的科学都囊括在"科学"这两个字之中,杂糅使用。这样,他们在阐述观点时难免造成混乱,引起由概念界定不清而造成的误解和争论。泰戈尔在中国的演讲中谈到的科学的功用也是如此。

从中国和西方的认识来看,人生观可以有两种理解:一是指人生实际上是什么样子,二是指关于人生应当是什么样。前者是对人生的了解,后者是对人生的期望。意思是说,反映人生中必然规律性的问题是可以解决的,牵涉对人生的主观体验的问题则不能整齐划一地解决。论争者普遍对人生观作了不同层次的界分,针对不同层面的问题本应采取不同的方式解决,然而,科学派和唯物派强调人生观中必然规律性的一面,玄学派侧重人生观中主观体验的一面。他们分别揭示了对待人生问题不同层面的方法,但过分强调了自己的立场,最终导致陷入各持一端的境地。这样,其中的任何一方都不能准确地揭示如何面对人生观的正确态度。梁启超和胡适虽然试图站在中立者的立场上,意欲对正确对待人生观问题提出客观的看法,但由于他们此前的预设立场和文化出身决定人们无法以平静之心视之。

科玄论争中的三方对科学与人生观关系问题的解决途径各有短长。人类的自由意志与科学决定论的争论是中西哲学史上由来已久的命题。在现代西方,科学主义与非理性主义的争论成为思想演进的基本潮流。在中国,从先秦到晚清,宿命论几乎一直占据思想的主流。近代以后,唯意志论涌现为极具影响力的思潮。科学的本性在于求"真",不能代替人们在是非善恶之间作出选择,只能对人们的选择作出解释。实际上,科学未知的东西并不比科学已知的东西少,有许多现象无法用现有的知识来解释或解决。然而,人们的生活却无法避开这些未知的领域,这就需要借助哲学或宗教等形而上的知识,需要承认人的自由意志的存在。玄学派否定用科学指导人生观,凸显了科学的肆意发展对人与自然关系的协调、人际关系和人自身内在价值的平衡,以及人们对现代生活的不满等方面的消极影响。他们的实际目的在于强调人生的自由自在,否定将一切视为必然产物的绝对决定论。诚如有论者所言:"他们实际上不是在和科学作战,而是在和另一种人生观作战,而希望人们树立一种高尚的人生观。"①这在另一个方面又极易陷入唯意志论的境地。唯物派从历史唯物主义出发,认为世界不存在自由意志,他们这种绝对的决定论忽视了人性中的个性和偶然,又很容易陷入机械论。科学派过分强调科学的普遍适用性,认为中国落后主要是由于科学教育不发达,对一切事物的考察都放在科学的轨道之上,与唯物派同样很容易陷入机械决定论的境地。

科玄论争是世界思想文化史上科学主义与人本主义两大思潮长期对立斗争的反映。科学能否解决人的生存价值问题,工具理性能否代替价值理性,仍然是悬而未决的问题。对于如何解决人生观问题,科玄论争虽然没有作出一个令人满意的答案,但他们提出及讨论的问题,闪烁着旺盛的生命力,对后来的人生观探讨和对科学的反思产生了深远的影响。

第三节　泰戈尔与"传统和现代"之争

传统与现代的关系问题本是针对一国文化内部而言,但在中国,二者的关系问题却是在面临西方现代文化的情况下,由外而内激发产生的。五四时期,随着大量的西方现代思想涌入中国,中国传统文化越来越显现出难以招架之势。五四知识分子围绕如何使中国文化实现由传统向现代转化的问题产生了争论。由于现代文明首先诞生于西方,因而在中国,有关中国传统文化的现代化问题的探讨被湮没在广义的东西文化论争中。因"传统和现代"之争有其特定的探讨主题,在这里,本书姑且将它与狭义的东西文化论争以及科玄论争分开并述。

在传统和现代之争中,激进派认为中国传统文化与现代社会极不相应,主张对传统文化进行全面清理,破除儒家思想在各个领域的核心主导地位。保守派则认为传统与现代二者不是截然对立的,主张从中国传统中寻找现代资源。1924 年,泰戈尔在中国的演讲中大力称赞中国的传统文化和传统精神。由于论争双方对中国传统文化的认知取向不同,导致对泰戈尔产生认识分歧并引发了争论。

---

① 李申:《科玄论战七十年祭》,《自然辩证法研究》1994 年第 1 期。

一、"传统和现代"之争的进程与议题

鸦片战争以后,西方与中国在军事、政治、经济和文化等领域的全方位碰撞震醒了中华民族"天朝上国"的美梦,尤其甲午战争的失败更加"唤醒我国四千年之大梦"。人们不再沉醉在单纯利用中国传统文化挽救民族危亡的幻想中,对西方现代文化的认识产生了新的变化。到了五四时期,面对西方现代文化的猛烈冲击,先进的知识分子越来越清楚地认识到,固守中国传统文化无法使中国摆脱被压迫的地位,开始思考如何使中国文化实现由传统向现代转变的问题。

五四知识分子对传统与现代的看法与他们对东西文化差异的认识紧密相关。以陈独秀和胡适为代表的西化派认为,东西文化的差异是时代的差异,中国文化虽身处现代,但就其实质而言仍停滞在古代社会。以杜亚泉、梁启超和梁漱溟为代表的东方文化派则普遍认为,东西文化的差异是种类的差异,二者各有优劣,主张东西文化的调和。西化派还运用"新"与"旧"分别指代"西方文化"和"东方文化"或"中国文化",他们强调,新与旧的决然对立犹如水与火一般不能相融,从新胜旧、今胜古的角度主张破旧立新或弃旧图新。在西化派眼中,"西方文化"是先进的现代文化,"中国文化"即传统文化是过时的落后文化。他们主张新旧对立的观点与看待东西文化对立的观点相一致,于是向中国传统文化宣战且给予激烈的批判。西化派在对待中国传统文化问题上采取的是激进的文化主张。

1915 年 9 月 15 日,陈独秀在《新青年》创刊号上发表了具有发刊词性质的纲领性文章《敬告青年》,指出:"国人而欲脱蒙昧时代,羞为浅化之民也,则急起直追,当以科学与人权并重。"[①]1919 年 1 月,陈独秀在《新青年罪案之答辩书》中也指出:"要拥护那德先生,便不得不反对孔教、礼法、贞节、伦理、旧政治;要拥护赛先生,便不得不反对旧艺术、旧宗教;要拥护德先生又要拥护赛先生,便不得不反对国粹和旧文学。""我们现在认定只有这两位先生可以救治中国政治上道德上学术上思想上一切

---

① 　陈独秀:《敬告青年》,《新青年》第 1 卷第 1 号,1915 年 9 月 15 日。

黑暗。"新文化运动的领袖们将中国全部问题的解决完全寄托于"科学"和"民主",对中国传统文化表现出"反传统"的倾向,主要表现在批判以"仁爱"为核心的政治道德教化系统,以儒家思想独尊兼及佛老的学术传统,以文言为形式和以代圣贤立言为内容的文统。

　　文化保守主义者不仅从历史上说明中国传统文化中具有许多有益的价值,而且运用文化演进的理论论证调和是社会进化之精义。例如:章士钊认为,"凡欲前进,先必自立根基。旧者根基也。不有旧,决不有新,不善于保旧,决不能迎新;不迎新之弊,止于不进化,不善保旧之弊,则几于自杀",①因而,主张存旧立新和新旧杂糅,即从中国传统文化,特别是儒家思想中挖掘现代资源,将中国传统文化的伦理道德价值与西方现代的科学与民主精神相结合,实现在保持中国传统文化根基的基础上由传统向现代的转化。

　　事实上,激进文化派和文化保守主义者都承认儒家思想是中国传统文化的核心,他们论争的焦点不是要不要实现中国文化由传统向现代的转变,而是转变的方式是以西方现代文化代替中国传统文化,还是立足在中国传统文化的基础上吸取西方现代文化的因子。双方对中国传统文化的内涵、东西文化差异的性质、传统与现代的关系等问题的认知取向不同,这决定了他们选择中国文化由传统向现代转变的路径不同,也必然导致认识分歧的产生。

二、泰戈尔对中国传统文化的赞美

　　在泰戈尔的一生中,始终对中国传统文化充满无限的敬意和热爱。他在著作和演讲中也时常表露出对中国传统文化的赞美之情。1924 年,泰戈尔刚刚踏上中国的土地不久,便明确提出:"我此番到中国,并非是旅行家的态度,为瞻仰风景而来;也并非是一个传教者,带些什么福音;只不过是为求道而来罢了。好象一种敬香人,来对中国的古文化行敬礼。"②泰戈尔在中国的演讲也延续了以往对中国传统文化的好感,并与

---

① 　章行严(章士钊):《新时代之青年》,《东方杂志》第 16 卷第 11 号,1919 年 11 月。
② 　《在沪各团体欢迎会上的讲演》,《创造周报》第 118 期,1924 年 4 月 21 日。

对西方物质文明的批判相结合。

泰戈尔赞扬了中国古代文明对人类作出的巨大贡献。他指出："你们在以往的时代中确实取得过惊人的进步。你们有过数种伟大的发明，有过被其他民族人民借用、仿效的文明。"①泰戈尔赞美中国能够把握住事物规律的秘密。他指出，"你们（中国人——笔者注）本能地把握了事物韵律的秘密——不是自然科学中的能力的秘密，而是表现的秘密。这是一种伟大的天赋，因为只有上帝才能懂得这种秘密"。②"韵律"在印度文化中的意思是打开宇宙奥秘的钥匙。泰戈尔认为中国人具有上帝一样参透秘密的本能，可见他对中国文化的评价之高，如泰戈尔自己所说，除了自己的国家，他再也没有将像对中国这样赞美过其他国家。

泰戈尔特别偏爱中国的道家思想，特别是老子思想，他称老子是中国伟大的先人。他在中国的演讲中多次引用老子的经典语句，如"生而不有，为而不恃，功成不居。夫惟不居，是以不去"、"同于失者，失亦乐得之"、"死而不亡者寿"、"不欲以静，天下将自定"、"有德司契，无德司彻"等等，并且运用得游刃有余。众所周知，儒家思想在中国文化中占有核心地位，泰戈尔却将目光更多地投向道家思想，这主要是因为道家思想与印度哲学具有异曲同工之处，泰戈尔可以从道家思想中能够找到与印度文化以及与他自己的文化主张相吻合之处。（详见第三章第三节）

泰戈尔认为，中国之所以产生伟大文明，并能够保持其长久不息的原因在于中国人特别富有人性，具体表现为：牺牲精神、热情好客、爱美的精神、讲公德和爱和平等等。泰戈尔厌恶西方文明崇尚物质发达、尊崇力量和蔑视人性，他指出之所以崇拜中国的文化是因为在中国的历史上向来是物质受制于精神的。泰戈尔对中国拥有的强大的牺牲精神肃然起敬，他认为，这种力量可以帮助人们击退贪婪和自私，并指出中国将无价的精神去换取西方的物质文明是不值得的。泰戈尔从自己的饮食起居受到中国学者的盛情款待，以及与中国学者的友好交往，更加领悟到中国的好客精神。他在上海对日本侨民讲话时指出，好客的本质就是文明。泰戈尔

---

① 《在清华大学的讲演》，《小说月报》第 15 卷第 10 号，1924 年 10 月 10 日。
② 转引自季羡林：《泰戈尔与中国》，《社会科学战线》1979 年第 2 期。

还赞美了中国人的公德之心,他指出:"你们中国人不是个人主义的。你们社会本身的基础就在你们共有不私有的本性",①这与西方国家贪图物利是完全不同的。泰戈尔对"爱"的评价是极高的,他指出,中国人热爱和平,热爱生活,不看重黩武的残暴力量。泰戈尔还以绘画和诗歌为例说明中国富有人性的特点。泰戈尔赞美中国诗歌能够体现出中国文化的特色,他指出:"你们的文学有一种特异的品性,纯粹中国的,我从不曾在第二种文学里得到相类的经验与印象。"②泰戈尔运用"真、善、美"三个词汇来形容中国文化。在泰戈尔的眼中,这三个词就是完美的化身,就是"文明"的代名词。可见,泰戈尔把中国文化看成是理想的文明,与他将西方文化仅看做是数量上的进步相比,他对中国文化的评价是相当高的。

泰戈尔在演讲中赞美中国传统文化,除了素来仰慕中国文化外,其主要的现实原因是希望同受西方文明侵袭与迫害的中国和印度沟通起来,恢复东方民族对自身文化的自信心,争取与西方文化的平等地位。泰戈尔来到中国后,感到痛心疾首的是中国以牺牲自身特点为代价,追逐像西方一样拥有发达的物质文明,以摆脱西方的全方位侵略。他不仅对中国存在蔑视传统文化的做法提出质疑,而且告诫中国人民要找到自己存在的理由。泰戈尔坚信中国若发挥内在的精神,一定能有一个伟大的将来,也就是亚洲的将来,因此他来到中国后赞美中国传统文化的热情更高了。

三、围绕泰戈尔的争论

五四知识分子对中国传统文化的认知视角不同,处理传统与现代关系的取向也不同,因此,他们对泰戈尔大力赞美中国传统文化的评价自然产生分歧。在"传统与现代"之争进行得如火如荼的情况下,他们围绕泰戈尔的演讲产生了激烈的争论,泰戈尔本人遭到严厉的批判,欢迎者对泰戈尔的赞扬淹没在"反传统"的浪潮中。

激进文化派认为,泰戈尔对佛教(中印文化交流的媒介)和道家思想的称颂,虽然没有指向"反传统"者着力批判的核心,但在他们看来,道家

---

① 《在清华大学的讲演》,《小说月报》第 15 卷第 10 号,1924 年 10 月 10 日。
② 《在北京海军联社的讲演》,《小说月报》第 15 卷第 6 号,1924 年 6 月 10 日。

和佛教一样具有消极避世的缺陷,不利于中国的社会变革和思想改造,因而也在被反对的范围之内。激进文化派认为,中国传统文化落后于西方现代文化,中国的现代化只能从批判传统文化和全面学习西方文化的过程中获得,进而他们认为中国文化没有什么可取的地方,没有值得其他民族学习的地方。他们认为,中国最需要的是传统文化批判,对来华的外国学者他们企盼的也是能够对传统文化加以批判,从而加强他们"反传统"的力度。然而,泰戈尔却抱着仰慕和发扬中国传统文化精神的想法访问中国。况且,在激进文化派看来,中国传统文化受到印度佛教的影响,泰戈尔歌颂和平、赞美仁爱和反对暴力的思想对于中国的社会变革和思想改造都具有消极作用。陈独秀、胡适和鲁迅等人都将佛教与封建迷信放在一起进行批判,以宣扬新文化运动的科学与民主精神。基于以上两点考虑,激进文化派把泰戈尔和孔孟老庄一道扔进"故纸堆"里。

陈独秀是五四时期反传统的猛将之一,他本是第一个将泰戈尔作品介绍到中国来的人,但小资产阶级文学家对泰戈尔歌颂风花雪月诗歌的大力推崇,以及泰戈尔赞美中国传统文化和复兴东方传统文化的意图,触动了陈独秀激进"反传统"的敏感神经。早在泰戈尔访华前四年,陈独秀在写给胡适的信中提出,中国人的思想"是万国虚无主义——原有的老子(学)说,印度空观,欧洲形而上学及无政府主义——总汇",明确表示此后以《新青年》为主阵地"对此病根下总攻击"。① 经过这种思想转变,在泰戈尔访华前夕,陈独秀明确表示不欢迎泰戈尔,重申"昏乱的老、庄思想,加上昏乱的佛教思想,我们已经够受了,已经感印度人之赐不少了,现在不必又加上泰戈尔了!"②陈独秀的言外之意是说,印度的佛教思想与中国的道家思想所体现出来的消极避世,对中国产生了巨大的负面影响,来自佛教产生源头的印度的泰戈尔讲的东西对中国更没有必要了。陈独秀认为,泰戈尔没有搞清楚中国文化到底是什么。与泰戈尔看到中国传统文化中优秀的部分不同,陈独秀认为,中国文化实在可笑且可怕,

① 王光远编:《陈独秀年谱》,重庆出版社1987年版,第88页。
② 实庵(陈独秀):《我们为什么欢迎太戈尔?》,《中国青年》第2期,1923年10月27日。

"皇帝仍在坐龙廷,龙廷里还幽闭着许多宫妃与阉宦;男子仍在埋头八股,女子仍旧裹着足关在绣房里;印刷店仍用雕版或木质活字"①。他列举的尽是中国文化中的糟粕,因而,他对泰戈尔对中国文化的赞扬表现得不屑一顾。

瞿秋白从政治角度批判泰戈尔所歌颂的中国具有仁义、博爱与和平的思想与中国孔孟老庄类似,这些想法在资产阶级统治的世界是无法实现的,称泰戈尔是"过去的人"。他指出,"孔子的仁义,未必逊色于泰戈尔的广爱;老庄的以退为进,未必不同于泰戈尔的和平思想",泰戈尔是在资产阶级统治的世界里要求慈爱忠恕和法律秩序互相调和,等于说是资产阶级的王者之师,"和孔孟是一鼻孔出气的,泰戈尔的周游旅行,犹如孔孟游说诸侯,原只为贵族说法:'你们待平民好些罢,不然,平民就要作乱的;你们快些严设礼法,不然平民就要紊乱秩序'"。②他把泰戈尔访问各国去宣传东方国家的传统文化,以及赞美中国传统文化的好意,理解为与统治阶级的妥协。

对中国国民性持强烈批判态度的鲁迅,于1921年在选译俄国诗人爱罗先珂的《狭的笼》后记中说:"广大哉诗人的眼泪,我爱这攻击别国的'撒提'之幼稚的俄国盲人埃罗先珂,实在远过于赞美本国的'撒提'受过诺贝尔奖金的印度诗圣泰戈尔;我诅咒美而有毒的曼陀罗华。"表明当时中国迫切需要的是对传统的彻底批判,而不是出于泰戈尔式的直觉的感性颂扬。鲁迅的看法与陈独秀相同,也表现出鲁迅与泰戈尔择取的不同文化路向。这也是鲁迅仅有的一次直接对泰戈尔作出的正面批评。

泰戈尔赞美中国的传统文化本应得到推崇儒家思想的辜鸿铭的赞同,但由于泰戈尔赞扬的不是在中国传统文化中居于核心地位的儒家文化,而是与印度佛教相似的道家思想,因而辜鸿铭对泰戈尔及佛教思想进行了批评。辜鸿铭与陈独秀同样认为,佛教对中国的产生的消极影响是很大的。他在《泰戈尔与中国人》一文中指出,印度佛教传入中国几乎摧

---

① 实庵(陈独秀):《评泰戈尔在杭州上海的演说》,《民国日报·觉悟》1924年4月25日。

② 瞿秋白:《台戈尔的国家观与东方》,《向导》第61期,1924年4月16日。

毁了真正的古老中国文明,在唐朝承认佛教以后,它又促成宋代产生严格佛教管理制度,这正是造成中国近代面临种种灾难和发展停滞的原因。他认为,泰戈尔来到中国,试图使东方精神文明复兴,实际上,中国文明不属于以印度为代表的东方文明,中国文明与印度文明是有很大差异的,其最大的区别是印度文明神秘而玄妙,中国文明讲求务实。因此,辜鸿铭主张中国人要从泰戈尔的说教中觉醒过来,拒绝泰戈尔带来的音信,坚信中国孔子的学说。

梁启超的看法与上述从不同角度和不同程度上批判泰戈尔的人截然不同,他从音乐、建筑、绘画、雕刻、戏曲、诗歌和小说、天文历法、教育方法等 12 个方面,叙述了中国文化受到的印度文化的积极影响,大力赞扬了印度佛教在中印文化交流中的重要作用。他认为,泰戈尔的思想是印度文化的代表,泰戈尔访华带来了印度文化的福音,并希望泰戈尔访华能在中印文化交流史上产生深远影响。与反对者的猛烈批判相比,梁启超对泰戈尔的欢迎是极其微弱而又无力的。

四、历史评价

其一,新文化运动后期的焦点由广泛介绍和吸纳外来新思想到激烈批判中国传统文化的转变,使同其他西方学者一样赞美中国传统文化的泰戈尔受到了激烈的批判。

在泰戈尔之前来华的西方思想家杜威、罗素、杜里舒等人,都普遍赞美了中国传统文化,主张东西文化应该互相取长补短,并对中国文化表现出明显的好感。杜威在北京学界为他举行的 60 岁生日宴会上,建议中国应多学习西方的哲学等方面的学问,这样不仅可以解除东方人从前的观念,并且可以补救西方物质文明的害处。罗素在中国的演讲集《中国之问题》一书中指出,西方人的人生之道,以竞争、侵略、变更不息、不知足为要素,以破坏为目的,其结果必归于灭亡;中国虽然在物质文明方面远比西方落后,但中国人所发明的礼让、和气、智慧、乐观的人生之道则实为西方文化所不及。杜威和罗素访华时对中国传统文化的赞美并没有引起激进分子的强烈批判,其主要原因在于那时的新文化运动刚刚展开不久,主要关注点放在介绍和吸纳外来新思想方面。到了泰戈尔访华时,运用西方新思想批判中国传统文化的"反传统"思潮已经在社会上拥有了广泛的群众基础,这时泰戈尔再赞美中国传统文化,受到的批评自然远甚于其他访华的西方学者。

其二,泰戈尔虽对本国的传统文化进行过深刻批判,但对中国传统文化的感性赞美多于理性分析,且存在对中国文化把握不到位的缺陷。

泰戈尔不仅着力赞美东方文化,还对印度文化进行过辩证分析。他强烈地批判了印度的种姓制度和童婚制度,倡导妇女解放运动,主张宗教改革,提倡白话文。这与新文化运动提倡改革的内容基本一致。但泰戈尔面对与印度有着相似历史命运的中国,却运用诗人的浪漫话语对中国传统文化大献赞美之词,致使激进派误以为泰戈尔是复古派,将其视为推行新文化运动的反对者和阻挠者。另一方面,泰戈尔与中国的文化保守主义者共同致力于弘扬中国传统文化,但泰戈尔倍加推崇的是在中国文化中不占主导地位的道家思想,而不是文化保守主义者赞赏的儒家思想,因此,这些人对他的欢迎和支持也是有所保留的。这也反映出尽管泰戈尔深爱中国传统文化,但他对中国文化的理解是有偏颇的。

其三,泰戈尔对中国不应该轻视传统文化的"忠告",正是对新文化运动中出现的对待"传统"问题的激进态度的纠正,可惜的是,泰戈尔的忠告没有引起五四知识分子的普遍关注。

无论西方国家出于怎样的心理,肯定东方传统文化的价值在"一战"后毋庸置疑已经得到部分西方人的认可。泰戈尔对中国传统文化的赞美肯定了中国传统文化存在的合理性及文化传承的必然性。新文化运动在对待"传统"问题时出现了偏激,已经是一个不争的事实。五四时期初见端倪的文化激进主义对中国思想文化的走向产生深远影响,例如:20世纪30年代的"本位文化"与"全盘西化"的论争、50年代教育的"全盘俄化"、六七十年代的"文化大革命"等等。直到十一届三中全会思想上拨乱反正以后,繁荣的文化局面才再度出现。80年代,思想文化论争再度出现五四时期的繁盛场景。90年代,"国学热"兴起,表明中国文化在现代转型过程中向传统的复归。新文化运动之后的80多年历史见证了中国传统文化凤凰涅槃式的蜕变过程。尽管新文化运动的倡导者陈独秀和胡适主张"反传统"的本意,并非全盘否定中国传统文化,而是源于对文化演进过程中惰性因素的思考,诚如陈独秀所言:"惰性也是人类本性的一种恶德,是人类文明进化上一种障碍,新旧杂糅调和缓进的现象,正是这种恶德这种障碍造成的。所以新旧调和只可说是由人类惰性上自然发生的一种不幸现象,不可说是社会进化上一种应该如此的道理。"①他们看到,与欧洲许多国家"轻装上阵"相比,像中国这样具有悠久历史的国家,在传统向现代转变的过程中背负着沉重的历史包袱。在这种思想指导下出现的现实情况是,将实现现代化与继承传统对立起来,将西方文化的现代化模式看成是现代化的一般发展趋势,犯了历史虚无主义的错误。

---

① 陈独秀:《调和论与旧道德》,《新青年》第7卷第1号,1919年12月。

第三章　泰戈尔与五四诸贤

五四时期,激进派、自由派和保守派等三大文化派别对待泰戈尔访华的态度不同,在围绕泰戈尔访华的思想文化论争中的表现也各异,以陈独秀、胡适、梁漱溟和梁启超等四位代表人物最为典型。激进派的陈独秀由积极翻译泰戈尔的作品,转向激烈地批判泰戈尔。自由派的胡适持有"抑中扬西"的文化观,理应与陈独秀一起站在反对泰戈尔的队伍中,对泰戈尔访华却表示了热情欢迎。保守派的梁漱溟赞扬泰戈尔运用"直觉"拯救西方的精神危机,将泰戈尔划归到"孔家门下",且在泰戈尔访华期间与泰戈尔围绕孔子和儒家思想进行过一次交谈,但他对泰戈尔访华却没有表示出极大的热情。同为保守派的梁启超对泰戈尔访华则显得更为好客与热情,为其访华做了许多台前幕后的准备和欢迎工作。上述诸贤与泰戈尔在文化观上存在着较大差异,但通过理性地考察,不难发现他们与泰戈尔也并非毫无相通之处。遗憾的是,他们带着各自的动机看待泰戈尔,以致造成对泰戈尔的误读,削弱了泰戈尔访华在中国近现代历史和中印文化交流史上应起到的积极作用。

第一节　陈独秀与泰戈尔

陈独秀(1879—1942),安徽安庆人,新文化运动的重要发起者,中国共产党创始人之一,终其一生皆以"反对派"的面目出现。五四时期是陈独秀一生中最辉煌的时期。陈独秀本是第一个将泰戈尔作品介绍到中国来的人,在泰戈尔访华期间却变成批判泰戈尔最激烈的人,其根源在于二人文化观的差异。但是,陈独秀本人在文学价值观上的转变,以及他对中国社会变革的政治考虑,也是不可忽视的两个重要原因。陈独秀对泰戈尔的批判具有一定的合理性,但他在批判中误读了泰戈尔的本意,也错失了与泰戈尔进行思想交流的大好时机。

一、激烈的批判

陈独秀是第一个将泰戈尔文学作品译介到中国的人。1915 年 10 月 15 日,他在《青年杂志》第 1 卷第 2 期上发表译自泰戈尔英文版诗集《吉檀迦利》中的四首诗,并取名《赞歌》。诗后附有注释,称泰戈尔是“印度当代之诗人。提倡东洋之精神文明者也。曾受 Nobel Peace Price。驰名欧洲。印度青年尊为先觉。其诗文富于宗教哲学之理想”。总的来说,陈独秀把握了泰戈尔提倡东方文化的思想特征。但他有意或无意地把泰戈尔获得的诺贝尔文学奖误写为诺贝尔和平奖,这多少可以反映出对泰戈尔的不甚了解。在泰戈尔访华期间,陈独秀却摇身变成批判泰戈尔最激烈的人,撰写“批泰”的文章多达十几篇,组织反对泰戈尔的期刊专号,鼓动青年散布反对泰戈尔的传单,发动批判泰戈尔的活动,邀请胡适参加“批泰”的队伍。针对泰戈尔在中国的演讲,陈独秀对泰戈尔的批判主要集中在以下四个方面:

(一)关于复活东方文化

五四时期,对东方文化,尤其是对中国传统文化中愚昧和落后的成分给予猛烈批判,是陈独秀的一贯作风。他认为,这些都是麻痹和蛊惑中国人的精神鸦片,是中国封建势力的保护伞,是中国实现现代化的主要障碍。在历次的论争中,他始终站在助“新”攻“旧”、助“西”攻“东”的阵营上。被西方世界视为东方文化代言人的泰戈尔刚到中国就大张旗鼓地提倡复活东方文化,赞美中国传统文化,颂扬老庄清静无为的精神境界。这自然引起时刻关注思想领域变动的陈独秀的高度警觉。

“一战”的爆发给人类造成的巨大灾难使西方世界笼罩在悲凉、迷惘、混乱和绝望的气氛之中。许多欧洲人对自己的文化丧失信心,对遥远静谧而又陌生的东方文化油然而生敬慕之情。借此“东风”,泰戈尔凭借充满东方神秘色彩的诗集《吉檀迦利》获得诺贝尔文学奖之后,不断应邀

出访英国、美国和日本等许多发达国家。宣扬东方精神文明的价值是他
出访的最重要活动之一,中国堪称是行程中十分特殊的一站。泰戈尔访
问中国带有不同于其他国家的想法。在中国的第一次公开演讲中,他就
明确提出,访问中国的一个重要目的是:"复活东方文化",实现亚洲的联
合。他说,西方文化"单趋于物质,而于心灵一方缺陷殊多,此观于西洋
文化在欧战而破产一事已甚明显",相比之下,东方文化"则最为健全",
然而一部分东方人尤其是青年却有抹煞传统文化、追随西方文化的倾向,
此次访华"大旨在提倡东洋思想亚细亚固有文化之复活"。泰戈尔对中
国传统文化一向存有好感,在中国和其他各国的演讲中多次引用老庄的
原话佐证自己的观点。

　　中国的守旧势力也借着来自西方国家的"东风",大肆宣扬中国旧有
的东西,新旧文化阵营的对峙更加尖锐了,新文化阵营内部因文化保守主
义的勃兴也出现了明显的意见分歧,并引起了激烈的争论。新文化运动
的领袖、主张以极端方式对待东西文化的陈独秀,看到泰戈尔极力赞扬东
方文化,遂认为泰戈尔是一个十足的东方文化派,在《泰戈尔与东方文
化》(《中国青年》第 27 期,1924 年 4 月 18 日)一文中用两个"极端"给泰
戈尔的文化观做了根本性质上的定论。他指出,"泰戈尔不是张之洞、梁
启超一流中西文化调和论者,乃是一个极端排斥西方文化,极端崇拜东方
文化的人",并详细地阐释了泰戈尔提倡的复活东方文化的具体内容及
其复活后产生的影响:"(一)尊君抑民,尊男抑女……若再加以提倡,只
有把皇帝再抬出来,把放足的女子再勒令裹起来,不但禁止男女同学,并
须禁止男女同桌吃饭,禁止男女同乘一辆火车或电车。""(二)知足常乐,
能忍自安……东方民族正因富于退让不争知足能忍的和平思想——奴隶
的和平思想,所以印度、马来人还过的是一手拭粪一手啖饭的生活,中国
人生活在兵匪交迫中,而知足常乐;所以,全亚洲民族久受英、美、荷、法之
压制而能忍自安。""(三)轻物质而重心灵……中国此时物质文明的程度
简直等于零……泰戈尔若再要加紧提倡,只有废去很少的轮船铁路,大家
仍旧乘坐独木舟与一轮车;只有废去几处小规模的机器印刷所,改用木板
或竹简。"

　　在陈独秀眼中,泰戈尔所提倡复活的东方文化实际上指的是"皇

帝"、"宫妃"、"阉宦"、"八股"、"知县大老爷"等封建社会的糟粕,这些思想复活后,理所当然地除了消极、退步的影响,也就谈不上任何积极意义了。实际上,辉煌灿烂的东方文化产生于历经几千年的封建时代,除了附着一些封建烙印的东西之外,还有一些超越时代性具有民族特质的精华部分是格外值得我们珍惜的。陈独秀看到古老中国背负的历史包袱过于沉重,致使中华民族在现代化的道路上裹步不前,故而奉行全面批判东方文化的主张,他曾经批评胡适、曹聚仁等人在"粪秽(中国的传统文化——笔者注)"中寻找"香水(新思想——笔者注)"的做法。① 在他看来,应当提倡制造"香水"。因而,对泰戈尔复活东方文化的批判,完全符合陈独秀的整体思维方式。在新文化阵营出现分裂的情况下,1923 年,陈独秀仍然认为,"适之所信的实验主义和我们所信的唯物史观,自然大有不同之点,而在扫荡封建宗法思想的革命战线上,实有联合之必要"。② 陈独秀还充满自信地认为,在反封建这一点上,与胡适仍是站在同一阵线上,故而邀请胡适参加"批泰"的队伍。可见,陈独秀对泰戈尔的批判,已与他对封建思想和东方思想的批判结合起来,因而也是不遗余力的。

(二)关于科学和物质文明的价值

"科学"与"民主"是陈独秀提出的新文化运动的两面旗帜。"一战"的爆发与科学技术进步带来物质文明的飞速发展,及其导致的人们追求物质利益的欲望不断膨胀有关,因而,战后科学思潮受到批判,人文主义思潮兴起。五四思想界受此影响爆发了科玄论争。因玄学派对科学和物质文明提出了批评,陈独秀批评了玄学派;又因科学派与玄学派同样以唯心主义为武器,陈独秀运用马克思主义唯物史观也批评了科学派。

泰戈尔批评科学和物质文明的观点与玄学派类似。在陈独秀看来,这意味着对新文化运动高举的科学旗帜提出了质疑,因而引起他的不满。泰戈尔在中国的演讲中强调文化的价值高于物质的价值,"文化与物质,则如谷粒比钻石,谷虽不如钻价之巨,而其真价值乃远过之",当"物质"像个篡位者似的占据了"文化"的宝座,遂造成人世间无限的烦恼。泰戈

---

① 陈独秀:《国学》,《前锋》第 1 期,1923 年 7 月 1 日。
② 陈独秀:《思想革命上的联合战线》,《前锋》第 1 期,1923 年 7 月 1 日。

尔把战争爆发的主要原因归结于科学,他指出"科学只能使物质方面增加便利,总不能给我们心灵上有许多便利和愉快,反觉着促进人类互相残杀的危机"。他看到中国与印度都遭受西方工业主义、物质主义的侵袭时,感到痛心疾首,他说:"我之所以崇拜中国的文化,就是因为她的历史上向来是使物质受制于精神;但是现在却渐渐互易地位了,看来入于危险和停顿的状态。"[①]于是,他希望中国人吸取西方的经验教训,心中升起反抗的精神,反抗对中国人心灵造成创伤的物质文明,以维护东方固有的文化。

在陈独秀眼中,科学和物质文明与东方文化是对立的,与西方文化是相连的。他认为,东方文化在本质上是反科学与反物质文明的。因此,陈独秀在批判泰戈尔复活东方文化的同时,自然要批判泰戈尔对科学和物质文明的认识。他区分了不同社会经济制度下科学与物质文明的不同作用,以说明科学和物质文明本身没有罪恶。他指出:"创中国的不是中国自己发生的物质文明,乃是欧美帝国主义者带来的物质文明。"他还以"炸弹可以杀人,也可以开山通路"和"铁道可以运兵打战,也可以运粮拯饥"为例,说明发挥科学起正面作用还是负面作用的关键在于人类如何利用它。陈独秀进一步指出,造成个人间、阶级间、民族间争夺残杀的根源在于社会经济制度,换句话说,就是由于财产归个人私有而非社会公有,资本主义的方式固然也能发达教育及实业,但同时也造成贪婪、鄙夷、欺诈、刻薄、良心泯灭,"一战"就是资本主义制度运行的必然产物。陈独秀得出结论:"泰戈尔觉得科学及物质文明足以促进人类互相残杀的危机,乃由于不明白社会制度之效用并误解科学及物质文明本身的价值",[②]中国现在最需要的是发展物质文明,应该反对的是帝国主义而不是物质文明本身。

(三)关于"爱"的福音

"一战"造成人类之间的相互厮杀,破坏了人类的和平与友爱,把人

---

① 《太戈尔在上海各团体欢迎会上的讲演》,《文学周报》第 118 期,1924 年 4 月 21 日。

② 实庵(陈独秀):《评太戈尔在杭州上海的演说》,《民国日报·觉悟》1924 年 4 月 25 日。

与人之间的温情关系变成赤裸裸的物质利益关系。宣传人类之"爱"是泰戈尔一生的追求,他在《世界博爱观》一文中曾谈到,人的伟大和高尚不在于能破坏、能抢掠、能获得或者能发明,而在于能够把所有人都当作自己的亲人看待。泰戈尔在中国的演讲中宣称,世界上最可怕就是人类互相残杀的情形,人类只有用"爱"来化解矛盾,才能回复精神上的乐土。他始终坚信,和平与友爱,相互信任与相互支持才能引导人类走向强大,走向文明的真正进步,而造成个人之间、民族之间、宗教之间的分歧、纠纷和灾难的根本原因在于没有发扬光大"爱"的福音,人为地制造了分裂和隔离。他认为,消除战乱纷争的方法不在于武器,而在于以道德和精神的力量团结起来,发挥伟大之感化力,以贯彻人类和平亲爱的主旨。

20 世纪 20 年代初,中国共产党领导的工人运动屡次受挫,经过共产国际和苏共的协调,中国共产党与国民党达成党内合作的协议,准备北上征讨北洋军阀,如火如荼的国民大革命即将爆发。泰戈尔访问中国时,陈独秀已经是中国共产党的总书记。在他看来,泰戈尔倡导"爱"的福音与和平运动,只能引导东方民族的解放运动向错误的道路。陈独秀认为,"爱"自然是人类的福音,但不能感动欧美资产阶级,不能使他们自己取消资本帝国主义而不去掠夺劳动阶级,不去侵略弱小民族。他强调,泰戈尔倡导的和平运动"只是劝一切被压迫的民族像自己一样向帝国主义者奴颜婢膝的忍耐、服从、牺牲,简直是为帝国主义者做说客"[1],在帝国主义被打倒以前,这种口号式的叫喊是没有用的,等于告诉老虎不要吃人一样徒劳无获,对于正处于政治革命和社会改造的中国来说更是祸国殃民的。陈独秀还嘲讽泰戈尔这样做或许能如愿以偿地第二次拿到诺贝尔赏金——和平运动奖。

(四)关于泰戈尔的人格

陈独秀不仅批判泰戈尔的思想无益于中国的政治变革和思想改造,而且还污蔑了泰戈尔的人格。陈独秀对泰戈尔出言不逊,嘲笑泰戈尔没赶得上与东方文化隆盛时的女皇帝武则天合掌相见;讽刺泰戈尔"在北京算未曾说过一句正经,只是和清帝、舒尔曼、安格联、法源寺的和尚、佛

---

[1]　陈独秀:《巴尔达里尼与太戈尔》,《向导》第 67 期,1924 年 5 月 28 日。

化女青年及梅兰芳这类人,周旋了一阵"。① 从"简直是个糊涂虫"、"造谣诬陷异己"、"在北京乱吠了一阵"、"好个没良心的东方文化代表者"等带有人身攻击性的词句,到《泰戈尔是一个什么东西!》、《象的民族》、《天下没有不吃饭的圣人》、《好个友爱无争的诗圣》、《诗人却不爱谈诗》、《泰戈尔与金钱主义》等文章篇名来看,陈独秀对泰戈尔的厌恶和排斥之感已经跃然纸上。

二、对批判的解析

陈独秀由泰戈尔作品的第一个中文译者,摇身变成批判泰戈尔最激烈的人,其主要原因包括以下三个方面:

（一）出于批判"论敌"的需要

泰戈尔与陈独秀在东西文化差异的性质和走向等方面的见解存在较大差异,与陈独秀论敌的文化观则如出一辙,这是陈独秀批判泰戈尔最主要的原因。在五四思想文化论争激烈的情况下,泰戈尔沦为陈独秀批判其论敌的"靶子"。

陈独秀与泰戈尔都承认东西文化的差异性,并分析了东西文化的不同特点,但二人对东西文化的价值判断不同。陈独秀在《东西洋民族根本思想之差异》（《青年杂志》第 1 卷第 4 号,1915 年 12 月 15 日）一文中指出,"西洋民族以战争为本位,东洋民族以安息为本位";"西洋民族以个人为本位,东洋民族以家族为本位";"西洋民族以法治为本位,以实力为本位;东洋民族以感情为本位,以虚文为本位"。陈独秀在比较中处处表露认为西方文化优于东方文化的观点,尽管后来陈独秀对东西文化的看法略有不同,但对西方文化的赞叹和对东方文化的批判丝毫没有因为"一战"暴露出西方文化的危机而改变。与陈独秀相反,泰戈尔对东方精神文明的赞叹自不必言说。

陈独秀认为,东西文明差异的性质是"古今之别",泰戈尔则认为是"种类之异"。陈独秀依据进化论把人类文明史划分为古代和近代两个

---

① 陈独秀:《太戈尔与清帝及青年佛化的女居士》,《向导》第 64 期,1924 年 5 月 7 日。

阶段,认为东西文明的差异是时代的差异。他总结出古代文明的特点是"宗教以止残杀,法禁以制黔首,文学以扬神武";近代文明的特点是"人权说"、"生物进化论"、"社会主义"。依照这个标准,陈独秀在《法兰西人与近世文明》(《青年杂志》第 1 卷第 1 号,1915 年 9 月 15 日)中提出,代表东方文明的中国和印度虽与西方文明在时间上虽已经步入近代,但从特质上看仍然是古代,近世文明为欧洲人所独有,所以也可叫做西方文明。然而泰戈尔在回答冯友兰提出的"东西洋文明是等级之差异还是种类之差异"问题时则明确回答:"他(作者注——东西洋文明)是种类之差异。西方的人生目的是'活动'(Activity),东方的人生目的是'实现'(Realization)。西方讲活动进步,而其前无一定目标,所以活动渐渐失期均衡。现只讲增加富力,各事但求'量'之增进所以各国自私自利,互相冲突。"①

在东西文明发展的理路上,陈独秀主张"以西代东",泰戈尔则主张东西文明互补。陈独秀多次强调,人类文明的演进是整个的,只有时间上进化得快慢,没有空间地域上的异同,无论政治,还是学术和道德,中国文明不仅与西方文明完全不同,且远远落后于它,绝对不可以调和或迁就,否则弄成不中不西的话,就哪一样也得不到保全了。在陈独秀看来,解决新与旧、东方文明与西方文明的关系问题没有中间路线可以走,"若是决计守旧,一切都应该采用中国的老法子,不必白费金钱派什么留学生,办什么学校,来研究西洋学问。若是决计革新,一切都应该采用西洋的新法子,不必拿什么国粹,什么国情的鬼话来捣乱。"②泰戈尔则认为东西文明可以互相吸收借鉴,他指出:"东方文明譬如声音,西方文明譬如歌唱;两样都不能偏废。有静无动,则成为'惰性'(Inertia)。有动无静则如建楼阁于沙上。现在东方所能济西方的是'知慧'(Wisdom),西方所能济东方的是'活动'(Activity)。"③

陈独秀与泰戈尔的东西文明观契合了五四时期东西文化论争与科玄

---

① 冯友兰:《与印度泰谷尔谈话》,《新潮》第 3 卷第 1 号,1921 年 10 月 1 日。
② 陈独秀:《今日中国之政治问题》,《新青年》第 5 卷第 1 号,1918 年 7 月 15 日。
③ 冯友兰:《与印度泰谷尔谈话》,《新潮》第 3 卷第 1 号,1921 年 10 月 1 日。

论争的主要议题,二人的差异反映了论争双方的基本观点。泰戈尔在中国畅谈"复活东方文化",俨然成了"东方文化派"的代言人;他批评西方国家滥用科学和物质文明给人类带来的困惑和灾难,为"科学派"所反感,被"玄学派"左拥右抱,再加上一些"别有用心之徒"的推波助澜,"对泰戈尔的态度"成为评判文化派别的标准,泰戈尔本人也就成了各方利用的工具。泰戈尔也注意到有人企图利用他传递信息以增强杀伤力,因而在演讲中特别强调,"你们不要为了传递消息,利用诗人"。这表明泰戈尔有意将自己与利用他的人区别开来,对别有用心之徒的不满情绪溢于言表。然而,作为"西化派"和"唯物派"主将之一的陈独秀,并没有将泰戈尔本人与利用泰戈尔之流区分开来,这主要源于泰戈尔访华是应这些人的邀请,并且泰戈尔的文化观与他们的立场和观点基本是一致的。陈独秀认为,泰戈尔访华有为他们"摇旗呐喊"之嫌。于是,他将注意力主要放在那些大肆鼓吹泰戈尔的人身上,以辩证唯物论为武器,把科学作为批判传统的武器,在"玄学派"吹捧泰戈尔之际,在泰戈尔会见溥仪、阎锡山、辜鸿铭等"落伍"人物之时,顺水推舟让泰戈尔充当了论争的靶子。诚如茅盾后来在回忆当时围绕泰戈尔访华的论争时所讲,批判泰戈尔"也是对于别有动机而邀请泰戈尔来中国'讲学'的学者、名流之反击"。①

（二）出于中国政治变革和青年前途的考虑

陈独秀在介绍泰戈尔诗集时,还不是一个马克思主义者,到泰戈尔访华之际,他已经成为中国共产党的总书记。这种文化与政治身份的结合,更促使他坚定不移地相信"文化变革是解救中华民族危亡的根本出路",他考虑更多的也是中华民族的命运和中国青年(解救中华民族危亡的中坚力量)的前途。他在《评太戈尔在杭州上海的演说》一文中指出,泰戈尔有两个错误:一是误解科学与物质文明本身的价值;二是引导东方民族解放运动走向错误的道路。他强调这两个错误都是社会改造中重大的思想问题,并不是站在一个纯粹诗人的地位谈诗说艺。陈独秀将文化变革作为解救中华民族危机的根本出路,在他看来,泰戈尔在中国宣传"爱"

---

① 茅盾:《我走过的路》(上),人民文学出版社1997年版,第276页。

的福音,无异于提倡阶级调和,向帝国主义妥协,这些对中国的民族解放运动和反封建斗争都是不利的。这是陈独秀批判泰戈尔的另一个主要原因。

陈独秀对青年的关注早在新文化运动前已经非常明确,他看到青年是国家的未来和希望,但中国的青年呈现出未老先衰的状况,他指出:"吾见夫青年其年龄,而老年其身体者十之五焉;青年其年龄或身体,而老年其脑神经者十之九焉。"①他创办的标志新文化运动开始的刊物《青年杂志》便以"青年"命名,后改为《新青年》。在发刊词《敬告青年》中,陈独秀鼓励青年说:"青年如初春,如朝日,如百卉之萌动,如利刃之新发于硎……青年之于社会,犹新鲜活泼细胞在人身。"他认为,泰戈尔宣扬用"爱"调和的消极思想在当时阶级斗争严峻的形势下对青年是极其不利的。为防止中国青年受泰戈尔思想的毒害,陈独秀写信给胡适,邀请其为《中国青年》即将出版的反对泰戈尔的特号写篇文章,以此表明加入"批泰"的队伍。他在信中写道:"我以为此事颇与青年思想有关,吾兄有暇,最好能做一文寄弟处。"②他对胡适的口吻非常谦和,与平日里雷厉风行的作风出入较大。可见,陈独秀非常重视泰戈尔对中国青年的影响以及胡适对"批泰"的态度。

陈独秀对泰戈尔的评价几乎都是政论性的时评,绝大多数文章发表在中国共产党机关报《向导》或中国共产主义青年团机关刊物《中国青年》上面。陈独秀在评论美国在华传教士边传教边经商发财的文章中说:"印度诗圣泰戈尔倘没有丰厚的家产和诺贝尔赏金,又何能天天冥想三小时,到处吟风弄月,只营求心灵生活而不顾物质生活?"③他在评论江亢虎《南游追想记》中所言中国招商轮船局四十年间不能与外国轮船公司竞争时认为,"我想太戈尔若听了江先生此话,必然又要说:这些物质文明我们不必羡慕……在友爱无争的诗圣看来,不但江亢虎所见不广,即哈巴克沁格在上海为英人之阶下囚,也未免自讨苦吃,你看我友爱无争的

---

① 陈独秀:《敬告青年》,《新青年》第 1 卷第 1 号,1915 年 9 月 15 日。
② 水如编:《陈独秀书信集》,新华出版社 1987 年版,第 387—388 页。
③ 实庵(陈独秀):《天下没有不吃饭的圣人》,《向导》第 62 期,1924 年 4 月 23 日。

诗圣,是何等逍遥自在的在北京为英人之座上客!"①陈独秀在评论意大利巴尔达里尼倡导和平运动是弱小民族不得已的保卫战时指出:"巴氏这样主张和平,还算比太戈尔说得有分寸。"②此外,陈独秀还将泰戈尔与军警和研究系等政治因素联系在一起,他说:"太戈尔在北京未久竟染上了军警和研究系的毛病,造谣诬陷而已! 难怪北京有人说他,是一个政客,不是诗人。"③成为中国共产党总书记的陈独秀,始终关注着中国政局的变化,唯恐泰戈尔的言行对中国的政治变革和青年的发展前途产生消极影响。

(三)陈独秀的文学价值观由多元化向大众化的转变

新文化运动时期既是文学创作的高峰期,又是文学翻译的高峰期。在这个文学转型的特殊年代里,五四作家把翻译外国文学作品与自己从事文学创作看得同样重要。他们认为,只有从模仿中才能蜕变出独创的文学来。五四运动前后的文学翻译经历了由"思想启蒙"到"现实选择"的价值取向转换过程。大量的外来思想被翻译介绍到中国是新文学革命初期的首要任务。五四运动以前的新文化运动提倡文学翻译的多元化,因而陈独秀把泰戈尔的作品作为新思想介绍到中国来。

1917 年,陈独秀在《新青年》上发表《文学革命论》(《新青年》第 2 卷第 6 号,1917 年 2 月 1 日)一文,确定了倡导彻底进行文学革命的"三大主义":"推倒雕琢的阿谀的贵族文学,建设平易的抒情的国民文学;推倒陈腐的铺张的古典文学,建设新鲜的立诚的写实文学;推倒迂晦的艰涩的山林文学,建设明了的通俗的社会文学",指明了文学革命的大众化方向。他还指出:"今欲革新政治,势不得不革新盘踞于运用此政治界精神界之文学",将文学革命上升到了推动政治变革和社会进步的层面。五四运动以后的新文化运动,俄国社会主义革命的影响迅速上升,反映在文学翻译领域便是由主要翻译欧洲国家浪漫主义和革命主义的文学作品转到主要翻译俄国的现实主义作品,政治标准悄然取代了文学评论的标准。

---

① 实庵(陈独秀):《好个友爱无争的诗圣》,《向导》第 63 期,1924 年 4 月 30 日。
② 陈独秀:《巴尔达里尼与太戈尔》,《向导》第 67 期,1924 年 5 月 28 日。
③ 实庵(陈独秀):《太戈尔与金钱主义》,《向导》第 68 期,1924 年 6 月 4 日。

陈独秀在《国故党与复辟党》(《向导》第 59 期,1924 年 3 月 26 日)一文中进一步阐明,"我以为反文学革命的国故党和反政治革命的复辟党,本是一家眷属","文学革命运动中,颇现出复辟的倾向;文学的复辟如果实现,政治的复辟也会跟着来"。由此看来,他对翻译作品的看法也随之发生了改变。当他看到各大报刊大量介绍泰戈尔时便指出,外国的社会科学和自然科学的书籍,以及对于思想改造有益的文学方面书籍都有翻译的必要,像泰戈尔文学著作这类纯艺术的文学作品便没有翻译的必要了,并且其根本的反对物质文明和科学的态度及其昏乱思想也无益于中国的思想改造。带着这样的成见,陈独秀在泰戈尔访华前后激烈地批判了泰戈尔。

三、误读中的驱逐

陈独秀对泰戈尔的批判存在一定的合理性,但上述原因所导致的后果是陈独秀在批判中误读了泰戈尔思想的本意,湮没了泰戈尔思想中对中国的思想改造和文化建设具有借鉴和警示意义的思想精华,致使五四知识分子错失了一次对新文化运动中产生的过激言行进行反思的机遇。

(一)陈独秀对泰戈尔的误读

陈独秀认为,泰戈尔极端反对西方文化,崇拜东方文化,反对科学和物质文明的价值,提倡与帝国主义妥协。但考察泰戈尔的实际言行,我们发现他的本意并非如此。陈独秀的主观因素影响到他把握泰戈尔思想的准确性,进而使他体会不到来自"已亡"国家的泰戈尔给中国人带来的忠告。

泰戈尔对东方文化大献赞美之词,提倡复活东方文化,其目的主要是为了唤醒处于西方国家强势压迫下的东方民族对传统文化的自信心和自豪感,并非如陈独秀所讲的赞赏东方文化的落后一面。实际上,泰戈尔在演讲和文学作品中对本民族的文化进行过深刻反思,对印度的陋俗和国民弱点也给予过无情的揭露和批判。也就是说,陈独秀所批判的封建糟粕其实也是泰戈尔所反对的。泰戈尔认为,西方创造的一切是为西方而创造的,东方人不能租借西方的思想和禀性。他把西方文明比作一把锋利的剃刀,告诫人们要利用剃刀而不是为剃刀所用。在中国的演讲中,泰戈尔也多次发出赞美西方、学习西方的呐喊。他指出："我们必须接受来自西方的真理，并且毫不犹豫地为它献上我们的赞美之词。如果我们不接受它，我们的文明将是片面的，将会停滞不前。……为此我们必须怀着感激之情求教于西方的活跃思想。"①泰戈尔讲求东西文明的协调发展，在承认东西文明存在天然差异、各有短长的基础上，主张各民族都应该保留个性，不是以死气沉沉的千篇一律的形式，而是以生气勃勃的统一性走到一起来。他所说东西文明调和的内涵是指东方文明和西方文明是一个真理的两个方面，东方讲求静的方面多一点，西方讲求动的方面多一点，不同于中国文化的"中学为体，西学为用"或者"西方为体，中学为用"的二元论的体用之辨。

　　泰戈尔看到科学和物质文明的畸形发展给人类所带来的困惑，进而反对滥用科学和片面追求物质利益，是一定道理的，但这并不意味着泰戈尔反对科学和物质文明本身的价值。相反，泰戈尔正是因为反对拒斥科学和物质文明而长期得不到自己同胞的谅解。泰戈尔在与冯友兰的谈话中曾讲："只有一句话劝中国，就是：'快学科学'。"他把大儿子送到美国学习农学，其理由是东方落后于西方的原因就是缺少科学，希望儿子学成归国后，为印度的科学发展尽一分力量。泰戈尔也曾多次赞扬科学的价值，例如：他在中国的演讲中也谈到，科学的发展创造了巨大的物质财富，给人们提供了便利的交通工具，赋予人们理性的力量。同时，他又强调，纯粹由科学构成的世界并不是一个现实的世界，而是一个由强力主导的、抽象的、不具人格的世界。由此可见，泰戈尔并不反对物质文明和科学，他反对的是将物质文明和科学绝对化的物质主义和科学主义。

　　泰戈尔反对激烈的言行，他不是一个激进的民族主义者，但也并非是向帝国主义卑躬屈膝。他在《世界博爱观》一文中强调："我们为消除人类的一切分裂隔离，使人类团结统一而进行修行，这并不意味着通过这种方法，我们的国家就会强大，我们的贸易就会发展，我们的民族就会高居其他一切民族之上"，我们还需要实际的行动。在政治活动中，泰戈尔拒

---

　　①　[印]泰戈尔:《在中国的演讲集》,《泰戈尔全集》第 20 卷,河北教育出版社 2000 年版,第 31 页。

绝接受英王授予的勋章,参加反对英国的示威游行,组织抵制英货运动,谱写爱国歌曲,强烈谴责日本军国主义侵略中国的罪恶行径,等等。在文学创作中,泰戈尔热情歌颂民族英雄抵御外辱的业绩,抨击地主阶级对农民的欺压,同情深受不合理制度摧残的妇女儿童。然而,因泰戈尔反对暴力革命和宪政运动,以陈独秀为代表的反对者认为泰戈尔是主张不抵抗英国对印度的殖民侵略的,认为泰戈尔的哲学是亡国奴哲学,这是对泰戈尔的误解。事实上,泰戈尔主张的是以印度传统的精神革命唤醒英国殖民者的羞愧之感,进而实现世界的和平。江绍原在《一个研究宗教史的人对于泰戈尔该怎样想呢》一文中,明确指出了反对者因不了解印度文化而误以为泰戈尔主张不抵抗主义,进而批判泰戈尔的错误。如同马克思和恩格斯的理论为资本主义敲响"丧钟"的警示作用一样,泰戈尔对西方物质文明的批判和对世界文化发展趋向的预测,预示着"西方文明中心观"必将走向终结。泰戈尔"爱"的福音把佛教的泛爱论与西方自由、平等、博爱的理念融合在一起,对治疗战后人们的精神创伤不失为一剂良药。

作为殖民地国家的思想家,泰戈尔以"亡国者"独有的切肤之痛,对还没有完全沦为殖民地的中国的忠告可能比我们中国自己的体会更加深刻和沉痛。但是,陈独秀的社会经历、性格特征和思维方式等主观因素,直接影响到他把握泰戈尔思想的准确性。陈独秀出身于一个小官僚地主家庭,自幼丧父,苦于慈母的劝慰,从小跟随严厉的祖父习读四书五经,曾经参加科举考试取得秀才功名,经家人安排与不识字的高姓女子完婚,这些都与陈独秀骨子里的叛逆个性极不协调。陈独秀青年时代在杭州中西求是学院学习,开始接受西方新思想,因宣讲反清言论被开除,曾留学日本,亲眼目睹了日本学习西方所带来的巨大益处,并对法国大革命的暴力形式推崇备至。因此,当已经具有共产主义意识的陈独秀确立了对马克思主义的信仰,并担任中国共产党的总书记以后,阶级斗争意识与无产阶级革命觉悟的提升为其价值判断注入了更多的"火药味",也预示着陈独秀将难以客观公正的态度对待泰戈尔。当他一听到泰戈尔谈复活东方文化、批评西方物质文明和科学、宣扬"爱"的福音时,其激烈暴躁的性格和激进的民族主义心理,便驱使他在还没有了解泰戈尔本意的前提下,就迫不及待地给泰戈尔作了定性的分析。陈独秀认定泰戈尔是一个政客,而不是一个诗人,泰戈尔在中国的演讲已经不是单纯地谈诗说艺,而是牵涉到社会改造的重大问题,因此,他在批判江亢虎、宣统皇帝、军阀政客等时也把泰戈尔稍带上。总体而言,陈独秀在批判泰戈尔的思想时添加了政治的、感性的等非学理的成分,他把泰戈尔描绘成"东方文化派"和"玄学派"的同僚,对泰戈尔思想的理解中掺杂着个人的主观目的,可以说对其批判是醉翁之意不在酒了。陈独秀认为,调和论只能看做自然现象发展的客观结果,不能当作主观的故意主张,这是由于惰性是人类本能的一种恶德,是人类进化上的一种障碍,因而一个人的主张实行起来不可能完全达成。陈独秀通过走极端的方式达到调和的目的,与恩格斯提出的社会发展合力理论具有异曲同工之处。可惜的是,这种思维方式致使泰戈尔一提到西方文化的缺点和东方文化的优点,陈独秀就异常敏感地把泰戈尔理解为一个极端排斥西方文化、极端崇拜东方文化的人,进而看不到泰戈尔对东西方文化所作的两面性分析,自然也看不到泰戈尔对东方文化腐朽落后一面的批判。因此,无法把握泰戈尔思想的真正意图,导致陈独秀在错误地解读中批判了泰戈尔。

(二)陈独秀批判泰戈尔的合理性与不足

陈独秀在批判中误读了泰戈尔思想的本意,没有体会到泰戈尔的良苦用心,但陈独秀对泰戈尔的批判也并非没有可取之处。他运用马克思主义理论并结合中国的社会现实,指出了泰戈尔思想中的缺陷和不足,对中国的社会变革和思想改造具有一定进步意义,但是,其言行举止也存在过于激烈的不当之处。

泰戈尔具有的诗人身份和浪漫气质,使他在中国的演讲中表现为以散文化和口语化的形式阐述自己的观点。他对中国的忠告也不是经过缜密逻辑分析的推论,而是需要心领神会才能体悟到的、颇具印度神秘气息的感言。泰戈尔对中国的感情甚深,对中国的现实状况却不甚了解。他多次讲到东西文化的特点、缺陷和出路,但他始终没有明确界定东西文化包括的内容究竟是什么,也没有明确指出中国的当务之急是什么,以及中国人到底应该怎样做等问题。据此,陈独秀气愤地指出,泰戈尔所要提倡复活的东方文化只是抽象的空论,而没有具体指出为中国社会进步所需要的东西。泰戈尔认为"一战"的爆发暴露出西方文明出现的许多问题，这一看法是比较符合事实的，但他把战争的原因单纯归结为科学和物质文明的畸形发展又是片面的。泰戈尔倡导的通过内省方式获得的"爱"的福音暂时可以慰藉受伤的心灵，但在战争与革命成为时代主题的背景下，唯心主义的世界观和泛爱的人生观决定了泰戈尔提不出行之有效的措施来遏制当时极端的民族主义情绪。陈独秀借着对泰戈尔的批判，系统地阐释了他本人对东西方文化的具体理解，指明了中国的现实出路。这对于促使国民挣脱封建桎梏、赢得"独立的人格"，以及改造社会都是极其有利的。

陈独秀在东西文明的比较中更关注的是西方可济于东方的优点，如：西方民族为争取自由而不惜牺牲一切的精神正是当时备受侵略的中国所需要的，而深植在东方民族骨髓里的和平观念在民族危难时刻已成为国家谋求独立的障碍；个人主义和法治在西方文明演进中的进步作用有助于根除中国的家族本位主义的弊病，唤醒国民的"自我"意识，建立民主法治的社会。陈独秀看到西方文明中蕴涵的许多因素是现代性的，而东方民族则普遍存在着与之相反的因素，进而阻碍了东方国家走上现代化的道路。在这一点上，他对西方文明中进步因素的捕捉是十分准确的，他找到了近代东方落后于西方的深层次原因。但西方文明也不是尽善尽美的，这一点陈独秀也是承认的。他所强调的是，尽管西方文明有其自身的弱点，但在人类文明发展史上东方文明比西方文明更为幼稚，故二者是不能调和的。他指出："我们不否认有精神生活这回事，我们是说精神生活不能代替物质生活。我们不是迷信欧洲文化，我们是说东方文化在人类文化中比欧洲文化更为幼稚。""我们若把东方文化当作特别优异的东西，保守着不思改进……把这不进化的老古董当作特别优异的文化保守起来，岂不是自闭幽谷。如此提倡精神生活，如此提倡东方文化，真是吴稚晖先生所谓'祸国殃民亡国灭种之谈'了。"[①]陈独秀还运用马克思主义的唯物史观和阶级分析法，既看到了资本主义制度"增加富力"和"增加贫乏"的双重作用，又从深层次抓住了战争爆发的制度根源和经济

---

① 陈独秀：《精神生活东方文化》，《前锋》第 3 号，1924 年 2 月 1 日。

根源。

当然,陈独秀在解析东西文明时,对某些问题的认识也存在过激之处。例如:将东方民族的安息理解为忍辱,流露出崇尚西方铁血政治的思想倾向;在批判泰戈尔思想时脱离了学术的轨道,攻击和污蔑泰戈尔的人格,实属不当。

(三)两种不同类型的民族主义

陈独秀与泰戈尔遵循的文化理路不同,对各自民族国家的发展提供了不同的理路,二人身上展现出两种不同类型的民族主义。

在陈独秀和泰戈尔眼中,他们所谈论的东方主要是指以中国和印度为代表的东亚。陈独秀所说的东方一般是指中国,泰戈尔所说的主要是指印度。无论如何,他们彼此皆怀揣一颗炽热的爱国心,深切关注着各自祖国的命运,陈独秀对泰戈尔提倡复活东方文化的批判源于二人对东方文化的理解和侧重点不同。陈独秀是站在繁重的历史包袱妨碍了中国发展的基点上,对东方文化进行了激烈的批判,迫切希望以此改变中国裹足不前的境遇。泰戈尔则站在全人类文化多样性发展的制高点上,提倡复活东方文化,他主要基于以下两点考虑:一是,当时西方文化片面发展科学和物质文明带来一系列问题;二是,东方在物质文明落后于西方的情况下不应盲目效仿西方。如前所述,泰戈尔并非如陈独秀想象中那样是一个极端东方文化论者,陈独秀也并非从他字里行间透露出的那样是一个极端西化论者,二人都分别突出强调了各自认为对中国最重要的部分。

另外,他们阐述东西文化的表述方式也不同。陈独秀以一个政治家的身份,主要从中国的政治命运和中国青年前途角度阐明观点;泰戈尔则主要是一个文学家,主要以散文、诗歌、小说和戏剧等文学形式为媒介,借助自然界或者作品中的人物表达思想。

总之,泰戈尔的思想对当时中国的"西化热"和"反传统"热潮起到一定的降温作用。然而,在特定的中国地域上,在紧张的思想文化论争情境中,在短暂的泰戈尔访华的时间里,陈独秀和泰戈尔都没有全面地展现自己的真实想法,致使这两位影响中国和印度历史走向的伟人错过了思想交流的契机。陈独秀等激进分子对泰戈尔的激烈批判,使他们错失了对新文化运动的过激言行进行理性反思的大好时机。

第二节 胡适与泰戈尔

胡适(1891—1962),安徽绩溪人,新文学运动的倡导者和践行者,自由主义派别的重要代表人物。他创办于1918年的《每周评论》是《新青年》最有力的盟友。胡适持有"抑中扬西"的文化观,照理应该与陈独秀一样,站在反对泰戈尔的队伍中。但在泰戈尔访华期间,胡适却对泰戈尔恭迎有加,在泰戈尔遭到反对时力挺泰戈尔,表现出令人费解的态度。这不仅源于他宽容和自由的人生信条,更重要的是源于他对泰戈尔文学革命观的认同。胡适在不赞成泰戈尔文明观的情况下仍然欢迎泰戈尔访华,正是因为他所持有的这种理性的认知态度,获得了与泰戈尔文学革命观的共鸣。实际上,胡适与泰戈尔的主张即使在文化观上也并非没有交叉之处,遗憾的是,胡适对泰戈尔文明观的误解致使二人除在文学方面之外没有展开广泛地交流。

一、有保留的欢迎

"西化派"典型代表胡适曾明确表示不赞同泰戈尔的文明观,以及其到处宣传东方文化的做法。据此,他似乎应站在反对泰戈尔的一方,但在泰戈尔访华期间,他却对泰戈尔恭迎有加,他的名字与泰戈尔如影随形地在报纸、杂志等新闻媒体上频繁出现。胡适不仅拒绝了他的诤诤战友陈独秀"批泰"的邀请,参加了欢迎泰戈尔的一系列重大活动,而且还严厉批评了散发反对传单的人,并为泰戈尔访华的纯洁动机声辩。

(一)为科学辩护,替玄学派声辩

梁启超在《欧游心影录》中提出反对"科学万能"说,助长了国内反科学势力的嚣张气焰。胡适针对中国科学不发达的具体国情,指出科学在中国发展得远远不够,不应追随潮流,并强调将西欧出现的问题归因于科学的看法是不理性的。他指出:"中国还不曾享着科学的赐福,更谈不到科学带来的'灾难'。我们试睁开眼看看:这遍地的乩坛道院,这遍地的仙方鬼照相,这样不发达的交通,这样不发达的实业——我们哪里配排斥科学?……我们当这个时候,正苦科学的提倡不够,正苦科学的教育不发达,正苦科学的势力还不能扫除那迷漫全国的乌烟瘴气——不料还有名流学者出来高唱'欧洲科学破产'的喊声,出来把欧洲文化破产的罪名归到科学身上,出来菲薄科学,历数科学家的人生观的罪状,不要科学在人生观上发生影响! 信仰科学的人看了这种现状,能不发愁吗?"①在以"科学能否解决人生观问题"为中心议题爆发的科玄论争中,胡适站在科学派一边,极力为"科学"声辩,与玄学派进行过多次思想交锋。

泰戈尔访华时,科玄论争已经告一段落,但是围绕泰戈尔周围的是梁启超、张君劢等玄学派的人物,他们不失一切时机地宣传自己的主张。此外,泰戈尔访华也是应由梁启超创办的讲学社之邀,更重要的是泰戈尔来华后批评科学的价值,与梁启超的看法如出一辙,自然引起科学派的反感。因此,有人散发反对传单说,玄学派因在科玄论战中失败,于是邀请泰戈尔为其摇旗呐喊来了。胡适作为科学派的一名主将,与泰戈尔的看法并不一致,他非但没有落井下石,反而为玄学派声辩说,泰戈尔访华的事宜已于科玄论战之前决定,并非为玄学派所邀请为其助阵。他指出:"传单中说,研究系因为去年玄学与科学的论战失败了,所以请这位老祖师来替他们争气。这话是没有事实的根据的。去年玄学、科学的论战,起于四月中旬,而太戈尔的代表恩厚之君到北京也在四月中旬,那时北京大学因为种种困难不能担任招待太戈尔的事,所以恩厚之君才同讲学社接洽。我于四月二十一日南下,那时太氏来华的事,已接洽略有头绪了。我也是去年参加玄学、科学论战的一个人,我可以说,太戈尔来华的决心,定于这个论战未发生之前,他的代表来接洽,也在这个论战刚开始的时候,我以参战人的资格,不能不替我的玄学朋友们说一句公道话。"②胡适对泰戈尔和玄学派的辩护无疑是对科学派的泄气,但却是对泰戈尔访华目的最有力的辩白。

(二)不赞成宣传东方文化的举动,盛情款待泰戈尔

泰戈尔获得诺贝尔文学奖以后应邀出访了欧美许多国家,他希望借

① 胡适:《〈科学与人生观〉序》,《胡适文集》第3卷,北京大学出版社1998年版,第154页。
② 《太戈尔在京最后之讲演》,《晨报》1924年5月13日。

此机会宣传东方的精神文明以图东方文明在世界的复兴。胡适则认为西方人欢迎东方精神文明是出于一种"博物馆心理",他们所乐闻的是太极、风水、八卦、命相这类带有神秘意味的文明,是为了满足他们在西方难以找到的精神寄托,客观上是希望东方越落后越好。胡适还批评了国内部分人认为东方文明正在复兴的侥幸心理,他指出西方人对东方文明的盲目崇拜正好投合了东方民族夸大狂的心态,东方的旧势力因此增加了不少的气焰。针对部分人提出的"西方文明是物质的,东方文明是精神的"这种偏见,他又强调,西方文明决不轻视人的精神和心灵上的种种要求,它所尊奉的自由、平等、博爱、社会主义等人生信条能满足人精神和心灵上的要求,绝非东方旧文明所能比拟,鼓励国人走出"老少人妖"散布的谣言。事实上,当时部分西方人已经开始了对东西文明平等的学术研究,胡适的看法不无偏颇之处,同时他的看法也确实反映了当时西方绝大部分人的真实心理,这也凸显了泰戈尔企图利用这一情势传播东方文明的不切实际。胡适与当时强烈批判泰戈尔的陈独秀的文明观基本上是一致的。正因如此,陈独秀把胡适看成同道中人,邀请其加入"批泰"的队伍。美国人也曾邀请胡适讲学,却被他拒绝了。胡适在给他的好友韦莲司的一封信中道明了其中的缘由,他在信中写道:"到目前为止,我还没有找到我要在美国演讲的合适题目。……要是我发现自己假装有什么真知灼见要带给西方世界,我觉得那是可耻的。当我听到泰戈尔的演说,我往往为他所谓东方的精神文明而感到羞耻。我必须承认,我已经远离了东方文明……一个东方演说者面对美国听众时,听众所期望于他的,是泰戈尔式的信息,那就是批评讥讽物质的西方,而歌颂东方的精神文明……诚然,我所给予东方文明的指责,比任何来自西方的指责更严苛,而我对西方现代文明的高度评价,也比西方人自己所说的更好。这样出乎常理的意见,一定会让那些对泰戈尔这种趋之若鹜,而又期望听到所谓'东方'信息的人感到失望和震惊。"①从中可以看出胡适一贯主张"西化"的思想倾向,他明确表示不赞成泰戈尔积极游走欧美各国去宣传东方文化的举动。

---

① 周质平:《胡适与韦莲司:深情五十年》,北京大学出版社1998年版,第61页。

胡适的《我们对于西洋近世文明的态度》一文和写给韦莲司的信,距离泰戈尔访华不过一两个月,从言行中可以判断出胡适的看法并没有受到泰戈尔文明观的影响。但当泰戈尔到中国宣传东方文化时,胡适却盛情地款待了泰戈尔。泰戈尔初到北京时,胡适亲自到火车站去迎接,陪伴泰戈尔游北海,参加在静心斋举办的欢迎泰戈尔的茶话会,参加北京学界为欢迎泰戈尔在海军联社举行的公宴,参加溥仪的英文老师庄士敦寓所招待泰戈尔的活动,主持泰戈尔64岁生日会并致辞。他在泰戈尔的生日会上,称泰戈尔是代表印度的最伟大人物,并对其表示热烈欢迎。

（三）不赞成泰戈尔的文明观,批评散发反对传单者

在文明观上,胡适同陈独秀一样,主张向西方学习,他也认为,东西文明的差异不是类型的不同,而是发展速度的差异。1922年,梁漱溟的《东西文化及其哲学》一书初版。胡适围绕书中的观点与梁漱溟展开了针锋相对地争论,他不赞成梁漱溟将西方、中国和印度文化视为世界文化发展的三种不同类型的观点,在《读梁漱溟先生的〈东西文化及其哲学〉》（《读书杂志》第8期,1923年4月1日）一文中解释道,由于人类生理构造上是大致相同的,所面临的问题也大同小异,他们本来走的是生活本来的路,但因环境有难易,问题有缓急,所以走的速度有快慢之分,到达目的地有先后之别,西方民族在近300年时间里受到环境的压迫,加快走了几步,在征服环境方面的成绩比其他民族要多得多。胡适对梁漱溟观点的批判,暗示了他也不赞同泰戈尔将东西文明比喻为一个真理两个方面的看法,胡适为泰戈尔辩护时也曾明确表示了这一点。

泰戈尔应邀访问中国,迎接他的除了鲜花和掌声,还有奚落与驱逐。泰戈尔在东南大学演讲时已有人散发反对传单,引起了小小的骚动。泰戈尔在北京演讲时,反对泰戈尔的声音更加强烈了。胡适曾两度挺身而出,义正词严地批评了这些人的不宽容态度。1924年5月10日,泰戈尔在真光戏院对北京青年学生第二次演讲开始前,有人散发反动传单扰乱会场秩序。徐志摩对此表示抗议决定罢译时,胡适不仅担任了泰戈尔演讲的翻译,而且在泰戈尔上台演讲前批评了那些反对者,在不了解泰戈尔思想的情况下就贸然加以反对的不理性做法和对待外国友人不友善态

度,并指明这样做有失礼仪之邦应有的风范。胡适指出:"外国对泰戈尔,有取反对态度者,余于此不能无言。余以为对于泰戈尔之赞成或反对,均不成问题。惟无论赞成或反对,均须先了解泰戈尔,乃能发生重大之意义。若并未了解泰戈尔而遽加反对,则大不可。吾昔亦为反对欢迎泰戈尔来华之一人,然自泰戈尔来华之后,则又绝对敬仰之。盖吾以为中国乃一君子之国,吾人应为有礼之人。"①胡适的警告并没有奏效,泰戈尔的情绪因此受影响,原定在北京作6场演讲缩短为3次。

泰戈尔第三次也是在北京最后一次演讲时,照样有人散发反对传单。胡适再次批评散发反对传单是野蛮人之举,他表示尽管不赞同泰戈尔的文明观,但泰戈尔的人格、文学成就和人道主义精神等方面还是值得我们尊敬的。他说:"这种不容忍的态度,是野蛮的国家对付言论思想的态度。我们一面要争自由,一面却不许别人有言论的自由,这是什么道理?假使我因为不赞成你的主张,也就激颜厉色要送你走,你是不是要说我野蛮。主张尽管不同,辩论尽管激烈,但若因主张不同而就生出不容忍的态度,或竟取不容忍的态度,那就是自己打自己的嘴巴,自己取消鼓吹自由的资格。自由的真基础,是对于对方主张的容忍与敬意,况且太戈尔先生的人格,是应该受我们的敬意的。他的文学革命的精神,他的农村教育的牺牲,他的农村合作的运动,都应该使我们表示敬意。即不论这些,即单就他个人的人格而论,他的慈祥的容貌,人道主义的精神,也就应该命令我们的十分敬意了。"②

此外,胡适还拒绝了陈独秀"批泰"的邀请。在泰戈尔来华前,陈独秀便以《我们为什么欢迎泰戈尔》一文明确表明反对泰戈尔的立场。为了扩大反对泰戈尔的声势,陈独秀曾经给胡适写信,希望他能加入"批泰"的队伍,为中国共产党创办的刊物《中国青年》的"太戈尔号"(其内容是反对泰戈尔的)写文章,胡适并没有对此作出回应。泰戈尔在中国度过64岁生日时,胡适曾作《回向》一诗作为礼物送给泰戈尔,他解释说:"'回向'是大乘佛教的一个思想,已成'菩萨道'的,还得回向人间,为

① 《太戈尔第二次讲演》,《晨报》1924年5月11日。
② 《太戈尔在京最后之讲演》,《晨报》1924年5月13日。

众生努力,也就是普度众生,自度度人,入佛出佛的意思。"①他以此安慰在中国遭受奚落和反对的泰戈尔。1929 年 3 月,泰戈尔在赴日途中暂住徐志摩家中时,胡适曾带大儿子胡祖望去看望泰戈尔,并与徐志摩和陆小曼夫妻等人合影留念,还送别泰戈尔离华赴日。从日本返印途经中国时,泰戈尔托徐志摩转送胡适两本小书及"Remember me(记住我)"的短笺。胡适超越学派的成见表现出的宽宏大度,赢得了泰戈尔的认可与友谊,一时传为学界的佳话。

二、宽容与认同

胡适对泰戈尔的欢迎,不仅出于礼仪之邦应尽的地主之谊,而且出于自由主义者"容人并存的雅量",更重要的是出于对泰戈尔在印度文学革命中所作出贡献的认同。然而,由于胡适不赞同泰戈尔的文明观,致使这种欢迎又是有所保留的。实际上,胡适在为泰戈尔辩解时曾明确指出了对泰戈尔持有保留欢迎态度的真实原因,他说:"今泰戈尔乃自动地来中国,并非经吾人之邀请而来,吾人自应迎之以礼,方不失为君子国之国民。同时泰戈尔为印度最伟大之人物,自十二岁起,即以阪格耳(孟加拉国——笔者注)之言为诗,求文学革命之成功,历五十年而不改其志。今阪格耳之方言,已经泰氏之努力,而成为世界的文学,其革命的精神,实有足为吾青年取法者,故吾人对于其他方面纵不满足于泰戈尔,而于文学革命一段,亦当取法于泰戈尔。"②

胡适作为一个自由主义者,其一生坚守"容忍比自由更重要"的人生信条,既不赞成陈独秀、瞿秋白等人激烈反对并驱逐泰戈尔的野蛮行为,也不赞成梁启超、徐志摩等人近乎狂热地欢迎和崇拜泰戈尔的不理智行为。他看到反对者在没有弄清楚泰戈尔思想的情况下就断言反对并提出"送泰戈尔",发觉这些口口声声争自由的人们连发表言论的自由都不能给予泰戈尔,更谈不上容忍泰戈尔的不同意见了。发生这样的事情,胡适

---

① 胡适:《追忆泰戈尔在中国》,转引自胡颂平编著《胡适之先生年谱长编初稿》第 3 册,台北联经出版公司 1984 年版,第 567 页。

② 《太戈尔在京最后之讲演》,《晨报》1924 年 5 月 13 日。

是不会坐视不理的。尽管他对东西文明的看法不同于泰戈尔，但自由主义的立场和宽厚的为人处世原则驱使他屡次主动出面批评那些粗鲁对待泰戈尔的反对者。他认为，这种野蛮做法既不符合中国这个礼仪之邦应有的待人热情好客的风范，也有失一个追求自由的人应有的品行。在泰戈尔之前访问中国的外国著名学者也不少，胡适的态度却不尽相同。他对他的老师美国实用主义哲学家杜威的由衷敬慕之情自不必说；对意欲来华却未成行的倭铿提前做好了反驳的准备；对与泰戈尔同样赞羡东方文化特别是中国传统文化的英国哲学家罗素则没有多少好感。事实上，胡适对泰戈尔显示出的意外好感，不仅是出于礼仪之邦的待客之道和对自由主义的信仰，更主要的原因是胡适对泰戈尔在印度文学革命中所取得骄人成绩的赞赏和认同。胡适本人也讲过本来在泰戈尔来华以前"亦为反对欢迎泰戈尔之一人"。泰戈尔来华后，他找到了认同点而变成泰戈尔的欢迎者。泰戈尔在北京学界的欢迎会上讲到诗歌革命的问题时，胡适曾建议泰戈尔将演讲整理并发表，这也暗示了胡适对泰戈尔文学革命观的赞同。

在文学革命中，泰戈尔在印度与胡适在中国的地位相当，二人的主张相似。泰戈尔在对北京青年的第一次演讲中就以印度的文学改革运动为例，说明中国的文学革命与印度同样存在类似的问题，并提出了解决的途径。泰戈尔指出，印度思想革命的历史与五四时期极为类似，他出生的那一年（1861 年），印度的宗教界、文学界等皆形成新旧互相冲突之势，思想界极为混乱，于是后来产生宗教、文学和国民三种运动。其中，文学改革运动以泰戈尔为中心，主张用白话文代替文言文，提倡创作新诗歌，泰戈尔则是印度近代新诗的代表。如泰戈尔所言，中国近代的历史与印度相似，五四思想界也相应地倡导基督教改革、新文学运动、国民改造三大运动。中国的新文学运动则以胡适为中心。胡适起初在中国学界暴得大名主要由于他首倡文学革命，进而成为新文学运动的领军人物。他的主要成就也集中体现在文学革命方面。胡适高度赞扬了泰戈尔在印度文学革命中所扮演的重要角色，还表达了自己即使不赞同泰戈尔的文明观，也对其在文学方面取得的成就和革命精神充满钦佩和学习之情。

　　泰戈尔与胡适对文学都抱以革命的思想。泰戈尔在中国的演讲中曾指出："对于文学,即抱革命的思想。吾以为文学不宜受任何规则之束缚,一受束缚,即失去文学中之真我,而文学中之诗,则尤须有真我,其价值乃能存在。故余之于诗,遂毅然决定,不问形式,不守格律,另创一在表现真我上最为适宜之文体,以表演之。世人虽多反对余之剧烈改革,然余因发现一前导之灯,知向此而行,必无迷途之患。且以文学为表演吾人之思想者,吾人于既已进化之后,自不能适用在吾人未进化之前,用以表演吾人思想之文学。故彼等纵以吾之所为为儿戏之一种,吾则仍然从事创造吾所认为适宜之文学,以开发吾人之灵泉,绝不生灰阻之心。"胡适在吹响新文学运动号角的《文学改良刍议》(《新青年》第 2 卷第 5 号,1917年 1 月 1 日)一文中,针对中国古代文学空洞无物、解说经典、束之高阁等在内容和形式上的弊病,提出从 8 件事入手进行改革,即"言之有物"、"不摹仿古"、"讲求文法"、"不作无病之呻吟"、"务去烂调套语"、"不用典"、"不讲对仗"、"不避俗字俗语",实际上提出了新文学运动的纲领。胡适率先垂范创作了白话诗集《尝试集》。在文学由传统向现代转化方面,印度比中国前进了一步,胡适自己也看到这一点。他在泰戈尔生日会的致辞中尊称泰戈尔是革命的诗哲,并说中国在很多方面受到印度的影响。泰戈尔第二次访华时,胡适更亲口承认他与泰戈尔在语言革新方面的一致,他说:"太戈尔先生用孟加拉国语(Bengali)作诗作文,他的著作全用孟加拉国方言写的,他的成就使孟拉加语成为印度的一种传诵的'文学语言'。所以他老人家最同情我们的白话文学运动。"①据此可见胡适把泰戈尔引为从事文学革命的志同道合者。

　　胡适因认同泰戈尔在印度文学革命方面的成就,由反对泰戈尔访华转向欢迎的举动在当时是很有代表性的。许多同胡适一样接受过西式教育的人,因泰戈尔批评西方文明而反对泰戈尔。在泰戈尔访华以前,反对他的人是比较多的,泰戈尔来华后这个状况有所改变。泰戈尔的助手恩厚之亲身感受到了这个戏剧性的变化:"当我们与北京的学者相会时,中

---

　　①　胡颂平编著:《胡适之先生年谱长编初稿》第 3 册,台北联经出版公司 1984 年版,第 782 页。

国进步分子突然感到他们与泰戈尔思想有着巨大的一致性。同那时代的但丁与乔叟一样,泰戈尔与胡适两人都决心采用人民的口语作为文学表达的普通工具,以替代掌握在有限学者阶层手里的经典语言。一位激进的中国学者从饭桌的另一端跃起,拥抱泰戈尔,并用充满激情的语调说:现在,他不仅同泰戈尔一道分担共同经历的痛苦,而且也分担传统文化的卫道士亲手制造的苦难。"①

三、历史评价

胡适在不赞成泰戈尔文明观的情况下对泰戈尔访华持有欢迎的态度,这在当时思想文化论争激烈的情况下是十分难得的。实际上,胡适与泰戈尔在其他方面的主张并非没有交叉之处,遗憾的是,由于胡适对泰戈尔文明观的误解致使二人在文学之外的其他方面没有展开交流。

有别于激进派和东方文化派对待泰戈尔的态度,胡适在不赞成泰戈尔文明观的情况下,保持着对泰戈尔访华的欢迎,仍然坚持以理性的宽容态度对待"异己者",表现出一个自由主义者的宽容,这在当时思想文化激烈争论的情况下更是难以做到的。此外,胡适与陈独秀对泰戈尔的不同态度也反映了新文化阵营的分裂。胡适这一派是对待泰戈尔访华事件中比较独特的一股力量,持相同看法的还有周作人。他们对泰戈尔表达了礼仪之邦对待外来者应尽的待客之道,给予泰戈尔表达自我的机会和空间,而没有附加过多的诠释和品评。在"骂杀"与"捧杀"的激烈氛围中,也许这样做足以令泰戈尔感到安慰了。胡适与昔日好友陈独秀在发生于泰戈尔访华之前的东西文化论争、科玄论争、古今之争等等众多思想文化论争中都能够结成统一战线,但在泰戈尔掀起的论争新高潮的情况下,在对待泰戈尔的问题上却产生了分化。陈独秀因此非常气愤,他在《送泰戈尔——并慰失意的诸位招待先生》(《民国日报·觉悟》1924 年 6月 1 日)一文中,将胡适与张君劢、徐志摩相提并论。这表明胡适与陈独秀在文化路向上的分歧,透视出新文化阵营激进派、自由派和东方文化派

---

①　[印]克里希那·克里巴拉尼著,倪培耕译:《泰戈尔传》,漓江出版社 1984 年版,第 383~384 页。

三足鼎立的局势正在形成中。

　　胡适在保持对泰戈尔理性认知的情况下，"意外地"收获了与泰戈尔在文学革命方面的共鸣，他对泰戈尔思想的总体把握是比较到位的。胡适在为泰戈尔辩护的过程中突出强调了泰戈尔在文学革命方面的成就。尽管泰戈尔多次强调此次来华在于沟通中印文化交流和复兴东方文化，宣传他的文学主张不是主要意旨所在，但他在中国演讲中涉及的内容五花八门，即使在文学方面的演讲并不占主要成分，文学成就在他一生中也无疑占有相当大的比重。泰戈尔首先是一个文学家，这是不争的事实。徐志摩、郑振铎等受其影响的浪漫主义作家是十分关注这一点的。与此相反，国人普遍对泰戈尔访华的关注点不在其文学成就方面，他们更多看重的是泰戈尔的思想是否对中国有利。正如沈泽民所言，绝大多数人则"不问这些事情（指泰戈尔的文学作品方面——笔者注），我们是问泰戈尔的思想，对于今日的中国青年是否要得？"[1]在国人带着功利性的目的看待泰戈尔访华事件时，相较而言，胡适从学术角度对泰戈尔思想的总体把握还是比较到位的，泰戈尔访华对胡适认知泰戈尔的影响可谓"无心插柳柳成荫"了。

　　客观而言，除了文学方面，胡适与泰戈尔的主张并非没有相通之处，但由于胡适对泰戈尔文明观的误解，二人并没有展开交流。胡适虽然提倡学习西方文明，却也踏踏实实地从事"整理国故"的工作。泰戈尔离华后发生的"'全盘西化'还是'中国本位文化'"的争论中，胡适则被看成调和派。胡适对自己提出的"全盘西化"的解释是："我是主张全盘西化的。但我同时指出，文化自有一种'惰性'，全盘西化的结果自然会有一种折衷的倾向……旧文化的'惰性'自然会使他成为一个折衷调和的中国本位新文化。"胡适接受全盘西化的依据是："取法乎上，仅得其中；取法乎中，风斯下矣。"胡适认为由于文化发展具有"惰性"，因而倾向于采取充分地接受西方文化以达到东西调和的目的；泰戈尔则主张直接采取调和东西文化的理智的，也是理想的方式。虽然二人采取的手段不同，目的却都是为了达到本民族传统文化向现代的转化。

---

①　沈泽民：《太戈尔与中国青年》，《中国青年》第 27 期，1924 年 4 月 18 日。

此外,胡适与泰戈尔都反对暴力革命,主张渐进式的社会改良,坚持对民主与自由的执著追求,反对盲目地与西方对抗。胡适曾经提出"好人政府"并发表《我们的政治主张》一文向社会寻求支持,却遭到中国共产党人的批判。泰戈尔来华以前,印度发生激烈地反对英国殖民统治的暴力行径。泰戈尔不但批评了这种行为,就连甘地的非暴力不合作运动也是泰戈尔所反对的。泰戈尔也因此得不到国人的谅解,其在印度的声望也没有甘地高。同时,他与陈独秀、瞿秋白等反对者同样误解了泰戈尔的文明观,将泰戈尔看成反对西方文明、反对科学和物质文明、颂古讽今的人物。由于胡适对泰戈尔的误解,使他与泰戈尔在文学之外的其他方面没有展开交流。

第三节　梁漱溟与泰戈尔

梁漱溟(1893—1988),原籍广西桂林,生于北京。他的一生跨越晚清、民国、中华人民共和国三个时代,始终关注"人为什么活着"和"中国向何处去"两大问题。梁漱溟将自己思想的发展分为三个时期,第一时期为实用主义时期,从十四五岁起至十九岁止,以受先父影响居多,讲求务实;第二时期为出世思想归于佛家,从二十岁起二十八九岁止,一心想出家做和尚;第三时期由佛家思想转入儒家思想,从二十八九岁以后,即发表《东西文化及其哲学》一书之际。五四时期是决定其一生思想走向的关键期。期间,他根据自己的人生经历构造的西方、中国和印度三期文化重现的独特见解,代表了五四思想界对东西文化认知的一种新取向,为中国传统文化向现代的转化提供了新理路,也促使梁漱溟本人成为现代新儒家的开创者和20世纪中国最著名的文化保守主义者。梁漱溟在其代表作《东西文化及其哲学》一书中赞扬了泰戈尔运用"直觉"挽救西方精神危机的看法,并将泰戈尔思想划归到"孔家门下",还在泰戈尔访华期间与其进行了一次有关儒家哲学和宗教问题的私密交谈。虽然如此,他对泰戈尔访华却没有表示出极大热情,这是二人在文化理路上存在差异使然,更为直接的原因则在于二人对儒家哲学与宗教在人生中的地位持有不同看法。

一、"若即若离"

1916 年梁漱溟发表在《东方杂志》上的《究元决疑论》一文,使其在中国学界小有名气。《究元决疑论》全文一万三千余字,分为"究元第一"(探求世界的本原)和"决疑第二"(探求人生问题)两部分。该著作为生活在大变动时代的人们提供了一剂医治精神空虚、忧虑不安、疑惑苦闷的药方。梁漱溟在文中旁征博引,对佛学以外的古今中外的各家学说都作了批评,对西方、中国和印度文化的特点都有阐述。这部著作为后来《东西文化及其哲学》一书的写作奠定了基础。梁漱溟也因为这篇文章,得到北京大学校长蔡元培的赏识,而被邀请在北京大学讲授印度哲学。从1917 年到 1924 年,在北大任教的 7 年促成梁漱溟由佛转儒的思想转变和东西文化观的基本成熟。他在《印度哲学概论》一书形成对文化的基本看法的基础上,根据在北京大学的授课记录和在济南作的 40 余次演讲,整理而成《东西文化及其哲学》一书,于 1922 年(泰戈尔访华前两年)初正式出版,标志着梁漱溟文化理论的基本形成。《东西文化及其哲学》是梁漱溟一生中最重要的著作之一。他在书中使用"文化"一词的具体内涵有三种:一是指文化的具体要素和各种表象;二是指文化类型,文中的"东方化"和"西方化"这两个概念多指的是"东方文化"和"西方文化";三是指文化的根本精神或文化的路向,在这里强调的是文化的普遍性而不是民族性。书中多次谈到的"文化的复兴"指的是第三种含义。在这部著作中,梁漱溟谈到了对印度诗人泰戈尔的看法。在泰戈尔访华期间,梁漱溟与泰戈尔就儒家哲学和宗教问题进行了私密交谈,进而形成了对泰戈尔的总体认识。

梁漱溟认为,泰戈尔的思想归根结底只是一个"爱"字,泰戈尔在西方受欢迎的原因在于他适时地提出运用"直觉"来拯救西方国家"理智"受损的痛苦创伤。梁漱溟指出:"他(泰戈尔——笔者注)的妙处,就在不形之于理智的文学而拿直觉的文字表达出来,所以他不讲论什么哲学而只是做诗。他拿他那种特别精神的人格将其哲学观念都充满精神,注入情感,表在艺术;使人读了之后,非常有趣味,觉得世界真是好的,满宇宙高尚、优美、温和的空气;随着他而变了自己的心理,如同听了音乐一般……他独一无二的只是个'爱';这自然恰好是西洋人的对症药。西洋人的病苦原在生机斫丧的太不堪,而'爱'是引逗生机的培养生机的圣药。西洋人的宇宙和人生断裂隔阂、矛盾冲突、无情去趣、疲殆垂绝,他实在有把他融合昭苏的力量。"①梁漱溟对泰戈尔的思想特征的概括,以及泰戈尔在西方受欢迎原因的分析,在一定程度上反映了五四知识分子对泰戈尔的普遍看法,这也是比较符合当时思想界对泰戈尔的认知状况和泰戈尔思想的实际状况的,如王希和在《太戈尔学说概观》(《东方杂志》第 20 卷第 14 号,1923 年 7 月 25 日)指出,泰戈尔的哲学可以说是以"爱"为归宿的。郭沫若也把泰戈尔的思想概括为"梵"的现实、"爱"的福音和"我"的尊严。

梁漱溟进一步指出,泰戈尔讲求"爱"的思想受到西方生命哲学的影响,不能算作印度文化的典型代表,而是隶属于中国孔家门下。在梁漱溟的文化观念中,西方着眼于"外界物质",运用的是"理智"(比量);中国着眼于"内界生命",运用的是"直觉"(非量);印度着眼于"无生本体",运用的是"现量"。梁漱溟认为,泰戈尔对"爱"的赞扬体现了人本主义的精神和对现世的关注,运用的是"直觉",与孔家文化同属一路,并非印度文化所固有。他解释道,泰戈尔的思想原本属于婆罗门教②,但"原来的婆罗门教似乎并没有这样子,他大约受些西洋生命哲学的影响;所以他这路子,不是印度人从来所有的,不是西洋人从来所有的;虽其形迹上与中国哲学无关联,然而我们却要说他是属于中国的,是隶属于孔家路子之下的"。③ 不仅如此,梁漱溟还把尼采、柏格森、倭铿等注重生命和内心体验的学者也划归到孔家门下。按照梁漱溟的文化理论,西方、中国和印度代表三种不同类型的文化,在西方和印度的土壤上是不可能产生中国文化

---

① 梁漱溟:《东西文化及其哲学》,《梁漱溟全集》第 1 卷,山东人民出版社 1989 年版,第 513 页。

② 婆罗门教是印度教的前身,以"梵我合一"为最高教义。"梵"表示一切存在之终极,天、地、人、山川河流、动植物组成的众生世界都是由梵自我幻化而成的。"我"指的是人的灵魂。该教的基本主张是:人需要通过欲望上的舍弃、肉体上的苦行和精神上的超越,以达到摆脱现世束缚,达到"梵我合一"的最高境界。

③ 梁漱溟:《东西文化及其哲学》,《梁漱溟全集》第 1 卷,山东人民出版社 1989 年版,第 394 页。

路向的思想的。这也体现出梁漱溟文化观的自相矛盾之处。事实上，如梁漱溟所说，泰戈尔的思想的确兼具印度、中国和西方的特色，这也验证了胡适对梁漱溟的批评是有一定道理的，即胡适认为梁漱溟的文明观带有笼统的毛病。

梁漱溟还批评了康有为和梁启超等介绍印度文化的学者因为泰戈尔在西方被推崇为印度文化的代表，就随声附和的不理性态度。他指出："因为西洋人很崇拜印度的诗人泰谷尔（Tagore），推他为印度文明的代表，于是也随声附和起来；其实泰谷尔的态度虽不能说他无所本，而他实与印度人本来的面目不同，实在不能作印度文明之代表。"①五四知识分子普遍认为泰戈尔是印度思想的结晶，尽管也有不少人指出泰戈尔的思想受到西方的影响，但在泰戈尔思想带有浓厚的印度色彩这一点上是可以达成共识的。像梁漱溟这样将泰戈尔划归到中国文化之下则是绝无仅有的。那时，相当多的人在看到西方国家开始关注甚至崇拜东方文化的情况下，对东西文化的看法发生急速转变。梁漱溟则认为，国人主张东西文化的调和是出于盲目，西方国家对东方文化的崇拜是出于恭维，这些都不是理性思考的结果，其根源在于根本没有搞清楚东方文化和西方文化是什么就妄下断言。梁漱溟的文化观正是在对这种言论反思的基础上形成的。总而言之，他将泰戈尔划归到孔家门下与他把中国文化的发展路向看成是世界文化的走向紧密相关。

梁漱溟将泰戈尔划归到孔家门下，按照常理推测，泰戈尔访华正是助其宣传儒家思想的一个绝好契机，但是梁漱溟并未如当时外界渲染得那样表现出极大的热忱。梁漱溟除了去火车站迎接泰戈尔、参加了一次欢迎泰戈尔的茶话会外，并未参加其他欢迎活动，也没有发表任何欢迎感言。值得一提的是，泰戈尔在北京逗留期间，梁漱溟曾应徐志摩之邀与泰戈尔会面并进行了交谈。这次经历给梁漱溟留下了深刻的印象，六十多年后梁漱溟还回忆说："泰戈尔给我的印象是一位虚怀若谷的诗哲，对学问十分认真，关切中国的问题，又有如此不耻下问，不为自己的名望所累，

---

① 梁漱溟：《东西文化及其哲学》，《梁漱溟全集》第 1 卷，山东人民出版社 1989 年版，第 394 页。

是很难得的。"①泰戈尔在访问中国期间与许多社会名流进行了会谈,如国画大师刘海粟、京剧名伶梅兰芳、山西军阀阎锡山、末代皇帝溥仪。当时泰戈尔64岁,已经是一位享誉全球的文化大师,与之相比,无论从社会声望还是从年龄辈分上看,31岁的梁漱溟实在是一个"无名小卒"。除了对泰戈尔高尚的人格和谦虚的精神表示由衷的赞赏外,梁漱溟并没有对泰戈尔的思想作一评价。

二、文化理路的诸多差异

梁漱溟与泰戈尔同是东方文化的坚决拥护者,梁漱溟还将泰戈尔划归到孔家门下,但在泰戈尔访华期间,梁漱溟对泰戈尔却表现得若即若离。究其原因,主要在于二人对儒家文化和宗教的不同看法,并由此导引出对中国文化、印度文化的不同理解以至对世界文化未来走向的不同设想。

与泰戈尔的直接交谈给梁漱溟留下了深刻的印象,却也正是因此暴露出二人思想的根本分歧。据梁漱溟回忆,当时赶到泰戈尔住所时,正值泰戈尔与杨丙辰②谈宗教问题,杨丙辰认为儒家是宗教,泰戈尔却不同意,梁漱溟作为儒家的忠实信徒,顺势加入到该话题的讨论,并与泰戈尔交换了意见。梁漱溟与泰戈尔对儒家哲学和宗教的不同看法,是梁漱溟对泰戈尔访华没有表示出极大热情的根本原因所在。

泰戈尔生长在印度这样一个宗教传统浓郁的国度里,宗教在他心中具有至高无上的地位。他认为,宗教是直达人类生命最深处神圣而高洁的东西,而儒家关注的是现世的人生问题,没有达到宗教所要求的内在深度,因而不能算是宗教。泰戈尔强调:"宗教是在人类生命的深处有其根据,尽其人生信仰、寄托、归宿之所在……其根植于人类生命者愈深不可拔,其影响更大,其空间传播更广,其时间延续更为久远。"③泰戈尔在《社会差别》一文中指出,中国与印度同样是依靠宗教来统治的,但他又认为

① 汪东林:《梁漱溟问答录》,湖北人民出版社2004年版,第68页。
② 杨丙辰,当时任北京大学德文系主任,清华大学兼职教授,曾勘校《葛德论自著之浮士德》,是季羡林先生读书期间最喜欢的老师之一。
③ 汪东林:《梁漱溟问答录》,湖北人民出版社2004年版,第66页。

东方的宗教不同于西方,它更强调社会责任,因此,他把父亲和儿子、兄弟和姐妹、丈夫和妻子、邻居和村民、国王和臣民等等都看成是宗教的信徒,认为协调这些关系就是宗教的责任。据此,泰戈尔把协调中国社会的各种人际关系的文化思想称为宗教,这是东方社会的宗教不同于西方的特殊性。但是,他不认为,儒家思想在其中起着核心作用。他指出,儒家思想具有宗教的某些特点,在中国能够发挥宗教般的效力,但它不是宗教,其原因在于,儒家思想像一部法典一样,在人伦关系和人生的各项事情上讲究得很妥当周到,"因为这些规定,要照顾各方,要得乎其中,顾外则遗内,救中则离根",①距离人类生命的深处和人类精神寄托的真谛较远。

梁漱溟赞同泰戈尔主张的儒家思想不是宗教的看法,但梁漱溟所阐释的理由则不同于泰戈尔。梁漱溟认为,儒家思想不仅重视现世生活,更重视人的内心修养,其道德的教化功能不仅具有宗教的特点,其关注现世的路向也更为人类当前发展所必需。他指出,所谓宗教都具有超绝和神秘的特质以及使"生活得以维持而不致溃裂横决"的共通点,并非人类情感所必需,而儒家思想关注现实世界,不需要人信仰他,他只要人能相信自己的理性,理性是通过修身养性而形成的。梁漱溟进一步指出,孔子以自己的亲身经历讲解了儒家修炼人生的几个阶段:"吾十有五而志于学,三十而立,四十而不惑,五十而知天命,六十耳顺,七十而从心所欲,不逾矩"(《论语·为政》)。他认为,"修身"不仅仅是人生的目的,从道德楷模所产生的巨大社会影响来看,它更是达成"齐家、治国、平天下"的手段,因而儒家追求的是发自生命真力量的"中庸",并非如乡愿一样无原则地讲求四平八稳。

与对儒家思想关注现世的赞颂相比,梁漱溟继承了孔子"未能事人焉能事鬼"的思维理路,面对人民生活在饥饿和战乱频仍的危急形势下,摒弃了具有出世色彩和神秘特点的佛家所主张的不必争权夺利就可以平息祸乱、天下太平的消极态度,将注意力放在"随世间义",把代表第三文化路向的印度文化看成是人类的最终归宿。这说明梁漱溟并没有放弃成

---

① 汪东林:《梁漱溟问答录》,湖北人民出版社 2004 年版,第 66 页。

佛大愿。晚年梁漱溟在接受著名作家汪东林的采访时说,他从佛家转向儒家,是因为佛家是出世的宗教,与人世间的需要不相吻合,但他内心仍持佛家思想没有改变过,几十年如一日的素食习惯就是一个明证。五四时期,梁漱溟对儒与佛的认识还停留在对立的层面,他在《东西文化及其哲学》中讲:"孔与佛恰好相反:一个是专谈现世生活,不谈现世生活以外的事;一个是专谈现世生活以外的事,不谈现世生活。这样,就致佛教在现代很没有多大活动的可能。"到了晚年,梁漱溟撰写的《儒佛异同论》,通过阐述儒与佛的同中之异和异中之同,说明了宗教具有超绝的也具有安慰人的情感和劝勉人的意志的作用。至此,他对"儒家是不是宗教"的看法也更加成熟了,指出儒家"亦近宗教而非宗教","既不其极远于宗教之一面,更有其极近于宗教之一面"。总之梁漱溟既承继了儒家思想,又遵循儒佛合璧的修炼路径,这是他成为现代新儒家思想的代表人物后仍持佛家生活习惯的原因。

泰戈尔看到儒家思想具有宗教的某些特点,并把握了儒家调和持中的思想精髓,但他对儒家思想的理解还不够深入到位,对道家思想却比较熟稔。泰戈尔在听完梁漱溟对儒家思想的解释后说,他对儒家所知粗浅,聆听梁先生这样当面解说儒家的道理,是第一次,使他心里明白了许多。泰戈尔的这一番话应当是比较中肯的,而不仅仅是出于礼貌上的谦逊。相较而言,泰戈尔对中国道家哲学的理解和运用却熟悉得多。他在中国的演讲中曾多次引用老子的原话,"泰戈尔已把老子思想理念有机地化为己用,这是另一种倾向鲜明的品评或曰赞赏"。① 这不仅是因为道家思想与印度的宗教文化具有相似性,"如老子的清静无为与佛教的摆脱轮回,老子的'少私寡欲'同佛教的断欲离欲,老子的福祸相倚与佛教的因果报应,老子的无身无患与佛教的法身应身,老子的'报怨以德'与佛教的忍让宽恕",道家的"道"与印度教的"梵",②等等,更主要的是泰戈尔与老子思想的一致性致使泰戈尔格外偏爱道家思想。二人都强调相反相成的和谐之美,追求顺应自然、减损欲望的理

---

① 尹锡南:《世界文明视野中的泰戈尔》,巴蜀书社 2003 年版,第 31 页。
② 薛克翘:《老子与印度》,《南亚研究》1990 年第 2 期。

想境界,遵循万事万物发展变化的基本规律,等等。因而,梁漱溟与泰戈尔对道德和宗教的不同倚重,也体现了中国与印度文化传统的根本差别。

　　梁漱溟与泰戈尔的思想虽然都是传统文化、西方哲学与佛教思想的杂糅,但二人所倚重的取向却不同。他们对儒家文化和道家文化的不同理解和推崇,映照出二人对儒家与道家哪个更能代表中国未来文化发展道路的分歧,以及中国与印度哪个更能代表东方文化走向的争论。他们都提倡复活东方文化。梁漱溟在《中国民族自救运动之最后觉悟》一文中曾指出,中国文化和印度文化都是超脱唯物史观之外的,人的智慧不仅向外用力,更重要的是回返到自身生命体上。梁漱溟指出,中国数千年以儒家思想治国,而人生态度却偏向道家,道家与儒家本来自同一源头,其差异仅在于一个以阴柔为坤静之道,一个以阳刚为乾动之道,中国人总是偏重前者;通常情况下,人们偏重于儒家的“外王”倾向,于“内圣”方面则是疏忽的,其实,儒家刚性的人生态度是一种奋发向前的风气,同时排斥向外逐物的颓废,可以避免西方文明的弊害,因而提倡以儒家“刚”的态度与道家“柔”的态度相生相克。泰戈尔曾经用男人和女人来比喻西方文化与东方文化“刚”与“柔”的不同特点。他一再强调,西方文化崇尚武力强权已经使东西文化的发展失去了平衡,需要以东方文化特别是印度文化的柔美(类似于道家的阴柔)来补充,这也是东方文化的特质。梁漱溟则认为,印度文化的“异采”是“宗教的畸形发达”,物质文明发展和社会生活进化的程度不但不及西方,连中国也不如,没有什么值得发扬的优点。世人大多与梁漱溟一样,认为印度文化尤其是佛教尽是消极因素,1921年冯友兰在美国与泰戈尔交谈时也曾向他指出了这个问题。泰戈尔解释说,这是对印度文化的误读,并进一步指出印度文化也有积极的一面,如佛教分为小乘和大乘两派,前者侧重于“人欲净尽”的消极方面,后者侧重于“实施爱与真”的积极方面。先净尽人欲,然后再实施爱与真,是佛教徒的修炼途径。泰戈尔强调尊重内心的真实体验、强调发扬平等友善的人类之爱,这在梁漱溟看来与儒家文化同属一路。综上所述,梁漱溟与泰戈尔虽同站在复兴东方文化的战线上,但对东方文化内涵的理解皆以本民族的文化为基准,试图从其他民族中寻找共同点。梁漱溟将泰戈尔划归到孔家门下和泰戈尔推崇中国的老子皆是如此。

三、形异质同的文化观

梁漱溟与泰戈尔都以复兴各自的民族文化为依托,构筑起独具特色的文化理念和文化理路,二人对文化的理解、东西文化的评判、世界文化的走向及文化观的践行,皆具有形异质同和相反相成的特点。

（一）对"文化"一词的释义

梁漱溟与泰戈尔眼中的"文化"都是出于主观,不受时空和地域限制。

梁漱溟的文化观受柏格森的生命哲学、印度佛教的唯识学,以及中国的陆王心学的三重影响而形成。梁漱溟认为,文化是一个民族生活的样法,生活则是没尽的意欲（will）的不断满足与不满足,不同的民族之所以呈现不同的文化"异采"是因为"生活样法最初本因的意欲分出两异的方向"。[①] 在梁漱溟的观念中,意欲是一种精神意志,但不同于唯物史观所讲的受物质支配的意识,它是比意识更具有动力趋向的意志力量。意欲能否满足取决于"为碍"的是什么。阻碍人们前进的不仅包括物质世界,还有"他心"和宇宙间的因果法则,进而产生意欲向前、意欲持中、意欲向后三种生活路向,由此演化出西方、中国和印度三种文化类型。梁漱溟所说的生活不是人类的具体实践活动,而是抽象的精神意志的实现过程。可见,梁漱溟对文化的理解带有浓厚的唯心色彩,这也是他构建整个文化体系的哲学基础。

泰戈尔受英美文化传统影响,惯于使用"文明"一词,他用"文明"来指代人类追求完美的理想,它不仅包括物质财富的占有,更重要的是对至善至美的精神追求。他认为,印度语言中的梵语词"dharma"（汉语音译为"达摩"）与"civilization（文明）"一词的含义最为接近,"dharma"的具体

---

① 梁漱溟:《东西文化及其哲学》,《梁漱溟全集》第 1 卷,山东人民出版社 1989 年版,第 352 页。

意思是：" 一种把我们凝聚在一起的争取我们最大幸福的原则"①，"文明就是要表现人的' 达摩'，而不单纯是他的聪慧、能力和对财富的占有"。② 他强调，不同的民族对"完美"的理解不同，因而产生不同的文明，衡量文明进步的尺度就是"爱和正义"③这个富有人性带有主观色彩的标准。

（二）对东西文化的评判

梁漱溟与泰戈尔都对东西文化作了辩证的分析。他们不仅批评西方文明的缺陷、褒扬东方文明的优点，而且还赞扬了西方的科学、民主、物质文明的价值，深刻地批判了本民族文化。在后一点上，二人都因为同时代人的误解而受到不公正的待遇。

在梁漱溟的文化理论中，西方、中国和印度代表了三种不同文化路向，它们对世界文明作出了各自的贡献。他不仅赞扬中国讲求人与自然和社会融洽和乐、淳厚礼让的人生态度，并且还称赞西方改造环境征服自然、怀疑和打破习惯性观念和信仰的科学方法、反抗权威势力的德谟克拉西等三大"异采"，并且断言："假使西方化不同我们接触，中国是完全闭关与外间不通风的，就是再走三百年、五百年、一千年也断不会有这些轮船、火车、飞行艇、科学方法和' 德谟克拉西' 精神产生出来。"④梁漱溟还批评当时流行的"西方文明是物质文明，东方文明是精神文明"的说法。他认为："西洋人在精神生活及社会生活方面所成就的很大，绝不止是物质文明而已，而东方人的精神生活也不见得就都好，抑实有不及西洋人之点。"⑤梁漱溟进一步批评了中国古代礼法呆板教条、偏欹一方、黑暗冤抑等缺点，进而提出对西方文化全盘接受而根本改过，批评地把中国传统的

---

① ［印］泰戈尔：《在中国的谈话》，沈益洪编《泰戈尔谈中国》，浙江文艺出版社 2001 年版，第 65 页。

② ［印］泰戈尔：《人的宗教》，《泰戈尔全集》第 20 卷，河北教育出版社 2000 年版，第 335 页。

③ ［印］泰戈尔：《在爱中亲证》，倪培耕编《泰戈尔集》，上海远东出版社 1997 年版，第 89 页。

④ 梁漱溟：《东西文化及其哲学》，《梁漱溟全集》第 1 卷，山东人民出版社 1989 年版，第 391～394 页。

⑤ 同上书，第 395 页。

态度拿过来。他得出结论：中国文化发展的思路是儒家的人生态度＋西方的科学与民主。这也是现代新儒家对待西方文化的基本态度，也是他们与复古派观点的根本区别所在。泰戈尔对印度民族文化的反思与批判，以及对西方文明的赞美在前文（第三章第一节）已经阐释，在此不再赘述。同时代人大多没有看到或不予理会梁漱溟和泰戈尔二人在这方面的主张。梁漱溟因主张儒家文化的复兴，被认为是"东方文化派"，遭到新文化运动左派的批判；泰戈尔因提倡复活东方文化，被五四思想界普遍认为是"东方文化派"和玄学派的"一丘之貉"，也因此遭到许多人的非议。他们二人理应站在同一立场申明自己的观点，遗憾的是二人却没有这样做。

（三）对世界文化走向的预测

梁漱溟与泰戈尔分别主张以中国和印度文化代表东方文化复兴的不同路向，但他们并非主张用哪一民族的具体文化形态统摄全世界。他们强调未来文化的方向并不是指某一民族文化的世界化，而是指该文化所代表的文化发展趋势。

梁漱溟认为，生活的本来路向就是应付困难，解决问题。他将人生所面临的问题分为"已成的我"、"他心"和"宇宙间的因果法则"。其中，第一个问题即人与物质世界的关系，本是可以解决的，只有知识力量达不到的时候暂不能满足；第二个问题即人与他人的关系，全在"我"的能力之外，不能确定是否可以满足；第三个问题即灵与肉、生与死等与人自身关系，无论如何也不能满足，只能禁欲修炼，超脱现世。据此，梁漱溟认为，人的意欲能否满足取决于"为碍"的是什么问题。他以遇到障碍如何解决问题为生活的出发点，将人类生活分为三种路向：改造局面，满足我们的要求；随遇而安，变换、调和自己的意思；取消问题和要求，禁欲转身向后。从此，推导出以西方、中国、印度为代表的三种文化路向和类型，西方文化已经成为过去，印度文化在遥远的将来，中国文化正合时，并代表了世界未来文化的发展方向。梁漱溟在讲未来文化时，首先声明一个前提：他所主张的未来文化，并不是说世界未来应当采用具体某种文化，而是指示现在的情形正朝着哪种文化的方向发展。他认为，世界未来文化就是中国文化的复兴。在这里，他所讲的中国文化并不带有中国特性，"而是代表一种注重协调、平等、人性的文化路向与文化精神,是具有普遍化的"。① 与梁漱溟类似,泰戈尔认为"一战"后的欧洲一定要采取东方的理想,就是爱、美和自由。而这理想的代表者就是印度。他还断言东西文明沟通后的世界是统一但不是一致的世界,提醒人们要切记只有经过种族的个性发展,才能达到世界的普遍性;并且只有在普遍性的精神光明里才能完成种族的个性发展。可见,泰戈尔所主张的东西文化融合,不是用一种文化代替另一种文化,而是在各自的轨道上吸收其他文化的优点。梁漱溟与泰戈尔都对中国和印度文化的价值有所肯定,而不像西化派那样把中国文化和印度文化在西化的潮流中永远送入历史的博物馆。梁漱溟与泰戈尔同样将东方文化置于与西方文化平等的地位上进行考察,在当时东方文化落后于西方文化与西方文化居于世界文化中心地位的情况下,二人能够看到东方文化的民族特色和可济于西方文化的长处,在世界文化发展史特别是在东方文化演进史上具有特别重要的意义。

此外,梁漱溟与泰戈尔在践行他们的文化观时都十分看重教育的作用,而且他们都把注意力放在乡村。梁漱溟一生致力于以复兴儒学为目的的乡村建设运动,号召知识分子到乡村去从事教育工作。梁漱溟与泰戈尔谈话后,暑假即辞去北京大学的职务,赴山东主持曹州中心及重华书院,并筹办曲阜大学。他在6月写成的《办学意见述略》中,说明"办曲阜大学的旨趣是想取东方的——尤其是中国的学术暨文化之各方面作一番研讨昭宣的工夫,使他与现代的学术思想能接头,发生一些应有的影响和关系",办学的"真动机是在自己求友,又与青年为友"。泰戈尔投入毕生精力,倾注全部心血创立的国际大学也是建立在农村,并且以大自然为课堂的。

梁漱溟与泰戈尔作为东方文化主张者,对本国乃至世界文化的发展提出了许多富有独见性的建议,但由于当时他们对对方文化的认识不够全面和深刻,且在文化理路上存在根本分歧,二人并没有实质性的交流。梁漱溟在《朝话》中讲到对异己者应持的态度:"对方即与我方向不同的人,与我主张不同的人,我们都要原谅他。并要承认对方之心理也是好

---

① 陈来:《传统与现代——人文主义的视界》,北京大学出版社 2006 年版,第 114 页。

的,不应作刻薄的推测。同时,在自己的知识见解上要存疑。"他做到了这个最低限度,但未能与泰戈尔这位有着共同使命感的文化大师携手共进,实为一件憾事。

第四节　梁启超与泰戈尔

梁启超(1873—1929),广东新会人,中国近现代史上"百科全书式的巨人",近代以来学习西方的思想前锋和行动先驱。五四时期的许多进步分子都在不同程度上受惠于他。泰戈尔访华时,梁启超已是中国学界赫赫有名的人物,他在中国的影响不亚于泰戈尔在印度的影响。梁启超是泰戈尔中国之行的重要促成者之一。他不仅为泰戈尔访华期间的饮食起居作了精心准备与安排,而且为迎接泰戈尔访华及推动泰戈尔演讲的顺利进行作了几次公开演讲,参加了泰戈尔在北京的一系列重要活动,此外,还为泰戈尔取了象征中印友谊的中国名字"竺震旦"。梁启超尊称泰戈尔为"哥哥",除了遵循中国传统辈分上的长幼有序外,更重要的是与泰戈尔对"一战"后东西文化体认上的情意相通,但梁启超对泰戈尔的赞扬存在感性认识大过理性分析的缺陷。

一、不遗余力的欢迎

梁启超是促成泰戈尔访华得以顺利进行的重要人物,他为泰戈尔访华做了许多台前幕后的准备和欢迎工作。

梁启超是泰戈尔访华的重要促成者之一,为泰戈尔的饮食起居作了精心准备与安排,为了在其访华期间能够专程陪同做了充足的时间准备。当梁启超得知泰戈尔意欲访华却因旅费无法解决而未能成行时,他马上以讲学社的名义向泰戈尔发出访华的邀请,并给泰戈尔寄去旅费,使推迟近一年之久的泰戈尔中国之旅得以成行。讲学社的"喉舌"《晨报》,为泰戈尔访华大造声势,跟踪报道了泰戈尔在中国的全部行程。梁启超因夫人患病暂住天津,不能亲自安排泰戈尔在北京的住处,为此特意写信给蹇季常,商讨泰戈尔访华住所的问题。他在信中说,"独太戈尔房须别觅,真是一问题,渠不过一个月后便来,非赶紧设法不可。我想城里找适当的很难,最好是海淀,其次则香山"①,并邀请时任清华大学教务长的张彭春帮忙料理。后来泰戈尔来华时住在位于海淀区的清华园,与清华大学学生也交谈得十分愉快。为防止耽搁去北京迎接泰戈尔的行程,梁启超还曾在天津赶制书稿。这与同被讲学社邀请的罗素访华时的情形大为不同,那时梁启超因手中的文章未完成而请蒋百里代行迎接。从邀请泰戈尔访华到安排泰戈尔访华期间的饮食起居,可以看出梁启超对泰戈尔的格外偏爱。

梁启超曾几次作公开演讲,表达对泰戈尔这位来自素与中国结交甚好的印度友人的热烈欢迎。1924 年 4 月 25 日,他在欢迎泰戈尔的茶话会上表达了将在 26 日和 27 日演讲以表示欢迎的想法。依照计划,梁启超于 4 月 26 日在北京师范大学作了两场题为《中国与印度文化之亲属的关系》的演讲,该校曾多次邀请梁启超演讲,他都以事务繁忙为由拒绝了。他在演讲中说,这两次演讲都是专为欢迎泰戈尔而作。可见泰戈尔在梁启超心中的地位非同一般,以及梁启超对泰戈尔访华的重视程度。4 月 27 日,梁启超在北京大学作了《绝对自由与绝对的爱》的演讲,5 月 1 日下午在清华大学作了同一题目的演讲,为晚上泰戈尔在该校的演讲作了印度文化方面知识的普及,拉近了中国听众与泰戈尔之间的距离。梁启超在其演讲中回顾了中印两国人民几千年友好交往的历史,详细地阐述了伴随着印度佛教传入中国,中国的音乐、建筑、绘画、雕刻、戏曲、诗歌和小说、天文历法、医学、字母、著述体裁、教育方法、团体组织等 12 个方面受印度影响的表现。同时,他还指出,自唐末起近千年来,"两家里都碰着千灾百难",致使两国的文化交流中断了。他不仅把泰戈尔的思想看成是印度文化的代表,而且把泰戈尔看成沟通中印文化交流的友好使者,表达了对泰戈尔访华的欢迎与激动的心情,并希望中印两国再谱友好的新篇章。他兴奋地说:"哈哈,一千多年'爱而不见'的老哥哥又来访问小弟弟了。咱们哥儿俩都是饱经忧患、鬓发苍然,揩眼相看,如梦如寐。我们看见老哥哥,蓦地把多少年前联床夜雨的苦辛兜上心来。啊,啊! 我们想紧紧握着他的手不肯放,我们要搂着他亲了又亲,亲了又亲……我们要把从娘胎里带来的一副热泪浸透

---

① 梁启超:《1924 年 3 月 7 日致塞季常》,张岱年主编《梁启超全集》,北京出版社 1999 年版,第 6048 页。

了他腮上那可爱的大白胡子。""泰戈尔说,他这回不能有什么礼物送给我们,只是代表印度人民向我们中国致十二分的亲爱。我说就只这一点,已经比什么礼物都隆重了。我们打开胸臆欢喜承受老哥哥的亲爱,我们还有加倍的亲爱奉献给老哥哥,请他带回家去。""我们用一千多年前洛阳人士欢迎摄摩腾①的情绪来欢迎泰戈尔哥哥,用长安人士欢迎鸠摩罗什②的情绪来欢迎泰戈尔哥哥,用庐山人士欢迎真谛③的情绪来欢迎泰戈尔哥哥",盼望"他这回访问中国,所发生的好影响,不在鸠摩罗什和真谛之下"。④ 梁启超遵照中国辈分的排序,从中国的身份,尊称印度是"老哥哥",从个人角度,亲切地称泰戈尔为"哥哥"。可见他对印度和泰戈尔的崇敬之情,对泰戈尔访华即将起到的作用寄予的殷切期盼。

　　北京是新文化运动的中心,也是泰戈尔中国之行中最重要的一站。梁启超几乎参加了泰戈尔在北京的一系列重要活动,详细行程见下表:

表 10　梁启超陪同泰戈尔系列活动

时间	活动内容
4 月 23 日	去北京火车站迎接泰戈尔
4 月 24 日	与泰戈尔、林长民等叙谈
4 月 25 日	陪同泰戈尔游北海⑤
	参加欢迎泰戈尔的茶话会并致欢迎词
4 月 27 日	参加北京学界欢迎泰戈尔的晚宴
5 月 1 日	在清华师生欢迎泰戈尔的会上发表演讲
5 月 8 日	参加泰戈尔 64 岁庆生会并赠送中文名字
5 月 9 日	在泰戈尔真光戏院演讲会上致辞

资料来源:《泰戈尔与中国》(孙宜学著,广西师范大学出版社 2005 年版)

---

　　① 摄摩腾,相传为天竺(印度)僧人,东汉明帝派遣使节邀请摄摩腾来洛阳传经和译经。

　　② 鸠摩罗什,原籍天竺,被后秦国姚兴迎至长安译经。

　　③ 真谛,古印度西部优禅尼国人,应梁武帝(南北朝)聘请来华译经。

　　④ 梁启超:《印度与中国文化之亲属的关系》,《晨报副镌》1924 年 5 月 3 日。

　　⑤ 详见《碧水绿茵之北海与须发皓白之印度诗哲》,《晨报》1924 年 4 月 26 日。泰戈尔访问北京时,北海已经禁止市民参观。讲学社为了让泰戈尔领略皇家园林的独特景致,经过多方努力,才使北海的主管部门决定为泰戈尔这位远道而来的诗哲破例开放三个小时。

当时,梁启超申辩泰戈尔并非时代的落伍者。泰戈尔生日的第二天,他在真光影戏院第一次演讲时,就有人散发"我们为什么反对泰戈尔"的传单,其内容是反对泰戈尔宣传的东方精神文明高于西方物质文明,认为泰戈尔宣传的博爱与和平是投降主义的表现。在泰戈尔正式演讲前,梁启超上台表示泰戈尔虽年事已高,但他的思想批判性地汲取了印度传统文化的精髓,因而泰戈尔是时代的先驱,并非落伍者。梁启超指出:"新与旧非年岁问题,乃精神问题,亦非皮相问题,乃骨髓问题,今泰戈尔年岁虽老,而精神则犹是活泼之幼儿。其衣冠虽古,而其思想则足为时代之先驱。彼之取得世界上之地位,乃抉印度千年前之文化而复得之,乃以革命及反抗之精神取得。"[1]梁启超凭借雄厚的印度文化功底,深刻地解析了泰戈尔的主张,有力地批评了那些对泰戈尔不恭敬的人。

梁启超还应泰戈尔之邀为其取了中国名字"竺震旦"。这个名字既与泰戈尔的原名相符,又包含了中印合璧的意蕴。梁启超在 1924 年 5 月8 日北京学界为泰戈尔 64 岁生日举办的庆生会上,将这个中国名字赠送给泰戈尔并作一讲解。他解释说,泰戈尔的原名(Rabindra),"Rab"是太阳的意思,"Indra"是雷雨的意思,合在一起的意思是"从阴晦雾雾的状态中蓦然一震,万象昭苏,刚在扶桑浴过的丽日从地平线上涌现出来(旦字末笔表地平)"。据此,他把泰戈尔的原名译为中文"震旦"两个字,这也是印度人从前对中国的称呼。又因自古以来中国人都有姓氏,来中国的访者大多以"所来之国为姓",从天竺——印度来的姓"竺"。"竺震旦"的中文名字由此得来。梁启超表示:"希望我们对于他的热爱跟着这名儿永远嵌在他心灵上,我希望印度人和中国的旧爱,借竺震旦这个人复活转来。"[2]由此可见,梁启超给泰戈尔起的这个中文名字的意味深长,寄托了梁启超对中印友谊寄以的美好期望。

二、对东西文化体认的情意相通

梁启超对泰戈尔不遗余力的欢迎不仅出于沟通和加强中外文化交流

---

[1]　转引自孙宜学:《泰戈尔与中国》,广西师范大学出版社 2005 年版,第 74～75 页。

[2]　梁启超:《泰谷尔的中国名——竺震旦》,《饮冰室合集·文集之四十一》,中华书局 1988 年版,第 48 页。

的需要,更主要的是由于梁启超与泰戈尔于"一战"后对东西文化体认的情意相通。

其一,梁启超把泰戈尔看成沟通中印友谊与文化的使者,因而对泰戈尔来华显得格外热情。

梁启超是中国近代史上印度研究的先驱者之一。在他著述中,印度研究的主要内容包括两部分:一是英国殖民统治下印度社会的情况,二是印度佛教在中国的传播状况及其与中国文化的关系。中印两国于近代以后都遭遇西方列强的侵略,梁启超关注印度社会是希望中国能以印度亡国的事实为鉴,避免重蹈覆辙。另外,印度与中国往来的历史悠久,印度却没有像西方国家那样,有侵占中国的"非分之想",由此也增加了梁启超对印度的好感。西方文化入侵中国以后,以儒家为主流的中国传统文化无力抵抗西方文化的猛烈攻势。印度佛教传入中国后带动了两国文化的广泛传播与交流,使中国的哲学、文学、音乐、医学、雕刻、数学、天文等方面皆受印度的影响。同时,印度佛教思想与主张"道法自然"的老子、"泛爱众"的孔子以及"兼相爱"的墨子思想都存在相通之处。因此,梁启超尊崇印度文化是希望通过儒佛融合的方式实现中国传统文化的现代转化。带着对印度的种种期望,梁启超对泰戈尔这位印度文化的代表者和印度近代革命的先驱,自然格外关注。梁启超认为,泰戈尔访华"使数百年来已经中断了的中印文化交流重新薪火相传",他带来了印度文化的福音,即"绝对的爱"与"绝对的自由"。梁启超是这样理解这两样礼物的含义的,"绝对的自由"是"脱离一切遗传习惯及时代思潮所束缚的根本心灵自由,不为物质生活奴隶的精神自由";"绝对的爱"是"对于一切众生不妒不恚不厌不憎不诤的纯爱,对于愚人或恶人悲悯同情的挚爱,体认出众生和我不可分离"。[1] 梁启超指出,泰戈尔和他的诗都是"绝对自由"与"绝对的爱"的"权化"。梁启超从对印度社会和印度文化的研究中审视泰戈尔访华的积极意义,这比当时许多人,尤其是泰戈尔的反对者,从中国文化的境遇中理解一个来自"已亡国家"诗人的视角要理性得多。梁启超的这种认知泰戈尔的视角在当时是甚为罕见的,也因此梁启超能

---

[1]　梁启超:《印度与中国文化之亲属的关系》,《晨报副镌》1924 年 5 月 3 日。

够看到如果仅立足于中国文化,则会感知不到泰戈尔的独特之处并与其产生共鸣。

其二,梁启超与泰戈尔都是在看到"一战"后西方衰败的情形后,萌发以东方文化挽救西方精神危机的强烈想法。

梁启超的文化观历经几次转变。民初开始,梁启超的思想由激进日益转向保守,到了五四时期(其生命中的最后 10 年,也称为梁启超的思想晚期),其文化观日趋成熟和稳定。五四运动以前所从事的政治活动和思想探索使梁启超认识到,欲挽救中国的政治危机和经济危机,首先得从挽救文化危机开始。1918 年,梁启超以段祺瑞内阁财政总长的身份,进行了历时一年多的欧洲考察,看到西欧国家战后惨败的景象。他根据在欧洲的所见所闻所感写成《欧游心影录》一书,映射出其对东西文化的认知所发生的巨大变化,回国后毅然辞去财政总长的职务回归到思想文化领域,将主要精力放在从中国传统文化资源中挖掘现代因素。泰戈尔获得诺贝尔文学奖后,频繁出访欧美国家,对战后西方满目疮痍的情景比梁启超体悟得更深切。他希望以出访为契机,在东方国家面临西方列强压迫的情况下,通过演讲给予东方国家民族自信心和自豪感,以实现东方文化的复兴。泰戈尔在其名著《文明的汇合》中也作过类似的表述。沟通中印文化谋求东方文化的复兴是泰戈尔访华的主要目的,泰戈尔一到中国就表明:"予此次来华,本有斯意,希望中印两国人民为精神之结合,共谋发扬东方文化,实最欣祷。"[1]泰戈尔在中国的演讲中指责部分青年否定亚洲古有的优秀文明,批评科学和物质文明的价值,大力宣传以东方的精神文明成果拯救西方物质文明的片面发达造成的危机。梁启超在《欧游心影录》中也表明,希望东方国家将自己的精神财富发扬光大,担负起拯救西方精神危机的责任。梁启超指出,"泰西思想界,现在依然是浑沌过渡时代,他们正在那里横冲直撞寻觅曙光。许多先觉之士正想把中国印度文明输入,图个东西调和。这种大业只怕要靠我们才得以完成哩",并鼓励中国青年承担起对全人类幸福的责任。梁启超把中国和印度看成复兴东方文化大业的两大支柱,泰戈尔来华恰好可以助梁启超实

---

[1]　《关于佛教的谈话》,《申报》1924 年 5 月 20 日。

现复兴东方文化大业一臂之力。

其三,泰戈尔的文明观与梁启超对战后新文明的建构如出一辙。

梁启超和泰戈尔都认为,东方文明和西方文明是两种不同的类型,这两种文明是可以调和与互补的。梁启超于战后萌发了对东西方文明的重新思考,改变了过去全面学习西方社会和引进西方思想的文化诉求,试图从中西文化融合的视角,在中西文明的互动中"返本开新",以创新中国的新文明,在东西文明互补中创造第三种文明。梁启超曾将东方文明比喻成"男子",将西方文明比喻成"女子",以男子迎娶女子的方式表明东方文明接受西方文明后必能使东方文明发扬光大,并声称 20 世纪是"两文明结婚之时代也"。① 泰戈尔在与冯友兰的谈话中也指出,东方文明与西方文明是一个真理的两个方面,缺一不可。众所周知,东西文化调和的前提是辨析东西文化的精华与糟粕。梁启超在《论中国学术变迁之大势》中指出,"不知己之所长,则无增长光大之;不知己之所短,则无以采补正之。语其长,则爱国之言也;语其短,则救时之言也。"意思是说,理性认知中国文明的优劣短长是东西文化调和前提。泰戈尔也是按照这个思路比较和分析东西文明。他不仅赞美东方精神文明的价值,还批判东方文明落后和愚昧的一面;不仅批评西方物质至上的理念和科学的肆意发展,还对西方科学和民主精神的价值献上赞美之词。就东西文化调和的理路而言,梁启超主张"心物调和",即"拿西洋的文明来扩充我的文明,又拿我的文明去补助西洋的文明"。② 意思是说,把西方文明当成一个催化剂来促成中国文化传统与现代的化合,以西方的科学方法和辩证的思维方式重新认知中国的传统文化,使中国的传统文化在创新中走向现代,让全人类都享受到东方文化的好处。

除了在东西文化观上,泰戈尔还与梁启超对科学的价值、社会主义与暴力革命的关系,以及德性修养的途径等方面的思想具有许多暗合之处。梁启超与泰戈尔都强调他们并不反对科学,所反对的是科学万能的观点。

① 梁启超:《论中国学术思想变迁之大势》,《梁启超全集》第 3 卷,北京出版社 1999 年版,第 563 页。

② 梁启超:《欧游心影录》,《饮冰室合集·专集之二十三》,中华书局 1988 年版,第 35 页。

梁启超在《欧游心影录》的结尾处向读者申明:"读者切勿误会,因此菲薄科学,我绝不承认科学破产,不过也不承认科学万能罢了。"如前文所述,泰戈尔在中国的演讲中也多次强调自己并非反对科学。此外,梁启超与泰戈尔都对社会主义存有好感,都反对暴力革命的形式。梁启超主张温和渐进的改良,对中国共产党的暴力革命主张十分反感。泰戈尔在中国的演讲中也格外强调以反对暴力形式变革的主张,他甚至连甘地的非暴力不合作运动都反对。泰戈尔主张修行个人的品德与梁启超的主张的人人"独善其身""相善其群"的"新民德"①思想不谋而合。

泰戈尔与梁启超的思想存在诸多方面的契合,使梁启超对泰戈尔访华的宣传更加卖力了。在围绕泰戈尔访华的思想文化论争中,梁启超义无反顾地站在欢迎泰戈尔一边。同时也因此,泰戈尔部分地沾染梁启超的"晦气",进而受到其反对者陈独秀等人的激烈批判。

三、梁启超对泰戈尔认知的缺陷

梁启超因泰戈尔与他对"一战"后东西文化体认上的情意相通,而表现出对泰戈尔不遗余力的欢迎态度。这既反映了梁启超对泰戈尔和印度文化的深入了解,又透视出梁启超对泰戈尔的认知存在一定的缺陷。其中,最主要的问题是梁启超把佛教的"绝对自由"与"绝对的爱"的教义误以为是印度文化的主要特征,将泰戈尔误认为是佛教徒,增加了泰戈尔思想的神秘感,同时也加大了中国人对泰戈尔的隔阂。

梁启超认为,中印两国的文化交流是通过印度佛教带动的,这一看法基本符合中印文化交流的事实。但梁启超把佛教"绝对自由"和"绝对的爱"的特点当成印度文化的精髓是不准确的。梁启超指出:"这份大礼的结晶,就是一部大藏经典。大藏经七千卷,一言以蔽之曰:'悲智双修'。教我们从智慧上求得绝对的自由,教我们从悲悯上求得绝对的爱。"②事实上,印度文化的核心是印度教,而不是佛教。在印度历史上,佛教和印度教是印度文化中两个具有巨大影响的宗教。印度教与佛教虽然具有强

---

① 梁启超:《新民说》,《梁启超全集》第 3 卷,北京出版社 1999 年版,第 660 页。
② 梁启超:《印度与中国文化之亲属的关系》,《晨报副镌》1924 年 5 月 3 日。

调灵魂不灭和轮回转世的信条、相信因果报应、慈悲和不杀生的教义等方面的相似性,但是更具有分别强调等级制度与众生平等、终极存在和万物虚无、入世与出世等方面的重大差异。印度教在印度生活占有极其重要的地位,它不仅体现在人们的宗教信仰之中,而且还体现在人们的风俗人情、生活习惯、祭祀礼仪和哲学理论等方面。与印度教和印度人的生活密切相关不同,佛教在印度文化中的作用更主要表现在向外传播本民族文化和加强与外国的联系方面。印度与亚洲诸国的文化联系正是通过印度佛教的传播建立起来的。佛教与印度教在印度所起作用的巨大区别,使佛教在印度文化中一直处于边缘的位置,大约在公元 10 世纪,佛教在印度已基本消亡,其部分教义也融入印度教中。但是,亚洲国家普遍对佛教的了解多于印度教,习惯于将佛教看成印度文化的核心。梁启超的观点只是当时人们对印度文化看法的反映。

梁启超把泰戈尔看成是印度文化的代表,把泰戈尔看成是佛教"绝对自由"和"绝对的爱"的化身。然而,事实上,泰戈尔原本是一个印度教徒,他之所以在演讲中多次提到印度佛教的原因正是由于印度文化在向外传播中佛教的影响最大。泰戈尔不仅吸收佛教中大乘教派的积极因素,赞同佛教强调众生平等,提倡"四民平等",破除"阶级"观念,解放"贱民",而且还吸收了印度教"梵我合一"肯定自我价值的精华部分,摒弃种姓制度这一印度教的核心。泰戈尔的宗教观是改革印度原有宗教的结果。梁启超在欢迎泰戈尔时,将他与历史上来自印度的访华高僧摄摩腾、鸠摩罗什、真谛等人相提并论,其中表达的欢迎之情由此可见非同一般,但不免为泰戈尔蒙上一层神秘和消极的面纱,致使务求实效的中国人与泰戈尔格格不入,也使泰戈尔思想中积极的一面难以展现出来。泰戈尔本人不仅不为自己申辩,而且在中国的演讲也多次提到印度佛教对中印文化交流的作用,其主要原因在于他把佛教看成连接亚洲国家的精神纽带。泰戈尔诗性的表达方式除了使读者产生情感上的共鸣,也使读者不知泰戈尔意欲如何。

此外,梁启超对泰戈尔的认知还存在感性颂扬多于理性分析的缺点。梁启超笼统地说泰戈尔是印度文化的代表,是"绝对自由"和"绝对的爱"的权化,却没有具体阐释泰戈尔的文明观究竟是怎样的。

　　梁启超与泰戈尔都以各自国家的文化作为东方文化的典型代表来反思战后东西文化问题,这也决定了他们意欲共同开创的复兴东方文化的大业存在许多难以预见的困难。泰戈尔所谈的东方文化多指印度文化,而梁启超的则多指中国文化。其实,以本民族的文化为基准,也是进行跨文化比较中常见的现象,"在反现代化理论中心必定出现的种种二分观念中,亚洲的评论者们无一例外将正面的一端归属自己的文化,而将西方理所当然的划归消极的一方。例如辨喜和泰戈尔所说的亚洲文化(和西方文化截然相对)是指印度教文化……对梁启超,是中国"。① 艾恺的看法道出了东方文化圈内不同国家在进行东西文化比较问题上存在的普遍现象。中国和印度这两个代表东方文化的国家,既存在一致之处,又拥有各自的独特之处。梁启超与泰戈尔都将西方的弊端和东方文明的优点夸大,带着乐观的浪漫主义情绪来践行着自己的文化观,忽视了对现实社会状况的深入思考,在现实中必然会遭受到挫折,受到人们的质疑和不解。

　　除陈独秀之外,胡适、梁漱溟和梁启超,普遍尽到中国这个礼仪之邦对待外国人应有的地主之谊。通过上述对五四诸贤与泰戈尔思想本意和文化观的分析,这些人理应与泰戈尔有更多的精神交集,理应对中国文化的发展和中印文化交流发挥更大的作用。但由于各种原因的综合作用,这样的美好愿望却没有达成,不能不说是中国近现代历史和中印文化交流史上的一件憾事。

---

　　① 〔美〕艾恺:《世界范围内的反现代化思潮——论文化保成主义》,贵州人民出版社1991年版,第91页。

第四章 历史反思与当代价值

抚今追昔，围绕泰戈尔访华的思想文化论争涉及诸多值得人们深思的问题。这些论争揭示了中国近现代文化的根本问题，即面对西方列强的军事侵略、政治控制、经济掠夺及文化渗透的情况下，如何实现东方文化由传统向现代的转化问题。同时，这些论争也反映了五四知识分子在中国社会转型过程中处理"古今中外"问题所面临的困惑与分歧，揭示了五四知识分子与泰戈尔的文化观的理路具有相似和相异之处，他们的文化理论与实践可以相互辉映，相得益彰。但是，在五四思想界的纷繁复杂、泰戈尔思想的矛盾性与复杂性，以及中印文化之间的巨大差异等多方面因素的综合作用下，五四知识分子误读了泰戈尔的本意，导致泰戈尔奉劝中国不要忽视传统文化、东西文化互补融合等忠告没能引起五四知识分子的足够重视。此后中国社会产生的许多问题印证了泰戈尔的"预言"，这再次激发了我们重新审视泰戈尔访华及其引发的思想文化论争的理论兴趣。实际上，泰戈尔与五四时期的思想文化论争所涉及的诸多问题，如：东西文化调和的路径、对待"传统"的态度以及跨文化交流的理路，等等，都值得我们深入反思，并对当代的文化建设具有重要参考价值。

第一节 东西文化的调和

明末清初西方近代文化传入中国以来，中国文化便开始了与西方文化的接触，如何对待东西文化成为中国近现代以来学界的重要议题之一。中国知识分子对待东西文化基本有三种态度：一是固守中国文化，反对西方文化;二是主张全盘西化,反对中国文化;三是主张东西文化的调和。随着东西文化的深入接触,人们对东西文化应该融合会通日益达成共识。但泰戈尔与五四知识分子东西文化调和的理路既具有相似之处,也有不同的见解。从他们的经验和教训中,我们总结出东西文化调和的路径是以自觉的意识对待本民族文化,以"迎受"(李大钊语)的态度对待异种文化,以实际的交流行动推动不同文化调和的实现。

一、主张的分歧

明朝中期以后,西方传教士开始在中国传播基督教,西方近代文化随之传入中国,中国便开始了与西方文化的接触。这时,中国还是一个主权独立的国家,"天朝上国"的自大心态根深蒂固地存在着,对西方文化采取居高临下的态度。直到鸦片战争以后,西方列强对中国的军事侵略、政治控制和经济掠夺的加深,使中华民族的危机日益深入到文化层面。如何处理东西文化的关系日益成为人们探讨的主要话题。"向西方学习"逐渐在人们之间达成共识,他们产生分歧的关键在于对学习西方的内容和路径认识不同。其中,赞成东西文化调和的人主张将中国文化与西方文化的优秀部分结合起来,这部分知识分子面临着来自固守中国原有一切不放的顽固派和坚决反对中国原有一切的激进派两股力量的批判和阻碍,其发展历程异常艰辛。随着中国知识分子对西方文化认识的深入,在不同历史时期产生了主张东西文化调和的不同流派。

(一)19世纪中后期:"中体西用"的形成与演变

"中体西用"是19世纪后半期的主要社会思潮,当时凡是赞西学、谈洋务的人,大都对之持肯定态度。魏源在《海国图志》中提出"师夷长技以制夷"的主张,在这里,"长技"指的西方的火炮、战舰、兵法等。他认为,这些只是"制夷"的"兵机","兵本"仍在于"人心",奠定了近代"中体西用"的基本思路。此后,随着西方列强对中国入侵的加深,以洋务派、维新派和国粹派为代表的主要流派,对西方文化的引入,经过了从物质层面到制度层面,再到精神层面逐层深入的过程。他们对"中体西用"的诠释也经历了一系列的嬗变,但对以"中学为主、西学为辅"的基本看法始终没有改变。

经历两次鸦片战争的失败,清政府中的开明官员领悟到闭关自守是无法挽救民族危亡的,开始从救国的角度思考如何学习西方的问题。1864 年,李鸿章在一篇奏折中指出:"中国文武制度,事事远出西人之上,独火器万不能及,中国欲自强,则莫如学习外国利器;欲学习外国利器,则莫如觅制器之器"①,因袭了魏源"师夷长技以制夷"的思想,以此作为指导思想的实践活动就是洋务运动。1896 年沈寿康在《万国公报》上发表《匡时策》一文,首次使用"中体西用"一词。他指出,"夫中西学问,本自互有得失,为华人计,宜以中学为体,西学为用。"洋务派的代表人物之一、"中体西用"说的集大成者张之洞,在《劝学篇·外篇·变法第七》中对"中体西用"作了详细解释。他指出:"中学为内学,西学为外学,中国学治身心,西学治世事","不可变者,伦纪也,非法制也;圣制也,非器械也;心术也,非工艺也……夫所谓'道'、'本'者也,三纲四维是也。"这段话的意思是说,吸纳西方帝国主义发达的科学技术来维护中国封建主义的伦理道德和原则。洋务派提出"中体西用"的主要用意在于以"西用"维护"中体",即以学习西方的军事、工艺、自然科学和教育来维护以三纲五常、四维八德为主要特征的中国伦理道德和君主专制的封建政治制度,其卫道之心昭然若揭。尽管此时的"中体西用"围绕自强而展开,西学也不过指的是西方具体的几样东西,但在当时我国对西方知识匮乏的情形下,洋务派及其倡导的洋务运动为引进和学习西学开辟了道路。同时,洋务派"师夷长技"的宗旨不断受到另外两种势力的批评:一是代表清王朝正统思想的卫道士们,如倭仁,他们认为洋务运动引入西学偏离了中国正统;二是从洋务派中分化出来的改革派,如郭嵩焘、郑观应、王韬等,他们虽也是中体西用论者,但他们将西方富强的原因推进到政治和经济制度层面,曾提出"君民共主"的政治设想。这一派虽然没有阻止洋务运动的开展,但也没有将洋务运动推向深入。

甲午战败后,中国人看到明治维新后的日本在军事、政治和经济实力上大为增强。以康有为、梁启超、谭嗣同为代表的维新派,承继从洋务派中分化出来的改革派的影响,将日本迅速腾飞的原因归于政治体制的变

---

① 《筹办夷务始末》(同治朝),卷 25,文海出版社有限公司 1988 年版,第 9—10 页。

革。与洋务派相比,维新派不仅提出了更深层次的政治制度变革要求,将学习西方的进程推进到制度层面。同时,他们还高度评价了西方平等、自由、民主等现代观念的价值,并以此作为变法的理论基础之一。"中体西用"为当时维新派的流行语,"举国以为至言"。[1] 维新派对"中体西用"的理解不同于洋务派,他们把中学与西学看成是两个相异的平行个体,认为中学与西学各有体用,中国的体是伦理道德,西学的体便是近代科学技术。严复曾指出,洋务派的"中体西用"论最大缺陷在于割裂了体与用的统一。他道出了洋务派企图将西方的体嫁接到中国的体上来的缺陷。维新派面临着已沦为顽固派的洋务派和封建势力的联合反对,也受到主张推翻封建帝制的革命派的批评。维新派因将变革的希望寄托于一个没有实权的皇帝身上,变法运动因受到封建顽固势力的联合镇压而告终。

《辛丑条约》签订以后,近代中国半殖民地半封建的社会最终形成,一些爱国人士受日本国粹派的影响,针对欧化而提出以保存国粹作为维护民族命脉的法宝,在资产阶级革命派内部,产生以章太炎、刘师培、邓实、黄节等为代表的,在政治上主张排满革命,在文化上主张保存国粹的派别,学界通常将之称为"国粹派",以章太炎在东京成立的国学讲习会和刘师培在上海成立的国学保存会为两个活动中心。他们将中西文化看成是两个平行、并列、独立的文化价值系统。他们认为,国粹是立国之本,保存国粹便能保全国家,主张以学术研究的方式保存中国文化,从而达到增强中华民族自信心和促进民族兴旺发达的目的。在他们看来"我国之所有而适宜焉者,国粹也;取外国之宜于我国,而吾足以行焉者,亦国粹也"。[2] 也就是说,不仅中国固有的学术是国粹,那些有利于中国发展又适应中国国情的也是国粹,可见,国粹派对国粹内涵的界定大于传统的看法。他们为使中国文化能够适应现代社会,也没有失去对传统文化的反省,如他们将中国文化区分为"国学"和"君学"。章太炎还把民族主义和历史知识比喻为庄稼和水分的关系,他说:"民族主义如稼穑然,要以史

---

① 梁启超:《清代学术概论》,《饮冰室合集专集之三十四》,中华书局 1988 年版,第71 页。

② 黄节:《国粹保存主义》,《政艺通报》,第 22 期(壬寅)。

籍所载人物、制度、地理、风俗之类为之灌溉,则蔚然以兴矣。不然,徒知主义之可贵,而不知民族之可爱,吾恐其渐就萎黄也。"①他们对国粹与民族主义的看法体现了强烈的民族主义精神,落实在行动中则表现为保存而不是研究"国粹"。他们看到中国文化与西方文化的落差,主张"中西文化会通"。实际上,他们对西方文化持抽象肯定,具体否定的态度,并未跳出"中体西用"的圈子。在清朝统治被推翻后,他们的政治主张基本实现,他们开始转向钻研国故学,在学术上趋于考据。

19世纪中后期的"中体西用"论者对东西文化调和的诠释,体现了中国近代知识分子对西方文化认识的日趋深入,同时,在他们身上也体现了对中国传统伦理道德的眷恋,流露出民族主义的倾向。这种在中国受到西方各方面打压的情况下而产生的心态,是可以理解的,但这种倾向也限制了他们通过学习西方以推动中国文化发展的进程。

(二)五四时期:中西合璧的东西文化调和

五四知识分子从辛亥革命失败的教训中得出结论,必须将革命的触角深入到思想文化领域。五四新文化运动蔚然兴起。随着西学的广泛传播,东西文化开始了全方位的接触。主张东西文化的调和是"一战"后在反思东西文化基础上,在全世界范围内兴起的一种论调,促使五四思想界有关东西文化的探讨发生巨大变化。除了原有中体西用框架内的知识分子,还产生了"学衡派"和"东方文化派"等新的知识群体。他们是新文化运动中代表文化保守主义的一翼,在西方文化处于强势的情况下正视了中国传统文化的价值。

"学衡派"是以受美国新人文主义代表白璧德影响的知识分子为主体,其代表人物是梅光迪、吴宓、胡先骕。他们大多就读于哈佛大学,是白璧德的学生。他们于1922年创刊《学衡》杂志作为学术阵地,"学衡派"的称呼因此而得名。学衡派打出"昌明国粹,融化新知"的旗号,承继国粹派弘扬国粹的宗旨,以中西合璧的方式重构中国文化。"国粹"是指中国的传统道德精神和伦理关系;"新知"是指印度佛教、苏格拉底学说、犹太耶稣教。他们主张,造就中国新文化必须兼取中西文明之精华而加以

① 章太炎:《答铁铮》,《民报》1907年6月8日。

熔铸贯通。吴宓在《中国的新与旧》一文中指出："只有找出中华民族文化传统中普遍有效和亘古常在的东西,才能重建我们民族的自尊。""学衡派"主张,道德与宗教二者共同维持社会的恒定,在中国,强调道德的作用并提倡人本主义精神,要首推孔子,例如:吴宓曾经高度赞扬"孔子不但为中国国民性及中国文化最高之代表,且为世界古今之数圣贤也"。① 他们与新文化运动的主将们同样认为,孔子是集中国文化之大成者,与其不同的是,"学衡派"强调儒家思想的精义是以孝为诸种德行之本,以克己复礼、践行忠恕、坚守中庸为实行道德的方法。"学衡派"倡导恢复孔子的真实价值与孔教精义,批评了新文化运动中出现的毁孔庙、批礼教等过激举动。

　　"东方文化派"是对五四时期文化保守主义者的统称,而不是一个具体的文化派别。代表人物主要有:《东方杂志》的主编杜亚泉、《甲寅》的主编章士钊、《欧游心影录》的作者梁启超、《东西文化及其哲学》的作者梁漱溟、"玄学鬼"张君劢,等等。他们不同于顽固派固守中国旧有的东西不放,也不同于西化派完全接受西方文化。"东方文化派"的基本观点是,东西文化各有长短,且其差异的性质是种类之别,主张以儒家的伦理道德与西方的科学民主精神相结合创造出新的文明。他们构筑的世界文化以中国文化为主体,中国文化的发展方向则代表了世界文化的走向。其后,以现代新儒家为代表的文化保守主义者的主要观点皆从这一派中产生。"东方文化派"在东方文化处于劣势的情况下,看到了东方文化的价值所在,有利于恢复东方国家对本民族文化的自信心,但是他们对东西文化存有时代性差异的方面认识不足。

　　与19世纪后半期相比,五四时期的东西文化调和呈现出新的特点。这一时期的东西文化调和论者大多既受过传统文化的熏陶,又有留学西方的经历,对东方和西方差异的认知深入到精神文化比较层面。他们受西方学者或思潮的影响,主张将西方的现代思想融入对中国传统的改造之中,开启了现代文化保守主义的历史。他们不再拘泥于运用"体""用"范式审视东西文化,而是采取中西合璧的思维方式和话语体系。

----

① 吴宓:《孔子之价值及孔教之精义》,《大公报》1927年9月22日。

（三）泰戈尔与中国的东西文化调和论者之比较

泰戈尔与中国的东西文化调和论者既有相同之处，又有相异之点。

二者都强调东西文化各自具有的民族性特点，主张在坚持东方文化民族性的同时，吸收西方文化的优秀成分。当时东方国家面临着既要从西方国家统治下争取民族独立又要学习西方现代文化的两难境地。与采取顽固地固守本国文化不放和激进地反对本国传统文化的两种极端做法相比，泰戈尔与中国的东西文化调和论者的文化观是对东方民族发展出路的比较理性的选择。

与中国的东西文化调和论者不同的是，泰戈尔站在世界人类文化发展的制高点上，把东方文明和西方文明看成是一个真理的两个方面，认为二者没有主次之分。尽管中国的东西文化调和论者如杜亚泉，也持有与泰戈尔类似的看法，但他们的东西文化观还是以中国为落脚点，以中国儒家文化为主体，进而流露出一种文化民族主义的倾向。如辜鸿铭只承认中国文化的优点，主张将儒家文化发扬光大，却拒绝接受西方文明的科学技术等现代因素。尽管泰戈尔的文化观也带有鲜明的东方色彩，但由于他不仅接受过西方现代教育，而且还具有游走于东西文化国家之间的特殊经历，对东西文化有切实的感悟，促使其力图站在世界文化发展的制高点上看问题。这也是泰戈尔的文化观可以为东方和西方普遍接受的主要原因。泰戈尔与中国的东西文化调和论者的区分，诚如冯友兰所言，泰戈尔讲的一元论，中国旧说是二元论。尽管五四知识分子的东西文化调和论与中国近代的"中体西用"说具有重大分别，但他们仍然延续了以中国为落脚点的思维模式。

在中国知识分子中，李大钊与泰戈尔对待东西文化调和的理路异常相似。

其一，二人都将"调和"视为人生最理想的境界。前文所述，"和谐统一"是泰戈尔一生的追求，也是泰戈尔全部思想的哲学基础，自然也是他的东西文化观的哲学基础。李大钊称，"调和者，美之母也"，"爱美者，当先爱调和"。[1] 李大钊与泰戈尔都将调和视为个人追求的理想和主张，他

---

[1]　（守常）李大钊：《调和之美》，《李大钊全集》第1卷，人民出版社2006年版，第241页。

指出:"言调和者,当知即以调和自任者,亦不必超然于局外,尽可以担于一方。"①这与陈独秀和胡适等人主张的调和只能是客观达到的效果的看法有着本质的区分。

其二,二人皆对东西文明的特点作了辩证分析,并指出东西文明的弊端所在。李大钊认为,东方文明主静,西方文明主动,两种文明皆已存在危机,"东洋文明既衰颓于静止之中,而西洋文明又疲命于物质之下"②,这与泰戈尔的看法不谋而合。

其三,二人皆反对东方盲目效仿西方,主张东西文明以各自为出发点创造新文明。李大钊认为,对东方文明而言,"将吾东洋文明之较与近代精神接近者介绍之于欧人","宜竭力打破其静的世界观,以容纳西洋之动的世界观","出全力以研究西洋之文明,以迎受西洋之学说";对西方文明而言,发扬科学探索真理、摒除偏执等作用,"斟酌抑止其物质的生活,以容纳东洋之精神的生活"。③ 由此可见,李大钊所说的调和不是将东西文化合二为一,而是以各自为主取对方之长、补己之短。

其四,二人皆强调,东西文明的调和不是无原则地妥协。泰戈尔认为,东西文化调和是各自保持特性基础上的统一,是指东方和西方寻找各自的出生权。李大钊强调,"调和之目的,在存我而不在媚人,亦在容人而不在毁我。自他两存之事,非牺牲自我之事"。④ 泰戈尔与李大钊所说的调和不是以牺牲为代价的。李大钊还特别解释说,在中国文化特殊的背景下,很容易将"调和"理解为无原则的妥协。他的这一看法恰好可以用来解释东西文化调和论往往受到左右夹击的原因。事实上,这也是泰戈尔遭到五四部分知识分子激烈批判的主要原因。

李大钊参加了五四时期关于东西文化问题的论争,却没有参与围绕泰戈尔访华的东西文化探讨。一个来自兄弟之邦的学者与他的文化观有着惊人的相似,李大钊却没有发表任何感言,着实令人费解。

---

① 李大钊:《调和之法则》,《李大钊全集》第 2 卷,人民出版社 2006 年版,第 30 页。
② 李大钊:《东西文明根本之异点》,同上书,第 211 页。
③ 同上书,第 214、220 页。
④ 李大钊:《调和之法则》,《李大钊全集》第 2 卷,第 27 页。

二、调和的窘境

在中国近现代历史上,东西文化能否调和一直是知识分子争论不休的重要议题。结合五四知识分子与泰戈尔对该问题的解读,从东西文化的历史特点、现实状况,以及文化理论来看,东西文化能否调和的问题不是一道简单的是非判断题。

其一,东西文化都具有解决对方文化危机的有利资源,这决定了东西文化必须调和。

东西文化的调和问题是建立在比较东西文化的异同和优劣基础上的,而这种比较又是以承认文化的多样性为前提的。对二者进行比较既可以说明双方存在的意义和价值,同时也可以反衬出双方文化的短长。五四知识分子对东西文化的异同和优劣问题从各个侧面作了诸多比较。尽管他们对二者差异的性质认识不同,但都普遍承认东西文化差异的存在。东方文化和西方文化是依据地理位置而划分出来的文化类型。五四知识分子和泰戈尔所说的东方文化一般是指亚洲文化,西方文化一般是指源于西欧,后传至美国和日本的近代资本主义文化。二者在语言符号、价值观念、思维方式、风俗习惯、宗教信仰、道德规范和审美情趣等方面存在诸多差异,因此,五四知识分子普遍将西方文化作为中国文化乃至东方文化的参照系。

在世界文化的演进过程中,东方文化和西方文化按照自己的文化特质得以延续和发展。到了近代社会,思想解放和科学技术的发达,一方面,给人类带来前所未有的财富,使人与人之间的交往更加便利;另一方面,导致西方国家为争夺势力范围而频发战争,特别是爆发了人类历史上第一次世界规模的战争。这场战争使西方现代文明潜藏的精神危机充分暴露出来,引起东方和西方开始反思东西文化的差异并寻找解决各自危机的出路。东方文化的危机属于"外源性文化危机",即由西方文化的侵入导致中国固有文化出现失范;西方文化危机则属于"内源性文化危机"①,即

---

① 衣俊卿:《文化哲学——理论理性与实践理论交汇处的文化批判》,云南人民出版社 2005 年版,第 124 页。

由内部机制的运行而使文化陷入困境。

在中国思想界,由此引发了激烈的东西文化论争。五四知识分子对东西文化差异的性质作了诸多的区分,如:物质与精神、动与静,古与今等。实际上,无论持哪一种观点,我们都可以理解为东西文明按照原有的路线发展势必出现危机,为对方解决自身危机提供了可资借鉴的资源。关于这一点,泰戈尔也是看得很清楚的。如前所述,泰戈尔认为,西方文化按照原有的路线发展下去必将走向毁灭,东方文化按照原有路线发展下去必将是一潭死水。

其二,文化具有的普世性和扩散性等特点,为东西文化的调和提供了有利条件,此外,语言的跨文化交流媒介作用,以及人类文化演进的融合大趋势等,也都是有利于东西文化调和的因素。

从文化的起源来看,文化是人类在解决共同面对的问题中凝结而成的不同生活方式。根据不同的标准,人们可以将文化划分为不同的类型。需要注意的是,任何文化的产生都是为解决人类共同和必须面对的人与自然、人与人、人与自身三个基本问题。胡适在批驳梁漱溟以解决这三个问题的先后顺序为依据划分不同文化类型的看法时,明确提出了这一观点。人类是文化创造的主体,在基本生理特征方面具有相似的特点,拥有追求丰衣足食、寻求庇护所和安全感等生产和生活方面的物质和精神需要。正是人类的这些共同点,才可能促成人与人之间、国与国之间的交往与合作,才可能使人类生存下来乃至生活得更美好。五四知识分子尽管在学习西方的程度上存在认识分歧,但他们普遍认为,东方国家可以学习西方的物质文明和科学技术,以解决自身物质文明不发达的状况。与此同时,"一战"后西方国家为解决物质文明与科学的畸形发展带来的精神危机,除了求助于古希腊先哲外,还将眼光投向遥远的"东方"。总之,人类共同面对的问题尽管不能作为划分不同类型文化的标准,却可以作为借以找寻文化差异和进行文化比较的基点。

从文化的扩散性和变动性特点来看,每种文化既有向外传播又有吸纳异种文化的能力和要求。文化本身具有扩散性,不仅可以影响到它所辐射的内部区域,而且可以影响到文化圈外部。中国近现代以来的"西学东渐"和"东学西渐"的史实,就是西方文化和东方文化扩散的有力证明。文化的扩散性不会因为该文化受到异种文化的军事或政治的压迫而停止,如中国和印度在受西方压迫的情形下,双方的文化在西方仍然拥有很大的市场。从另一方面讲,外来文化的介入是引起文化变迁的十分重要的一个因素。当作为创造文化主体的人意识到文化的现状不能满足需要时,文化就会变迁。由于人类生存环境基本稳定,因自然环境改变而导致的文化变迁越来越少。相较而言,异种文化的介入日益成为文化变迁的主要推动力。接受者在受到外来文化扩散的影响后,与原有文化发生冲突,在调适过程中促进原有文化的转型,进而影响接受者文化的变迁。例如:西方文化传入中国以后,中国将西方文化的部分现代因素吸纳入东方文化的系统内,引起中国文化的传统结构变化,进而向现代转化。文化的扩散性和变动性发挥作用的结果便是东方文化和西方文化达到"你中有我,我中有你"的境界。也就是说,异种文化不可能完全取代本土文化,而只有相应地作出符合本土文化需要的改变,才能在异国生存下去。

此外,文化交流的语言媒介与人类文化发展的融合大趋势,也为东西文化的调和提供了有利条件。文化是人类在生产和生活中凝结而成的生存方式,它不是先天形成,而是后天习得的。语言"使事物以符号的形式进入人的文化世界"①,在现代文明社会,它越来越成为人际交往和文化交流的重要媒介,其主要原因在于,语言不仅是交往的工具,更重要的是"一条最生动、最丰富和最牢固的纽带,它把古往今来世世代代的人民连接成一个伟大的、历史的活生生的整体"。② 因此,人们可以把语言视为进入对方文化世界的"向导"。不同文化之间的相互吸收与融合是人类文化进程的总趋势。世界文化史上有许多古老的文明国家由于各种原因消失了,中国和印度皆是由于具有包容性的特点,能够借助传入的外来文化推动本民族文化的传承和创新,才得以延续下来的。

其三,文化具有的稳定性和惰性特征,以及文化之间的冲突,使东西文化的调和异常艰难。

---

① 陈建宪:《文化学教程》,华中师范大学出版社 2004 年版,第 106 页。
② [俄]高尔斯基编,熊尧祥、周添舜译:《思维与语言》,三联书店 1963 年版,第 65 页。

文化的形成需要一定时间的累积。文化一旦产生，就具有相对的独立性和稳定性，文化系统中的组成要素是相互联系和相互制约的关系，而不是可以依据个人好恶，任意进行分割的。通过文化累积，才能使文化得以传承下去，但经过长时间的沉淀也易形成维持原貌的惰性。惰性的大小取决于文化内部各要素之间的逻辑性，逻辑性越强，各要素之间的联系越紧密，文化存在的时间越长，文化的惰性也随之越大。然而，文化的发展则必须克服文化惰性的作用。几千年来，中国传统文化始终以儒家思想为核心，与政治、经济、文化、军事等各方面的关系极为密切。历史上的无数次变革，都没有改变儒家思想在中国文化中的核心地位。正是这种稳定性保证了中华民族文化的连绵不断，也使中国文化由传统向现代转变的过程异常艰难。新文化运动的倡导者陈独秀和胡适二人正是以人类文化演进过程的惰性特征为依据，看到中国文化背负的沉重的传统包袱，故而认为东西文化的调和只能看做客观的结果，不能作为主观主张，进而才大力提倡"根本排斥"中国文化，"一切都应该采用西洋新法子"的。梁启超早年对待东西文化的走向也是采取类似的激进态度，于"一战"后开始反思东西文化的现实状况，认为自己原来的想法"破坏有余，建设不足"，转而主张东西文化调和。

融合是人类文化演进的总体趋势，但文化之间的冲突也与之相伴而生。文化冲突既包括文化内部区域性、集团性和阶级性的冲突，又包括不同民族文化之间的冲突，此外，新旧时代的冲突也包括在其中。东方文化和西方文化是两种不同的文化类型，在许多方面都存在较大差异，二者相接触必然面临着巨大的冲突。美国政治学家塞缪尔·亨廷顿正是以此为依据，不赞成东西文化可以调和的主张，他曾预言以美苏为首的资本主义和社会主义两大阵营冷战结束后的世界，文化和宗教的差异，而不是意识形态的分歧，将导致世界几大文明之间的竞争和冲突。同时，东西文化之间的冲突又是时代性的，其主要原因是从传统社会向现代社会的转变首先是在西方开始的，仍停留在古代社会发展状态的东方文化受到伴随西方政治、经济、军事侵略而来的文化冲击，不仅表现为民族性的冲突，还显现出时代发展的落差。据此，陈独秀和胡适等新文化倡导者把东方文化看成是落后文化，把西方文化看成是先进文化。

五四知识分子围绕东西文化能否调和问题进行过激烈的争论,泰戈尔访华时,围绕泰戈尔在中国所作东西文化的演讲,论争再次掀起了高潮。事实上,五四知识分子与泰戈尔的根本目的都是希望达成东西文化的调和,争论的原因是因为他们所选择的路径不同。西化派偏重于强调东西文化调和的艰巨性,主张全面向西方学习,相信文化的惰性自然会将人们拉到调和的状态上去。与之相反,东方文化派与泰戈尔则侧重强调东西文化调和的可能性和必要性,看到东西文化蕴涵着可以解决对方危机的有利资源,因而主张东西文化可以互补协调。结合上述分析可以看出,他们都只强调东西文化调和问题的一个侧面,没有全面注意到东西文化调和所面临的窘困境地,进而产生认识分歧并引起争论。中国传统的整体思维模式,以及近代以来西方国家对中国的侵略,不仅促使一部分中国人顽固地抵制西方文化,而且促使一部分主张激进的中国人全盘接受西方文化,这样造成中西文化调和之路走得异常艰难。

三、路向与路径

从人类文化发展理论和现实来看,东西文化吸收对方的优点为己所用,已经成为一种必然趋势。在东西文化交流向纵深发展的时代,东西文化的融通越来越明朗化。同时,通过探析中国知识分子和泰戈尔的东西文化观,可以得知:从主观意愿抑或是客观结果来看,东西文化的调和都不是单方面的行为,而是需要东方和西方的共同努力,在双方的交流与互动中达成。

(一)以自觉的态度认知自身文化

对本民族文化进行反思是东西文化调和的首要条件。李大钊在《东西文明根本之异点》一文中曾经提出:"东西文明调和之大业,必至二种文明本身各有激[彻]底之觉悟,而以异派之所长补本身之所短,世界新文明始有焕扬光采发育完成之一日。"意思是说,东西文化的调和需要双方在深刻反思本民族文化优劣短长的基础上才能得以实现。20世纪末,费孝通明确提出"文化自觉"的概念,按照他的理解,文化自觉是指"生活在一定文化中的人对其文化有'自知之明',明白它的来历,形成过程,所具的特色和它发展的趋向,不带任何'文化回归'的意思。不是要'复旧'，同时也不主张'全盘西化'或'全盘他化'"。① 他所说的文化自觉实际上就是对本民族文化进行反省，即"自知之明"，与李大钊的观点如出一辙。

文化自觉是一种文化为了适应新环境和新变化而表现出来的一种积极的自主能力，其实现过程十分艰巨。在西方利用坚船利炮打开中国的大门以前，中国人一直以自己作为世界的中心，"中国"这个词的最初本意就是"居于中心之国"。直到近代西方对中国进行全方位的侵略，中国在一次次的战败中逐渐改变了"天朝上国"的心态，开始尝试以心平气和的态度对待自身文化和外来文化。五四时期爆发的东西文化论争中，论争双方在比较东西文化的异同优劣基础上，普遍看到东方文化和西方文化存在巨大差异，进而找寻中国文化的出路。在某种程度上，我们可以将这一论争视为对中国传统文化进行的一次深刻反思。但是，这种反思并不是十分理性的，在他们的争论中也存在过激言行，或是夸大西方文化的优点和东方文化的缺点，或是夸大东方文化的优点和西方文化的缺点。因泰戈尔在中国的演讲中赞美中国传统文化，他被时人误以为只知东方文化的好处而不知其坏处。殊不知泰戈尔也对印度文化进行过深刻的批判。

形成对本民族文化的自觉认识，首先要深刻认识自身文化历史传统中最根本的基因，以其他文化为参照系进行比较和鉴别，突显自身文化的优点和缺点，经过自主地调适，明了怎样将优点发扬光大，将缺陷加以弥补，只有这样，才可能在多元文化的世界里找准自身的位置，共同建立一种各种民族文化都能和平共处的基本秩序，避免陷入民族虚无主义和自大主义的旋涡中。另外，我们在以自觉的态度对待自身文化时，要注意反对"文化霸权主义"和"文化割据主义"②两种错误倾向：前者指的是凭借自己在政治、经济、军事等方面的优势，企图以自己民族的文化统治其他国家的文化；后者指的是拒绝承认本民族文化的缺点，认为本民族的文化绝对优越，对外界文化采取隔离和孤立的政策。这两种倾向都不利于自

---

① 费孝通：《论文化与文化自觉》，群言出版社 2007 年版，第 190 页。
② 乐黛云：《文化自觉与文明共存》，《社会科学》2003 年第 7 期。

身文化的向外传播与全球文化的共建。

（二）以迎受的态度对待异种文化

中国向西方学习的最初动因不是出于一种自觉意识，而是抵抗外来侵略与保护民族生存的需要，这就增加了中国理性认知西方文化的难度。自鸦片战争以来，中国面临着如何处理好解除西方政治压迫和学习西方现代文化的关系问题，易于出现排斥西方的极端倾向，很多学者即使接受西方文化也是出于被逼无奈。五四时期，面对西方思潮的大量涌入和现代化潮流的驱动，固守本民族文化的主张已经被时代所摒弃，承认西方文化在中国文化重建中的作用在人们之间达成一种共识。这一时期，之所以会形成众多的文化派别和各异的文化主张，在于五四知识分子对西方文化的择取程度和所持东西文化调和的理路不同。

从这一代人的探索中，我们得知：从文化具有的民族特性来看，不同类型的文化都是平等的，没有优劣高低之分；从处于同一时代发展的平台上来看，不同文化解决人类面临共同问题的能力又是有差距的。李大钊在《东西文明根本之异点》一文中指明了正确对待异种文化的理性态度。他指出："对于东西文明之调和，吾人负有至重之责任，当虚怀若谷以迎受彼动的文明，使之变形易质于静的文明之中，而别创一生面。"其中，"迎受"与"接受"虽一字之差，却代表了两种截然不同的文化理念，"迎受"比"接受"更具有积极性和自主性的意涵。理论和实践都已经证明，西方文化的确有为东方文化可资借鉴的因素。因此，以迎受的态度对待异种文化，从"他者"的立场反观自己，以宽容的精神对待异种文化，才能正确审视异种文化的价值，才能更理性地学习它并最终掌握它和为己所用。

中国历史上存在着包容异种文化的先例，如隋唐时期。历史证明：中国对异种文化包容的时期也是中华民族繁荣发展、富强昌盛的时期，这也反证了采取消灭或奴化异种文化的民族或国家是无法长期存在下去的。对西方而言，他们往往因经济实力的强大而认为自己的文化优越于其他民族，将其他民族的文化视为低于自己一等。如，"一战"后轰动全世界的《西方的没落》一书，从篇名上来看，似乎动摇了西方文化居于世界中心的地位，但从其内容上讲，仍然坚守着西方文化的优越地位。因此，在东方国家以平等和宽容的态度看待异种文化,并以文化体现的时代精神迎受异种文化的同时,西方国家也应该改变殖民者的心态,学会用平等的眼光对待东方文化。

(三)以实际的交流行动推动调和的实现

东西文化调和的实现,最终要依赖于实际的交流行为,因为,调和的达成不能仅停留在理论和思想意识层面,必须落实在实际行动中。通过思想的碰撞和实际的交流行为,人们调适自己的看法,在互动中发现新的问题,在理论与实践的关照中推动东西文化调和的实现。由于东方和西方交流的程度和水平受到认知彼此文化的程度和所处的时代条件及社会环境等方面的制约,因而东西文化调和的达成不是一朝一夕的事情,而是需要一个长期的过程。

"一战"后东方和西方大范围的文化交流逐渐开始展开,双方以实际的交流活动增加了对彼此的深入了解。五四时期的中外文化交流活动异常活跃,一方面,许多中国学生到国外留学,并带回外来的新思想;另一方面不少外国学者也应邀访问中国,宣传他们的主张并与中国学者进行直接的交流,双方面的互动带动了五四思想界的繁荣。美中不足的是,这个时期的文化交流多少都与救亡图存的政治目的有关,致使东西文化交流承载着沉重的政治意义。中国已经沦为西方国家半殖民地的事实,导致了当时的部分学者在处理东西文化调和问题时多少带有排斥西方文化、保存东方文化的意味。在面临解救民族危亡的严峻形势下,东西文化调和的问题更多的是停留在理论探讨的层面。

今天,我们处在和平的环境之中,战争与革命的时代主题已经被和平与发展所取代,众多殖民地或半殖民地国家和民族的相继独立为平等的文化交流的顺利进行奠定了基础。在全球化的形势下,民间的学术与文化交流、官方的政治与经济合作,等等,都应该为深化双方对彼此的了解起到积极影响,并在此基础上逐渐达成谅解和共识,有力地推进不同文化在对话和沟通中取长补短,进而达到"和而不同"的世界文化格局。

第二节 传统与现代的变奏

在中国由传统向现代转化过程中,如何对待中国传统问题是五四知识分子探讨的中心议题之一。五四知识分子以"西方"为参照,通过对中国道统的否定、学统的解构和文统的革命,来达到思想启蒙、实现人的现代化的目的,其行为实质并非"全盘反传统主义"。五四"反传统"是在继承近代启蒙学者的思想和学风等的基础上,对中国现实的考虑和对中国文化传统反思的结果。五四知识分子所选择的解决传统与现代关系的主流方式,为旧传统向新传统的转化开启了门径、为旧儒学向新儒学的转化提供了契机。对待传统与现代关系的正确路径应当是遵循"传统"的特性和规律,形成对本民族传统的自觉意识,理顺传统与现代化的关系。

一、传统的定论

中国大陆、港台和国外学界对文化意义上的五四运动以及五四知识分子如何看待中国传统的问题,经过很长一段时间才达成共识。从五四思想界的状况和此后人们对五四运动的认知看,五四"反传统"的提法以及定性分析是 20 世纪 80 年代末由国外和港台传入中国大陆的,进而在大陆学界产生巨大反响和争论。此后,大陆许多学者借用五四"反传统"话语系统阐释观点,直至今日。

(一)"反封建的文化革命":大陆对五四运动的传统看法

"五四"的参与者对他们发动的文化运动本身的理解已经存在分歧,诠释"五四"的话语体系各异。以陈独秀和胡适为代表的这场运动的主要倡导者本着除旧布新的思想,提出"新文化运动"一词,旨在彻底改造国民性,与旧文化决裂,这也是时至今日大陆通常采纳的说法。后来,以胡适为代表的自由派,因与陈独秀为代表的激进派对新文化运动是否牵涉政治的问题产生认识分歧而分道扬镳,胡适将新文化运动比喻为"中国的文艺复兴",希望通过文艺界的繁荣发展带动文化格局乃至中国未来发展的进步。章士钊、杜亚泉、梅光迪等保守派因主张新旧调和,故而反对新文化运动特别是新旧决裂的提法,章士钊在《评新文化运动》一文中还提出,"运动"必然期望广大群众的彻底觉悟和参与,"文化"则为少数精英分子所独享。大革命失败后,中共开始总结革命的经验教训并着手编写革命史教材,左翼文学思潮勃兴,自由主义和保守主义的倾向受到排斥。20世纪30年代中期,中国共产党倡导的新启蒙运动,即是建立在五四新文化运动的基础上,并继承五四运动的反礼教、反独断、反盲从、破迷信的革命精神。何干之在《近代中国启蒙运动史》一书中对新文化运动的启蒙性质作了系统的阐述。五四"启蒙运动"一说成为当时思想界的普遍认识,与陈独秀的"新文化运动"说同出一辙。

毛泽东在20世纪30年代末40代初所写的《五四运动》、《青年运动的方向》、《新民主主义论》中,以"文化是政治和经济的反映,又反作用于政治和经济"为理论依托,多次强调五四运动所进行的文化革命是彻底地反对封建文化的运动,是中国自古以来从未有过的伟大而彻底的文化革命。毛泽东将新文化运动定性为"反帝反封建的文化革命",建立了运用"革命"诠释五四运动的话语系统,淡化了启蒙的内涵,奠定了此后大陆评价五四运动的基调。1949年,由中国现代史研究委员会主编的《中国现代革命运动史》指出:新文化运动的伟大功绩"第一便是敢于公开向旧的教条挑战,提倡科学和民主;第二便是敢于公开宣告'古文'为死文学,而主张白话文,并以身作则,写白话的文章"。

新中国成立以后,为适应政治形势的需要,中共在思想文化领域展开了对资产阶级思想的激烈批判,对批判胡适是其中一项内容,致使"中国的文艺复兴"一说在大陆基本消失。将新文化运动定位为反封建的资产阶级文化革命,是二十世纪五六十年代极其普遍的看法。如当时高等学校中国革命史课程的试用教材《中国现代革命史讲义》(初稿)指出:"在20世纪初叶,中国的小资产阶级革命知识分子和资产阶级知识分子,曾经有力地进行过民主主义文化的宣传。他们提倡民主政治,反对君主政治,反对军阀政治。他们提倡科学,反对旧教条、旧八股,反对迷信、盲从和武断,反对为封建阶级服务的旧礼教和旧道德。思想斗争必然地影响到表达思想的形式——语文和文学的改革。他们提倡白话文,反对文言文,提倡新文学,反对旧文学。……他们对于封建旧思想旧教条实行了猛烈的攻击。李大钊、陈独秀、鲁迅等,曾是民主主义文化的战士。五四以前,民主主义文化运动,虽然没有脱出旧的资产阶级文化革命的范畴,但是它富有革命精神和战斗勇气,它沉重地打击了封建思想。在马克思列宁主义传入中国以前,这个运动起了传播新思想的作用。"①1957 年,这本讲义再版时改名为《中国现代革命史》,书中把"民主主义文化运动"修改为"民主主义文化革命"这样更为激烈的措辞,这一变动与当时中国的政治形势不无关系,这种提法一直延续到 80 年代初。20 世纪 60 年代,在全国高等院校开设的公共政治理论课教学中,"中共党史"开始取代"中国革命史",《中国共产党历史讲义》也开始取代《中国现代革命史讲义》,其中对新文化运动的看法却丝毫没有改变。

通过分析二十世纪五六十年代的中国现代革命史、中共党史和中国现代史教材及与五四运动相关的学术研究成果,可以发现,这些材料对新文化运动的认识具有以下四个特点:其一,与作为"章"出现的五四爱国运动相比,新文化运动仅作为"节"下的"目",且所占篇幅极其有限,除了作总括式的评价外,并没有展开具体论述。其中,胡华主编的《中国革命史讲义》(中国人民大学出版社 1959 年版)第一次对新文化运动作了略微详细的阐释。其二,对新文化运动产生原因的分析集中在中国的现实方面,即认为"一战"期间中国资本主义的发展和资产阶级的觉悟必然产生进行思想文化革命的要求,封建帝制的复辟和定孔教为国教的逆流催促了运动的爆发。其三,对新文化运动的定性,通常认为它是资产阶级和小资产阶级领导的反对封建主义的文化革命,属于旧民主主义革命范畴,五四运动以后,宣传马克思列宁主义成为新文化运动的主流。对新文化运动的论述模式是作为五四爱国政治运动爆发的思想基础和马克思列宁主义在中国的传播的铺垫出现的。其四,新文化运动的积极意义在于批判封建主义思想,宣传民主主义主张,给予封建统治以有力打击,促进了中国人民的觉醒,但也存在脱离政治和群众的不足以及形式主义倾向。

在这一阶段,大陆对文化意义的五四运动的认识存在思路单一、论述片面和政治化的倾向,改革开放后,随着政治思想上的拨乱反正,学术研

---

① 何干之主编:《中国现代革命史讲义》(初稿),高等教育出版社 1954 年版,第 21～22 页。

究日益步入理性的轨道,对五四新文化运动的研究也取得一定进展,但没有实质性的突破。

(二)"反传统":国外和港台有关五四运动的争论

第一个把文化意义上的五四运动定位为"反传统"的是当时任教美国威斯康星大学、现为台湾大学历史系教授的林毓生。20 世纪 70 年代,他在英文版著作《中国意识的危机——"五四"时期激烈的反传统主义》中,首次将五四运动定性为"全盘性反传统主义"。林毓生以五四时期三位著名的领导人物陈独秀、胡适、鲁迅为个案,分析了五四时期激烈反传统主义产生的性质、根源和危害。在他看来,这三个人物虽然性格和政治观点互有差异,但他们受传统影响至深以至于变成全盘反传统主义者。他指出,五四时代的知识分子"要求彻底摧毁过去一切的思想","这种反传统主义是非常激烈的,所以我们完全有理由把它说成是全盘性的反传统主义"。① 他提出五四激烈的反传统主义产生的根源有两个:一个是普遍王权的崩溃,即中国传统社会政治、文化和道德秩序的解体;另一个是学者仍深受中国传统一元论认知思维方式的影响,即借助思想文化作为解决问题的根本途径,将传统作为一个不可分割的整体加以否定,由此导致中国传统文化的断裂,进而造成中国意识的危机。本杰明·史华慈在该书的《序言》中将中国与印度和穆斯林等非西方国家地区的情况作比较时强调:"的确,这些地区也有激进的反传统主义者……然而实际情况是,这些社会的知识分子企图在伊斯兰教和社会主义之间,在印度教和民主主义之间找出它们的和谐共存……在那里,旧政治秩序的瓦解,不像在中国对政治秩序瓦解后依然存在的文化产生了完全否定的含义。"② 后来,林毓生在多个场合重申了五四激烈反传统主义的观点,并赢得国外和港台许多著名学者的赞同,如史华慈、迈斯纳、唐德刚、杜维明、成中英等。五四"反传统"一时成为国外和港台学界评价五四运动的主导看法。他们认为,五四"反传统"这种不理性的举动是当时思想界的主流,不仅如

① [美]林毓生著,穆善培译:《中国意识的危机——"五四"时期激烈的反传统主义》,贵州人民出版社 1986 年版,第 5～6 页。
② 同上书,第 5 页。

此，他们往往将五四运动与义和团运动、"文化大革命"相提并论，以此佐证五四反传统激烈程度及其危害，这一看法在现代新儒家的学者中尤为普遍。

在国外和港台也存在着不同的看法，以余英时和张玉法为代表。余英时和张玉法首先将"传统"作一划分，进而认为五四运动反对的只是儒家传统，其他各家都在不同程度上得到恢复，因此，五四运动不是反传统，更不是全盘反传统。余英时在《五四运动与中国传统》、《五四文化精神的反省》等文中，把传统分为正统、非正统和反正统，把反传统分为彻底而全面地反传统和有保留有限度地反传统。他认为，五四一代人以承认中国文化的存在价值为前提，在反传统之际首先有意或无意地回到传统中非正统或反正统的源头上去寻找根据。因此，五四运动实际上并不是反传统，更不是全盘性反传统，而是反儒学传统，也就是反正统。张玉法在《五四的历史意义》一文中也表达了相似的观点，他认为，把"五四"看成一个反传统的时代，可能是历史的误解，实际上，除了儒家以外的诸子百家，通常受到相当的重视，"五四"并没有把中国文化打倒，而是借此机会找出中国文化的优点和缺点，反倒把儒家正统以外的中国传统文化保存下来了。

（三）大陆、港台和国外的对话

二十世纪八九十年代，随着大陆与港台、国外学术交流的逐渐增多，时逢"纪念五四运动七十周年"之际，大陆学界组织召开纪念研讨会并相继出版了一批有关五四运动的研究著作。林毓生等人的作品借此时机在中国大陆翻译出版，国外和港台有关五四"反传统"的争论也随之引入中国，在大陆学界产生强烈反响并引起激烈争论。港台和国外的话语系统、价值取向、思维方式等影响了大陆学者对五四运动的认知，并推动了大陆学界对五四新文化运动研究的进展。在"反传统"话语系统中表达自己的学术立场在大陆、港台和国外已经基本达成共识。

中国著名哲学家、中国人民大学哲学院教授张立文在《传统学引论——中国传统文化的多维反思》指出，"五四的基本精神是批判传统、全面反传统"，"在他们看来，中国传统的政治、经济、文化秩序是一个一元整体，其中每一个部分都由基本思想的道德影响所致，因此，要建立一个新社会,其首要条件就是在思想上全面摧毁传统,不打倒则已,要打倒就必须全盘打倒传统,即彻底与传统的所有制关系以及传统观念决裂"。张立文的论证模式与林毓生有异曲同工之处,但却得出不同于林毓生的结论:"反传统也是一种传统。"在大陆学界,在阐释五四知识分子如何对待中国传统问题时,这种边"破"边"立"的论证模式在当时及其后是十分普遍的。除了五四"反传统"的提法,在大陆的教材和部分学术作品中仍然延用大陆的传统提法。

二、历史的真相

五四知识分子到底有没有全盘否定中国传统,主张全盘西化呢? 是不是完全否定中国的传统文化呢? 可以主要从道统、学统、文统三方面进行考察。

其一,对道统的否定:批判孔子之道,提倡民主科学。

"道统"是圣道承传的统系,指的是进行伦理道德和思想意识教育方面的东西。有别于西方的基督教文化、印度的佛教文化,中国的伦理文化以调节人伦关系为承传的纽带,如牟宗三所言:中国的道统"即为以仁教为中心的道德政治的教化系统,亦即礼乐型的教化系统",①宋明理学家也将道统具体化为儒家学术思想接受的系统,也就是孔子之道(孔教)。

道统为一民族文化之根本,在中国这个伦理型的传统社会中,伦理道德一直处于支配地位,因而陈独秀指出:"伦理的觉悟,为吾人最后觉悟之最后觉悟。"②五四知识分子认为,孔子之道不适合现代生活,有必要重新进行评估,其原因主要包括两方面:

一是孔子之道是封建专制时代少数统治阶级的意识形态,与民主共和政体不兼容。陈独秀在《孔子之道与现代生活》(《新青年》第2卷第4号,1916年12月1日)一文中指出:"封建时代之道德、礼教、生活、政治,所心营目注,其范围不越少数君方贵族之权利与名誉,于多数国民之幸福

---

① 牟宗三:《关于文化与中国文化》,郑家栋编《道德理想主义的重建》,中国广播电视出版社1992年版,第85页。
② 陈独秀:《吾人最后之觉悟》,《新青年》第6卷第1号,1916年2月15日。

无与焉。"1917 年 3 月陈独秀与俞颂华探讨宗教与孔子的问题时,把孔教看成是介于信仰鬼神的纯正宗教和非宗教之间的泛神教,并提出:"儒术孔道,非无优点,而缺点正多。尤与近世文明社会绝不兼容者,其一贯伦理政治之纲常阶级说也。此不攻破,吾国之政治、法律、社会道德,俱无由出黑暗而入光明。"被胡适尊称为"只手打倒孔家店的老英雄"吴虞批评了儒家的道统与封建君主政统的密切关系。他认为:"儒教不借君主之力,则其道不行。故于信教自由之国家,而必争定孔教于宪法;君主不假儒教之力,则其位不固。故洪宪建元之皇帝,而首制祭天祀之大典;儒教与君主,盖相得而益彰者也。"①胡适在为《吴虞文录》作的序中进一步指出:"二千年吃人的礼教法制都挂着吃人的招牌",应当"拿下来,捶碎,烧去!"

二是儒家的伦理纲常扼杀人性,与现代社会的自由平等独立的精神理念背道而驰。陈独秀在《孔子之道与现代生活》一文中指出,现代西方社会的"个人人格独立"和"个人财产独立",促进了社会物质文明的巨大发展,而儒家道统"以纲常立教","既失个人独立之人格,复无个人独立之财产",并斥责封建道德是"奴隶道德"、"消极道德"。鲁迅在《狂人日记》中将封建礼教贬斥为"吃人的礼教",吴虞在《说孝》一文中称封建纲常为"制造顺民的大工厂"。

他们在展开对孔教的激烈批判时,并没有否定孔子本人和儒家学说调理人伦关系的合理成分。李大钊在《自然的伦理观与孔子》(《甲寅》1917 年 2 月 4 日)中指出:"孔子于其生存时代之社会,确足为其社会之中枢,确足为其时代之圣哲,其说亦确足以代表其社会其时代之道德。""余之掊击孔子,非掊击孔子之本身,乃掊击孔子为历代君主所雕塑之偶象之权威也;非掊击孔子,乃掊击专制政治之灵魂也"。陈独秀在《答〈新青年〉爱读者》(《新青年》第 3 卷第 5 号,1917 年 7 月 1 日)中强调儒家思想倡导的"温良恭俭让、信义廉耻诸德及忠恕之道","乃世界普遍实践道德,不认为孔教自矜独有者耳"。吴虞在批判儒家"孝"道时,提出片面

---

① 吴虞:《康有为"君臣之伦不可废"驳议》,《吴虞集》,四川人民出版社 1985 年版,第 146 页。

的"孝"有许多弊端,但他同时又解释道:"讲到父子的关系,我也不敢象孔融说'父之于子,当有何亲? 论其本意,实为情欲发耳。子之于母,亦复奚为? 譬如寄物瓶中,出则离矣'的话","我的意思,以为父子母子不必有尊卑的观念,却当有互相扶助的责任。同为人类,同做人事,没有什么恩,也没有什么德。要承认子女自有人格,大家都向'人'的路上走"。① 孔子是儒家思想的核心人物,五四知识分子在批判孔子之道时很难将孔子的思想与后儒的思想截然区别开来,有时以"孔子"之名代替批判的对象。

其二,对学统的解构:反对儒家独尊,恢复百家争鸣。

中国传统学术以经、史、子、集四部划分,但"经"部长期处于垄断地位,冯友兰指出:"大多数著书立说之人,其学说无论如何新奇,皆须地经学中求有根据,方可为一般人所信受。经学虽常随时代而变,而各时代精神,大部分于经学中表现之。"②经学与儒家和孔子的关系莫衷一是,"我注六经"便是中国古代学统的基本格局。

五四知识分子承认先秦儒学在中国历史上的地位和作用,但同时看到自汉代独尊儒术以后,思想的自由发展便受到了很大阻碍,因而强调必须摘掉笼罩在儒家头上的神圣光环,恢复百家争鸣的状态以推动中国学术的进步。陈独秀指出:"孔教为吾国历史上有力之学说,为吾人精神上无形统一人心的工具,鄙人曾绝对承认之,而不怀丝毫疑义。盖秦火以远,百家学绝,汉武独尊儒家,厥后支配中国人心而统一者惟孔子而已。"③"窃以无论何种学派,均不能定为一尊,以阻碍思想文化之自由发展。"④同时,他们还表达了对先秦诸子百家并立竞进的赞羡之情,陈独秀说:"设若中国自秦、汉以来,或墨教不废,或百家并立而竞进,则晚周则当欧洲之希腊,吾国历史必与已成者不同。"⑤

五四知识分子将儒家思想纳入学理范畴,恢复其诸子中一"子"的学

---

① 吴虞:《说孝》,《吴虞集》,四川人民出版社 1985 年版,第 176~177 页。
② 冯友兰:《中国哲学史》上册,华东师范大学出版社 2000 年版,第 296 页。
③ 独秀(陈独秀):《答俞颂华》,《新青年》第 3 卷第 1 号,1917 年 3 月 1 日。
④ 陈独秀:《答吴又陵》,《新青年》第 2 卷第 5 号,1917 年 1 月 1 日。
⑤ 独秀(陈独秀):《答俞颂华》,《新青年》第 3 卷第 1 号,1917 年 3 月 1 日。

术地位。胡适早在博士毕业论文中提出:"儒家曾经只是盛行于古代中国的许多敌对的学派中的一派,因此,只要不把它看作精神的、道德的、哲学的权威的唯一源泉,而只是在灿烂哲学群星中的一颗明星,那末,儒学的被废黜便不成问题了。"①在此认识基础上,胡适撰写的《中国哲学史大纲》堪称当时反对儒家独尊的一部力作,在中国现代学术史上具有开创性意义。他运用新观点、新方法,将诸子学说置于学理研究的范畴,将孔子与其他诸子并列,试图平等而客观地评价老子之后的诸子百家思想的长处和短处,还原他们的本来面目,勾勒了各家各派的学术思想的发展轨迹,打破了封建时代不准议论古圣先贤的禁例,突破了古人注经解传的传统行文格式,开创了把自己的话作为正文的新格式。

除了儒家,五四知识分子也同样肯定了先秦其他诸子和后来非儒家学派在推动中国传统文化发展中的作用,并取得了新的研究进展。陈独秀曾慨叹道:"墨子兼爱,庄子在宥,许行并耕,此三者诚人类最高之理想,而吾国之国粹也。奈何为孔孟所不容何?"②其中,墨学的研究成为当时的"显学"。胡适在诸子研究中对墨学的兴趣尤为浓厚,除了《中国哲学史大纲》单列墨子一章外,他还写了许多与墨学相关的小文章,如《墨家哲学》、《〈墨子·小曲篇〉新诂》、《论墨学》、《墨子》等,并为梁启超《墨学校释》作序。鲁迅所写的《墨经正文重阅后记》,也透露出对墨学的重视。陈独秀在批判儒家厚葬时,表现出对墨家主张丧葬礼仪从简的推崇。吴虞在其《文录》中屡次援引儒家以外的老庄、墨子、列子、文子、商鞅、王充、阮籍、嵇康、孔融、李贽等人的思想,作为抨击旧学的思想武器,如他撰写的文章《儒家大同之义本于老子说》、《消极革命之老庄》、《墨子的劳农主义》、《荀子之政治论》等,对诸子学说的正面积极因素也予以肯定。

受康有为和章太炎二人的影响,五四知识分子以胡适为先驱,打破自古以来的今文经和古文经对立的门户之见,一方面接受了今文经的疑古精神,一方面接受古文经的文献考据方法,并与西方的实证主义精神相结合,为"整理国故"提供了一套科学方法。受此研究方法的影响,以胡适

---

① 胡适:《先秦名学史》,学林出版社 1983 年版,第 8~9 页。
② 陈独秀:《答李杰》,《新青年》第 3 卷第 3 号,1917 年 5 月 1 日。

的学生顾颉刚为代表,开始从事"古史辨"的工作,即通过对中国古代文献的考证、辨别,推翻伪史。经学是中国传统学术的中心,古史辨的矛头直接指向中国传统学术中"六经皆史,经外无史"的陈词滥调,推翻了六经为孔子所著或所述的传统定论以及孔子杜撰的三皇五帝的传统上古史体系,"使经学失去了古史的依据,而史学也摆脱经学的束缚,获得独立的发展"。①

此外,五四知识分子还扩充了国学的内容,突出表现为将小说列入国学名单中。胡适等人亲自从事旧小说尤其是白话小说的整理和研究工作。如《儒林外史》、《水浒传》、《红楼梦》等,他们认定这也是学术研究的一个主题,与传统的经部和史部同等重要,为文统的革命奠定了学术根基。五四知识分子对中国学统的解构改变了传统学术以经部为中心,以史部、子部、集部为附庸的基本架构。1923 年 1 月,胡适在《〈国学季刊〉发刊宣言》中发出"我们深信,国学的将来,定能远胜国学的过去"的感叹。

其三,对文统的革命:废文言倡白话,新"道"易旧"道"。

"文"在中国传统文化中的含义非常广泛,不仅指文学,还可以指文字、文章等。五四时期的文统革命,指的是文体的变革和思想内容的革新。

自汉代大一统以后,政府用"文言"作为官方语言和交往的媒介,"方言"仍然在民间广为使用。隋唐科举制度兴起后,文言变得更加脱离现实生活和人民大众,到了近代更凸显出"不能翻译外国近代文学的复杂文句和细致描写"②的弊病。针对这样的情形,五四知识分子提倡白话文体。胡适在《中国新文学革命小史》梳理了文言文到白话文体的历史演变历程。五四知识分子认为,提倡白话文的好处不只是普及,更重要的是现代人用现代文字更能贴切地表情达意。陈独秀指出:"仆等主张以国语为文,意不独在普及教育。盖文字之用有两方面:一为应用之文,国语

---

① 洪峻峰:《五四思想史论——思想启蒙与文化复兴》,人民出版社 2006 年版,第 202 页。

② 胡适:《中国新文学运动小史》,《胡适文集》第 1 册,北京大学出版社 1998 年版,第 109 页。

体自较古文易解；一为文学之文，用今人语法自较古人语法表情亲切也。"①

五四知识分子不仅倡导白话，而且主张用白话写文章表达新思想。胡适指出："文学革命的目的是要用活的语言来创作新中国的新文学，——来创作活的文学，人的文学。"②陈独秀在《我们为什么要做白话文》（《晨报》1920 年 2 月 12 日）一文中也明确指出，白话文是文学上民主的表现。自汉代实行"罢黜百家、独尊儒术"以后，儒家思想几乎统治了整个的思想界，文学也走上了载道的歧途，文以载道的文学传统自此形成，这里的"道"多数情况下指的是儒家思想，文学成了注经的工具和传播道统的载体。陈独秀首先对此进行了批判，他在《文学革命论》（《新青年》第 2 卷第 6 号，1917 年 2 月 1 日）中强调"文学本非为载道而设"。陈独秀反对的不是载道的形式，而是载的"道"的内容为封建的道统，即载道沦为代圣贤立言的工具。因而他主张以白话作为新载体的新文学应有新的载道内容，这也是当时文学革命者的基本主张。鲁迅的《狂人日记》尖锐而深刻地揭露了封建礼教的"吃人"本质，使小说发挥了载新道作用，在思想启蒙方面取得了巨大的成功。新文学界兴起"为艺术而艺术"的风潮，力图在根本上突破文学载道的工具性，也是对旧"道"的反叛。

五四知识分子对中国的道统、学统、文统虽然进行了激烈的批判并予以改造，但是并没有完全否定它们。这一批人绝大多数留学欧美或日本，既受西方思想的熏陶，又深受中国旧学的影响，对中国旧有的学术思想持"重新估价"的基本态度，以西方的科学、民主、自由等现代精神、理念和生活为参照，通过讨论中国政治、经济、宗教、文学、社会生活等诸问题，对传统文化加以解构、创新，以摆脱中国古代文化传统中麻木、僵死、庸俗、愚昧、虚伪的东西，实现对人的思想启蒙，实现人的精神的现代化，即胡适在"新思潮"的意义时所言"研究问题、输入学理、整理国故、再造文明"。在他们那里，任何影响到现代化进程的传统形式都会遭到反对，因而"反

---

① 胡适之、陈独秀：《答易宗夔》，《新青年》第 5 卷第 4 号，1918 年 10 月 15 日。
② 胡适：《中国新文学运动小史》，《胡适文集》第 1 册，北京大学出版社 1998 年版，第 106 页。

传统"如同引进西方新思想一样,不是五四新文化运动发动的目的所在,
而是借以达成思想启蒙的途径。那些赞成五四是"反传统"、"全盘反传
统"或"反传统主义"的人"只注意到五四运动那些破坏性的副作用而忽
视了它的真实启发作用。于是,他们心目中的五四运动只有'打倒孔家
店','动摇民族文化的命脉'这些节目"。① 其实,"反传统"只是对"五
四"的一种诠释话语。20世纪90年代以后,伴随着大陆学界对五四运动
的反思,"中国的文艺复兴"说、"思想启蒙"说再次悄然兴起,对五四运动
的话语诠释日益走向多样化。几十年来大陆、港台和国外学者,在五四
"反传统"是"全盘"还是"部分"的问题上争论不休。值得注意的是,无
论采取哪种话语系统,五四运动的文化意义与中国文化传统及中国传统
文化的关系问题仍然是有关"五四"研究的中心议题之一。随着学者间
的广泛而深入的交流,以及"五四"研究日益学理化,使得学界能够从多
个角度和多个侧面诠释内涵丰富且状况复杂的五四思想界,使得获得完
整、丰满、真实的历史成为可能。

三、反思与价值

五四"反传统"思想是在西方文化的挑战下形成的,并且当时学者运
用西方思想这一外来的新式武器对中国文化传统进行了深刻批判。这在
中国历史上是从未有过的,对中国文化由传统向现代的转化产生了深远
影响。在把握五四"反传统"真相的基础上,我们从中可以寻出对待传统
与现代关系的正确途径。

(一)五四"反传统"的根源

"反传统"是落后国家在现代化过程中极易出现的状况。五四"反传
统"是五四知识分子在继承近代启蒙思想家的思想和学风等基础上,对
中国现实的深入思考和对中国文化传统反思的结果。

长期以来,在中国的文化传统中,以"中国"为中心的观点根深蒂固。
直到近代西方入侵中国,中国人几千年来固有的生活状态被打破,政治、
经济、社会生活等方面都遭到前所未有的挑战和破坏,"西方"作为一种

---

① 殷海光:《中国文化的展望》,中国和平出版社1988年版,第188页。

异质文化进入中国人的视线。中国社会各阶层人们都进行了无数次的抗争,但是这些努力都没有从根本上改变中国被欺压的状况。辛亥革命推翻了两千多年的君主专制统治,建立了资产阶级民主共和国,但政权很快被军阀袁世凯篡夺,封建复辟的逆流在社会上恣意蔓延,一些革命党人为功名利禄收买,与复辟势力同流合污,造成政治秩序的混乱和社会危机的加深。"一战"期间中国的资本主义虽然有了一定程度发展,但日本也利用此机会加紧了对中国的侵略,虽胜犹败的情形更使中国备感屈辱。五四知识分子从中国屡次战败的教训中总结出经济—文化的悖论:像中国这样拥有悠久历史的文明古国背着沉重的包袱蹒跚而行,新兴的国家则轻装上阵,于是他们将中国没有摆脱落后的原因归结于传统方面,得出结论:要想"救国",根本和最重要的是"救人",即改造国民性,培养中国人形成独立自主的人格。同时,他们还认为,伦理思想对政治的影响极大,对于中国这个以伦理文化为显著特征的国家而言更是如此,因而陈独秀提出"伦理的觉悟,为吾人最后觉悟之最后觉悟"。五四知识分子在理智与情感上陷入二律背反的境地:一方面,认为文化传统越久远,在前进中背负的包袱越沉重,需要借助他种文化;另一方面,又追求保存文化传统,需要借此树立国民的自信心。这种纠结,不仅在中国,在世界范围内也是普遍存在着的。与中国提倡"西化"相比,西方国家于"一战"后高唱"东方文化救赎"便是一例明证。

伴随着政治运动的发生,往往有一个与之相应的文化革新运动的兴起。自从"西方"以侵略者的姿态进入中国人的视线,有关中西文化的争论和向西方学习的历程就已经开始了。中国知识分子在"中体西用"的框架里经历了从器物、制度到思想意识层层深入的探索过程。五四时期发生的中西文化论争,突破了近代以来的中西"体""用"之分的传统,将中国和西方置于同一平台上。例如陈独秀在《东西民族根本思想之差异》中指出,"西洋民族以战争为本位,东洋民族以安息为本位","西洋民族以个人为本位,东洋民族以家族为本位","西洋民族以法治为本位,以实利为本位;东洋民族以感情为本位,以虚文为本位"。尽管陈独秀的观点不无偏颇和稚嫩之处,但是,通过东西文化的横向比较,东方文化传统落后、消极、腐朽等不适应现代生活的弊端更加暴露无遗,五四知识分子也更加深刻地意识到中国文化传统的危机,更加坚定对中国传统的改造。

　　值得注意的是,五四一代知识分子的思想内容、思维方式、治学方式和学风深受中国近代启蒙思想家康有为、章太炎、严复等的影响。当然,五四一代也有自己的特色,从年龄上看他们大多出生于 19 世纪 80 年代左右,例如:蔡元培(1865)、吴虞(1872)、陈独秀(1879)、鲁迅(1881)、周作人(1885)、钱玄同(1886)、李大钊(1889)、刘半农(1891)。这一代人拥有兼受中国传统与近代的教育、中西学问兼备的得天独厚的条件,在中国历史上是独一无二的。另外,五四一代知识分子自清末已经开始投身于批判中国旧文化的革新思潮中,并与其中的思想主张和人脉谱系上都有一脉相承的发展关系。可见,反传统不是五四时期才蔚然兴起的,而是具有深刻的社会和历史背景。

　　(二)五四"反传统"对中国文化的影响

　　五四运动是一场伟大的思想启蒙运动,它打破了中国几千年来对孔子的偶像崇拜和儒学独尊的地位,使中国人在精神上获得从未有过的解放,为新传统的形成开启了门径,诚如美国文化学家约瑟夫·列文森所言:"五四代表了从传统走向现代、从一度把儒家学说奉为普遍真理走向借鉴西方经验而提出使中国摆脱困境的出路这样一种不可逆转的趋势的转折点。"①五四运动反对儒家纲常礼教对人的压迫与束缚,追求思想自由,倡导民主与科学的现代诉求,催生了许多新时代的因素。深受五四启蒙者影响的一代青年学生,特别是后来成为政治、经济、哲学、历史、文学等社会各界贤人达士,大都接受过"五四时代"的教育和熏陶,而且多因参加这场运动才开始他们一生追求的事业,例如:哲学家张申府、冯友兰,历史学家罗家伦、傅斯年、顾颉刚,文学家朱自清、叶圣陶、俞平伯等。无论是由于政治的干扰,还是由于"五四"的多种价值取向,启蒙者最终分道扬镳。他们虽然没有一如既往地站在同一战线上进行反抗封建主义、促进中国文化传统向现代的转化的斗争,但他们在各自选择的道路上仍然为实现共同的目标而奋斗着。尽管 30 年代中国共产党提出继承五四精神的"新启蒙运动",但其中已掺杂过多的政治因素。时至今日,我们

---

　　①　[美]约瑟夫·列文森:《孔子时代一去不复返》,《亚洲研究杂志》1961 年 3 月。

仍然振臂高呼民主与科学,由此可见,五四先辈们的启蒙事业并未完成,有待于我们在继承五四遗产的基础上,继续他们未竟的事业。

从表面上看,五四"反传统"削弱了儒学的地位,但实际上,它为儒家向现代的转化提供了难得的契机。五四"反传统"对千年来的儒家思想体系进行了清理,将孔子、孟子、荀子等原创者与后儒剥离开来,还儒家思想一个本来面目。贺麟曾指出:"新文化运动的最大贡献在于破坏和扫除了儒家的僵化部分的躯壳的形式末节,及束缚个性的传统腐化部分。它并没有打倒孔孟的真精神、真意思、真学术,反而因其洗刷扫除的工夫,使得孔孟程朱的真面目更是显露出来。"①这种清理对后来儒学发展的促动在传统社会是难以做到的。几千年来儒家一直处于中国文化传统的中心地位,对它的调整、创新或反叛仅限于枝节末叶,难以撼动它的坚实根基。中国近代历史证明:以儒家为中心的旧的改革模式难以焕发出新的活力,使中国摆脱西方的纠缠。五四知识分子,彻底觉悟的一代,接受中西方并蓄的文化思想,运用新思想、新方法,以"西方"为参照,对中国文化传统进行清理。在清理过程中,五四知识分子对儒家文化大举批判,促使人们反思儒学,在这方面做出突出成就的首当其冲要数现代新儒家一派。"新儒家"相对"旧儒家"而言,最重要的区别表现在将西方现代文明的因子与传统儒学相结合,以焕发出儒学新的活力。这也是五四"反传统"最大的意外收获。

五四"反传统"是五四知识分子在分析中国现实情势和学理的基础上作出的理性选择,尽管取得了巨大成绩,但它的缺陷也给后来的中国文化发展带来负面影响。他们对儒家思想缺乏理性的学术清理,对儒家以外的诸子百家殊少批判。五四知识分子如此深谙中国旧传统,因而往往在价值选择和实践操作上暴露出他们自身的矛盾性。胡适和陈独秀分别以走路和讨价还价的比喻来表达不赞成"调和"的价值取向。② 他们认为,人类有一种守旧的惰性,"调和"只能作为人类社会发展所能达成的

---

① 贺麟:《儒家思想的新开展》,《文化与人生》,商务印书馆 1996 年版,第 5 页。

② 参见胡适:《新思潮的意义》,《新青年》第 7 卷第 1 号,1919 年 12 月 1 日;陈独秀:《调和论与旧道德》,《新青年》第 7 卷第 1 号,1919 年 12 月 1 日。

客观状态,不能作为主观主张。毛泽东在评价五四运动时指出:"对于现状,对于历史,对于外国事物,没有历史唯物主义的批判精神,所谓坏就是绝对的坏,一切皆坏;所谓好就是绝对的好,一切皆好。"①五四知识分子处理问题的绝对主义倾向,决定了在言行上出现过激和情绪化的现象,但是我们要注意分析这些言论是在什么情况下讲出来的,分清哪些是主流,哪些是支流。有学者将五四运动与后来的"文革"相提并论,认为这两次文化革命的共同点在于,都是对传统观念和传统价值采取嫉恶如仇甚至全盘否定的立场。如果不能正确处理二者的关系,就不能正确对待五四"反传统"中存在的过激行为,也不能准确地评价五四运动,因而有必要作一解释。"五四"与"文革"虽都贯以"文化革命"之名,实则形似质异。"五四运动"实际上是一场反对封建蒙昧的思想启蒙运动,"文革"虽然贯以"文化"之名,实则是一场由文艺界开始的政治运动,批判孔子只不过是一个"影射"政治人物的符号。笔者认为"文革"不仅没有张扬五四的精神,反而是五四新文化运动所反对的家长专制、愚昧迷信等封建余孽在新的历史条件下的恶性发作,与五四并没有必然的因果联系。

(三)对待传统与现代关系的正确路径

首先,认知传统的特性,遵循传统的规律。

综合中西方学者的研究成果,笔者认为传统具有以下特性:其一,稳定性和变动性。传统是在过去形成,并对现在产生影响的东西。其二,共通性和特殊性。人类社会无论哪个民族都会面对如何处理人与自然、人与社会、人与自身这三大共同问题。由于各种原因,处理问题的方式却不尽相同,这也是民族文化得以形成的最根本原因。传统的共通性和特殊性在文化中得以形成和沿传。第三,传统的沿传载体有形与无形并存。传统既可以通过文字保存下来,也可以体现在人们的语言和行为中。第四,传统是一个中性词,好坏、善恶、美丑杂糅并存。

可以说,"传统"是一个矛盾的复合体,它先于主体而存在,并为主体所改造。伽达默尔指出,传统不是"某种另外的异己的东西","它一直是我们自己的东西,一种范例和借鉴,一种对自身的重新认识","我们以后

---

① 毛泽东:《反对党八股》,《毛泽东选集》第3卷,人民出版社1991年版,第832页。

的历史判断几乎不被看作为认识,而被认为是对传统的最单纯的吸收或融化"。① 因此,人们既是传统的接续者,又是传统的创造者,传统不是一成不变的,没有哪个民族能固守传统永世长存。五四知识分子在批判中国传统的伦理关系时,自己也没有完全摆脱其影响。这突出体现在这些人的婚姻生活上,他们的主张是现代的,生活上却是传统的,例如:胡适批判旧的婚姻制度,但即使遇到过情投意合的对象,也仍然与母亲包办的妻子共度一生。

其次,培养对本民族传统的自觉意识。

"知己知彼,百战不殆",只有形成对本民族传统的清醒认识,才能从容不迫地寻出传统转化的理路。传统中有一部分是出于人类原始情感倾向的表露,如敬重权威道德规范、思念过去、依恋家乡和集体、渴求家庭的温情,等等,希尔斯称其为"实质性传统(substantive tradition)"。这部分传统尽管在各民族中表达的方式可能不同,却与人类同在,不受地域、种族、时空条件的限制。这一点在"反传统"时应当格外注意。从学理和现实上看,人们越来越清晰地认识到全盘反传统是不可能达到的,"五四"在反对封建主义之时,对"实质性传统"不够重视,造成当时一些热血青年出现与家庭决裂、自杀等极端行为的出现,这也是部分时人和后人认为"五四"是全盘反传统的重要原因之一。

另外,培养对民族传统的自觉意识,还需要寻找一个参照系作比较。余英时在回顾中国近代文化历程时指出:"鸦片战争以后,我们闭关自守的局面被打破了,西方文化侵入了我们的生活圈子,中国文化早已起了性质的变化;而我们对于这变化却并不自觉,因之对于自己文化的认识也依然停留在旧日的阶段。"②以西方为参照,对比中西文化传统,在这一点上,五四知识分子可以说是杰出的一代。他们虽然在比较时过于注重文化传统的时代性,对其民族性重视不够,但对中国文化传统进行了一次较为深刻的反省和清理。

---

① [德]汉斯-格奥尔格·伽达默尔著,洪汉鼎译:《真理与方法:哲学诠释学的基本特征》(上),上海译文出版社2004年版,第364页。
② [美]余英时:《五四文化精神的反省》,《五四:文化的阐释与评价——西方学者论五四》,山西人民出版社1989年版,第39页。

　　再次,理顺传统与现代化的辩证关系。

　　从理论和实践上来讲,实现现代化的首要难题是如何处理对待"传统"的问题。这一难题处理不好,现代化的顺利实现根本无从谈起。一般而言,人们对传统与现代化的关系存在着对立的看法:一种认为传统与现代化是决然对立的,这种看法在早期现代化进程中比较普遍,特别是科学与民主的思潮兴起后,"传统"日益变成一个声名狼藉的名词;另一种看法是传统与现代化是可以并存和沟通的。伴随着人们对自身和现代化认识的日益理性,传统也得到了正本清源。无论从世界历史进程,还是从中国自身发展来看,都出现过将传统与现代化对立起来的历史。这段历史往往也使人们付出沉重的代价。五四"反传统"虽然没有把传统与现代化截然对立起来,但却出现过过于偏激的情况。究其原因,在于未能认清传统对现代化的意义,未能处理好传统与现代化的关系。从发展的眼光看,传统兼具实现现代化的阻力和助力双重作用。

　　如何处理传统与现代的关系,既是一个历史命题,又是一个现实命题。在我们振臂高呼"科学"、"民主"、"民族复兴"的今天,再次回顾五四"反传统",缩小了我们与先辈们的时空距离。历史不会改变,改变的只是人们看待历史的观念。我们对传统应持的理性态度是:既不能恣意割裂,也不能盲目固守。

第三节　中印文化交流的顺通

　　泰戈尔作为东方文明的"代言人"和世界级的文化大师,对"文明"的理解兼具东西方特色。在泰戈尔看来,"文明"是"人类追求完美"的代名词。他将东西文明置于平行的比较平台上,强调东西文明各有短长,应该互相补充,如此才能共创丰富多彩的世界文明。遗憾的是,五四知识分子大多对泰戈尔的文明观存有误解,没有把握他的思想本意,这是五四思想界、泰戈尔本人和中印文化差异三方面因素综合作用的结果。重新解读泰戈尔的文明,无论是对探寻泰戈尔思想的渊源,还是就推动当今中印文化交流而言,都具有重要意义。

33

一、文明的差异

泰戈尔全部思想的哲学基础是追求矛盾的和谐统一,他的文明观的哲学基础也是如此。泰戈尔对文明的理解也别具一格,他的文明观既带有浓郁的印度宗教色彩,同时又兼具西方现代特色。鉴于前文各章节中已对泰戈尔的文明观作了详细论述,在此仅对泰戈尔的文明观作概略性阐释。

（一）"文明"的含义及其特征

泰戈尔认为文明是"人类追求完美"的代名词,将"civilization"翻译成孟加拉国语"萨维达"是不恰当的,而"达摩"的含义则与之比较接近。

泰戈尔指出,"civilization(文明)"这个词起源于欧洲,近一百多年来才传入东方,人们在没有弄清楚它的含义的前提下就使用它。"一战"暴露出西方文明的危机促使人们开始思考究竟什么是"文明"。泰戈尔在许多场合谈到对文明的看法,如"文明的意思是相聚在一起思考"[1]、"文明的意义就是人类的相互合作"[2]、"文明的核心是人类在相互交往中共享幸福"[3]。综观泰戈尔的著作,他所理解的文明的基本含义是为了达到至善至美的目标而逐渐形成的对某种具有指导性的道德力量的表现,多数场合指对友爱、合作、秩序等方面的理想追求。

按照翻译惯例,"civilization"被翻译成孟加拉语"萨维达",其原意是指"善行",受到某些社会法规的限制。在泰戈尔看来,萨维达与文明的含义是不对应的,梵语词"达摩"(dharma)与"文明"的词义最为接近,这个词的一般含义是指某一事物的本质,其特定含义是指可以使人们精诚团结并引导人们获得最大幸福的原则,"文明就是要表现人的'达摩',而不单纯是他的聪慧、能力和对财富的占有"。[4] 这也就是说,文明不仅指

---

[1]　[印]泰戈尔:《印度的行路人拉姆莫享·罗易》,《泰戈尔全集》第23卷,河北教育出版社2000年版,第9页。

[2]　同上书,《论合作》,第24卷,第306页。

[3]　同上书,《合作社政策》,第180页。

[4]　[印]泰戈尔:《印度的行路人拉姆莫享·罗易》,《泰戈尔全集》第23卷,河北教育出版社2000年版,《人的宗教》,第335页。

物质方面等外在的东西,更重要的是指人类追求幸福美满的理想。从"达摩"的一般含义和特定含义来看,达摩就是至善至美的化身,而以追求真善美为核心的道德尺度和社会原则即是泰戈尔文明观的基础。泰戈尔眼中的文明除了具有印度的民族色彩,还包含了与野蛮相对的现代含义。他在《人生的亲证》中指出:"孟加拉国语中'文明'就是各个民族为了按照它最好的理想塑造国民而忙于制造的一种模型,它所有的机构、立法机关、奖惩准则、有意识或无意识的学说,都是针对这个目标。西方近代文明通过全部机构的努力试图在身体方面、智力方面和道德方面培养出完美的人来。"可见,在泰戈尔看来,文明还包含人类在追求理想状态过程中由低向高的发展过程。

在此基础上,泰戈尔提出了衡量文明进步的三个重要尺度,即道德的精神水准、物质的发达程度和社会发展形态。他在《在爱中亲证》中指出:"文明不是依靠已发展的众多的权力来判断和评价,而是依靠人类的爱,依靠法律和制度所体现出的进步程度。"不可否认,近代以来西方社会对人的自由权利的张扬,对人的价值的尊重,乃至基督教对博爱精神的宣扬,都深深地影响了泰戈尔对评判文明尺度的把握。在上述三个尺度中,泰戈尔认为文明的道德评判尺度更加重要。他强调,人类应该是富有爱和正义的,文明决不能承受任何形式的人吃人的习俗。据此,泰戈尔认为,西方社会创造的以贬低人性为代价的物质文明的发达,只能说是进步的体现,而不是真正的文明。因为,进步与追求完美理想、给予人力量和欢愉的文明不同,它与内在理想无关,仅是为了满足人类无休止的外在索求。

(二)东西文明之比较

在泰戈尔看来,东西文明是平等的。他遵循平等比较的原则,对东西文明进行了全方位和多角度的比较。

泰戈尔以文明的产生是人类追求完美生活的结果为立论基础,认为每一种文明的形成和发展都是人类心智活动的结晶,由于人类的审美视角不同,遂产生了不同的文明,因而,任何一种文明皆有其存在的合理性。在泰戈尔眼中,东西文明在世界文明体系中的地位是平等的。他把在印度或中国、波斯或犹太、希腊或罗马等世界各地逐步发展起来的不同文明,比喻成具有不同海拔、气温和动植物群但却属于同一山系的山峰。在此基础上,泰戈尔对东方和西方的文明起源、民族性格、宗教信仰、生活方式、哲学、艺术、社会组织等诸多方面进行了平行的比较。

泰戈尔认为,东西文明差异的根本区别在于人类处理人与人的关系及人与自然的关系的方式不同。西方文明是一种城市文明,产生于城堡之中,与自然隔开,因而具有以征服自然为荣、强调人的个性解放、崇拜人化的神等特点。以印度和中国为代表的东方文明,则是农业文明,其地理条件优越,人们可以从大自然中获取食物、生活必需品、建造住所的原材料以及生产和交通工具等等。因此,东方文明崇尚人与自然的和谐,强调人类在强大的自然界面前显得无能而渺小,以人与人之间的合作作为基本准则,不注重物质财富的掠夺,一切外部的冒险活动都得服从于家庭。

泰戈尔认为,西方文明昌盛而东方文明衰落的原因在于,西方文明的各个子系统是协作的,而东方文明的各个子系统则是散漫的。他指出,欧洲大陆的各个国家互相靠得很近,它们的自然边界不是不可逾越的。欧洲国家没有被大漠或高山所隔离,他们只信奉一种宗教即基督教,而且长期以来它只有一个中心,即罗马。实际上,在建立统一的宗教的同时,欧洲大陆上也建立了统一的学术,即使后来欧洲各国走出了拉丁语的保护伞,各国开始运用各自的民族语言发展学术,但是各国的学术仍然遵循合作的原则。另一方面,泰戈尔所讲的东方文明通常指的是亚洲文明。他将其分为以中国、印度、日本为一派的东亚洲文明和以波斯、阿拉伯等为一派的西亚洲文明。他曾指出,东方诸国如同一盘散沙,不互相研究,也不互相团结,东方文化"不是建立在各亚洲国家精神合作的基础之上的。……在阿拉伯和中国的学术中间是没有任何一致的——而且二者在许多问题上是对立的",[①]这也是东方文明衰败的主要原因。泰戈尔多次强调,建立人与人之间的亲密关系一向是印度长期以来的主要努力方向,印度文化与中国文化又具有一种亲缘关系,他访问中国的目的在于沟通

---

① [印]泰戈尔:《印度的行路人拉姆莫享·罗易》,《泰戈尔全集》第23卷,河北教育出版社2000年版,《论合作》,第24卷,第306页。

中印两国中断一千多年的友谊,实现东方文明内部的联合以图东方文明在世界的复兴。

泰戈尔指出,西方进取性文明和东方合作性文明的不同特点,表现在哲学、艺术、社会发展等各个方面和领域。首先,在哲学方面,泰戈尔认为,西方纯粹是为了获取优势而爱智慧,东方以爱智慧为实现自我的手段。他在中国的演讲中强调:东方人的主要特点是不过分看重通过占有优势而获得的成功,而是通过实现"达摩"即我们的理想,而获得自我价值的体现。具体而言,印度为摆脱现世苦难爱智慧,而中国为协调人际关系而爱智慧。其次,在艺术方面,泰戈尔认为,西方崇拜力量,东方崇拜美与真。在他看来,东方艺术,尤其是日本艺术和中国艺术的伟大和美感在于,艺术家看到了事物的灵魂并且对此深信不疑。西方艺术或许相信人的灵魂,但是它并不真正相信宇宙万物只有一个灵魂,而东方艺术对此深信不疑,东方艺术对人类艺术的主要贡献也在于此。于是鉴赏东方艺术,不必追求细节,也不必看重细节;因为最重要的东西是艺术品要表达的灵魂。最后,在社会发展方面,泰戈尔认为,西方社会追求的是行为的变化,东方社会追求的是社会的稳定。他指出,科学给人类带来的永久性财富是欧洲最大的光荣和不朽之处。东方社会是家庭型社会,西方社会的内涵比东方的广大,它是由单个人组成的大众社会。

泰戈尔还指出,东西文明按照自身原有的方向发展易于出现诸多问题。他认为,西方文明追求进取、变化、个体自由的特点,易于导致妄自尊大。现实的情况是,西方国家凭借物质文明发达所带来的强大的军事、政治和经济实力,征服中国和印度这样以精神生活著称的东方国家,东方文明受到西方物质武力的压迫,迫使东方文明与西方文明的不同特色完全消灭,统一于西方物质文明之下。西方国家征服自然带来的巨大物质利益,在另一个侧面映衬了出东方国家固守平和、追求永恒的不足。泰戈尔在中国的演讲中提出:"东方人的心灵更多地关注永恒的平和,而很少在乎永恒在许多事物或方面的表现形式。这种心态反映了一种对精神财富的吝啬,即为了保证它的安全而把它关在一个空间有限的容器里。我们在这狭小的世界里尽享天年。那种随时准备去冒险探索,去获得丰富人生的活力,我们都没有。"在泰戈尔看来,东方文化的特点具有保持社会稳定性的作用,但也缺乏西方的进取精神和活力。

（三）不同文明的互补

泰戈尔以追求永远变化着的事物与完美的永恒精神的和谐之真理为其毕生奋斗目标。他在比较东西文明的基础上,指明东方文明和西方文明是一个真理的两个方面,双方应该互相补充。西方文明压倒东方文明的明显优势,以及泰戈尔思想中浓厚的东方情结,促使他格外强调复活东方文明的重要性。

泰戈尔认为,东西文明各有优劣,若按照各自的方向发展下去,是十分危险的。他指出,从总体上看,东方文明主"静",象征着追求完美的永恒精神,而西方文明主"动",象征着追求永远变化的事物。东方文明和西方文明是一个真理的两个方面,只有把两者有机结合起来才是完整的。泰戈尔又进一步认为,按照东西文明的现状和原有的趋势发展下去,东方文明与西方文明都不是真正的文明。他强调,东方和西方的命运是绑在一起的,东方文明按部就班有停滞的危险,西方文明横冲直撞有毁灭的危险,东方应当向西方活跃向上的心灵寻求帮助,西方应当借用东方宁静的智慧来平和心态。泰戈尔在中国的演讲中还进一步指出:"如果这两者的和谐被打破,我们的生活不是化为浅浅的影子,就是随着物质的积攒而张大。"也就是说,打破东西文明和谐发展的结果,不是失去永恒的精神追求,就是导致物质欲望的急剧膨胀。

针对东西文明的优劣特点,泰戈尔期盼东西文明能够扬长避短,互相交融,创造出富有成效的绚丽色彩。他指出,东西文明发展的现状是,东方民族因受到西方的物质压迫而对自己的文明丧失了信心,进而盲目崇拜起西方文明。在他看来,单纯模仿西方是无益而且可笑的,因为西方生产的东西本为西方所用,东方不能简单地加以移植,如果东方想要复制西方的生活,那复制品一定会是伪造的。同时,泰戈尔也强调,东方固守旧的习俗,对西方充满仇恨,也是行不通的。泰戈尔多次对西方文明特别是科学给予了高度的评价,他在中国的演讲中也一再申明:"我们必须接受西方的真理,即使仰慕和赞美也不为过。如果我们不接受西方的真理,我们的文明就会流于片面、呆滞而又了无生气。科学,给了我们思考和推理的能力,使得我们能够积极地发现自己所追求的理想的价值。"①故而,泰戈尔指出,东方民族要自立,一方面要确立对自己民族文化的信心,获得精神自由,与西方人站在文化发展的同一水平线上;另一方面,要接受西方的先进文明,批判东方文明的落后内容。在泰戈尔看来,西方对东方的最大帮助就是活跃的心灵促使人们把思想变为行动而产生的积极影响。不少人忽视了这一方面而误认为泰戈尔是反对西方文明、主张以东方文明统领世界的"东方主义者"。不过,正如人们所熟知的那样,泰戈尔的确认为,东方文明蕴涵的博爱与和平的思想精华可以拯救西方的精神危机。

泰戈尔站在整个人类发展的立场上指出,科学发展给人类交往带来便利,使人们的交往逐渐打破地域的界限,使东西方打破绝对的天然屏障,交往的范围从一个团体、一个民族、一个国家扩展到整个地球。交往的主体,不论是整个地球,还是一个国家、一个民族,都应当像个人一样,"必须有自我表现的自由,也必须能有联盟的结合。人类务必要实现范围空前宽广、感情空前深厚、力量空前强大的和谐协调",②人类交往界域的扩大为东西文明的对话提供了必要的前提条件。

总之,泰戈尔的文明观兼具东方和西方的特色,他试图站在世界文明发展的制高点上,力求客观地揭示东西文明的奥妙所在。他将东西文明的比较置于同一平台上,对世界文明走向的分析也不涉及任何具体的文明形态。正因如此,他的文明才能为东方和西方的努力方向提供指南。应当强调的是,泰戈尔的文明观不仅提升了正处于世界文明体系中"失语"状态下东方文明的自信心,而且它还犹如马克思为资本主义国家敲醒的丧钟一样,为西方国家物质文明的畸形发展带来的危害提出了中肯的忠告。然而,泰戈尔的文明观无疑具有理想化的色彩,他对文明的看法也大多出于对文明的感悟而不是理性分析,这一缺陷在一定程度上制约了泰戈尔文明观本应发挥的积极作用。

----

① 　[印]泰戈尔:《在中国的谈话》,沈益洪编《泰戈尔谈中国》,浙江文艺出版社2001年版,第28页。

② 　[印]泰戈尔:《诗人的宗教》,《泰戈尔全集》第21卷,河北教育出版社2000年版,第281页。

二、文明的误读

泰戈尔对"文明"的一系列解读赢得了许多欧美发达国家的热烈欢迎,但在与印度几千年来邦交甚好的中国,却受到颇多非议,这实在耐人寻味。在中国,无论是欢迎者还是反对者,都背负着各自的使命看待泰戈尔,并在不同程度上误读了泰戈尔的文明观。他们也因此没有能够真正了解泰戈尔思想的本意,从而削弱了泰戈尔的"忠告"对中国文化发展应起的积极作用。本书姑且将五四知识分子对泰戈尔的误读称为"泰戈尔现象",对这个现象的解析,须从五四知识分子的思想世界、泰戈尔思想的发展轨迹和中印文化的差异三方面考察,才可能寻出泰戈尔被误读的真相。

(一)五四知识分子的思想世界

五四知识分子对泰戈尔的认知,不是出于单纯的学术研究,而是带着企求"救国良方"的先入之见的。他们本着各自的动机,从不同的角度评判泰戈尔,赋予泰戈尔访华多重含义,以致歪曲了泰戈尔思想的本意。此外,五四文学翻译的现实主义价值转向,以及小资产阶级译介泰戈尔作品的择取倾向,也在不同程度上误导了读者认知泰戈尔的路向。

五四时期,先进的知识分子对于引入中国的外来思想,都希望它是拯救中国的"灵丹妙药",对于访问中国的外国学者,都希望他们是拯救中国的"救世主"。带着这样的先入之见,他们对待杜威、罗素、杜里舒等外国思想家,就不由自主地带有片面性和主观性,而实际上他们对于这些外国思想家的思想本身并没有进行过深入的思考。同样地,他们对泰戈尔思想的认知,也跟他们对待其他外来思想一样,都不是以纯粹的学术研究为归宿的。欢迎者和反对者,在对待泰戈尔访华事件和泰戈尔文明观上的观点尽管不同,但他们拥有"救亡图存"这个共同的基点和奋斗目标。因此,外来思想在他们那里往往成了救亡图存的思想武器,对泰戈尔思想本身的认识则退到次要位置。同陈独秀一起批判泰戈尔的沈泽民曾详细论述了泰戈尔的思想无益于中国青年的前途,因而对泰戈尔进行了批判。他的立论依据是,引进国内的外来思想的价值,不在于思想本身的好歹,而在于对本国民众的生活是否有益。他在《泰戈尔与中国青年》一文中指出："把外国的思想介绍给一国的民众时,这思想一定要和这民众的生活相吻合才有益处,否则,无论这思想的本身是好是歹,对于这民众所生的影响一定是无益或且有害的。"沈泽民评判泰戈尔思想的实用主义态度反映了五四知识分子对于引进外来思想的一种普遍心态。

　　泰戈尔访华时,中国的现实状况是:袁世凯死后,西方列强为了维护各自在中国的利益,纷纷扶植新的代理人,致使中国处于新旧军阀混战的状态。国民党和共产党在共产国际的调和下,达成"党内合作"的协议,共产党帮助国民党改组,孙中山的三民主义也增加了联俄、联共、扶助农工的三大政策,两党联手准备北上讨伐军阀,如火如荼的国民大革命犹如离弦之箭。在此背景下泰戈尔来到中国宣扬世界和平、超越阶级的友爱等思想,似乎是不合时宜的。胡适晚年回忆说:"他(泰戈尔——笔者注)的思想所以不大受欢迎,是因为那时的中国思想背景已不能接受他的思想。当时在他讲演场散发传单的,那是有政治作用的,更不用说了。"①在国危民艰的情况下,国人无法以一种普通文化交流的平常心对待泰戈尔。陈独秀由起初国内第一个介绍泰戈尔作品的人,转变为后来批判泰戈尔最激烈的人,从这一戏剧性的变化中可以感受到中国政治形势的变化对学术导向的风向标作用。

　　五四知识分子本着各自的动机、从不同的视角评判泰戈尔,赋予泰戈尔访华多重附加含义,使泰戈尔难以本真面目清晰示人。泰戈尔访华事件引起了当时人们的普遍关注,他在中国的演讲中涉及了文学、艺术、教育、哲学、政治、宗教、文化等许多方面内容。当时人们评判泰戈尔不是为了介绍泰戈尔的思想,而是为了达到自己的主观目的。我们不妨将这一点看做是国民危难之际中国知识分子的功利主义思想的体现。陈独秀、瞿秋白等中国共产党人反对泰戈尔,主要考虑的是中国的政治形势和中国青年的前途。梁启超对泰戈尔表示热烈的欢迎,其主要原因是他找到了与泰戈尔在东西文化观方面的共通之处。胡适对泰戈尔的欢迎则出于对泰戈尔文学革命观的认同。梁漱溟将泰戈尔视为弘扬东方文化的同道中人,这主要是因为他认为泰戈尔的思想与儒家思想具有极为相似之处。

---

① 曹伯言整理:《胡适日记全编》第8册,安徽教育出版社2001年版,第446页。

徐志摩和郑振铎大力欢迎泰戈尔,主要出于对泰戈尔的文学艺术和人格的仰慕。泰戈尔访华尽管不是欢迎者刻意安排的,但他们在泰戈尔身上可以找到期望已久的东西。借助泰戈尔这位享有世界盛誉的名人之口,传达他们的思想意图,实属难得的契机。事实证明,他们各自也的确在泰戈尔身上找到了契合之处。反对者将这一点是看得比较清楚的。亦湘在《泰戈尔来华后的中国青年》(《中国青年》第 27 期,1924 年 4 月)一文中指出:"因为国内的文学家、玄学家、东方文化派,一定要顺便请他来讲学,用以传布自己的主张和扩充自己的势力。有了这种作用,于是我们对于太戈尔的思想,不能不施以批评;于其来华,起了相当的反对。"可见,反对者批评和反对泰戈尔,并非直接针对泰戈尔本人。在反对者那里,泰戈尔变成了他们批评欢迎者的一个影射符号。五四知识分子也站在不同的立场,依据各自的需要剪裁泰戈尔思想。正因如此,评判泰戈尔访华变成了一种文化炒作,而对泰戈尔的认识则脱离了泰戈尔的本来面目,反对者没有给泰戈尔表达自己的机会,泰戈尔也不善于利用欢迎者给他的表达机会。实际上,泰戈尔本人在中国的演讲中也曾发出"你们千万不可利用诗人们来布传消息"的无奈感叹。

另外,"五四"文学翻译由多元化向现实主义的价值转向,与小资产阶级译介泰戈尔作品的择取倾向,也误导了读者认知泰戈尔的路向。从翻译理论和实践来看,译者对作品的选译会直接影响作者在读者心中的形象。五四时期,泰戈尔作品的译者大多是小资产阶级学者,如郑振铎、徐志摩等。他们翻译的泰戈尔作品主要集中于《吉檀迦利》、《新月集》、《园丁集》、《飞鸟集》、《春之循环》等散文诗。这些作品的主要内容是讴歌梵我合一、歌颂大自然、歌颂儿童的天真、歌颂青年的梦想和父母的期望,寄托了作者对自由和谐的幸福生活的渴望。这些作品尽管对当时人们冲破封建思想的羁绊、寻求思想和个性的自由解放起了积极作用,但也给读者造成一种错觉:似乎泰戈尔只讲小资产阶级的浪漫,不讲劳苦大众的现实疾苦;只谈热爱大自然,不讲现实物质生活;只宣讲人类之爱,不讲民族矛盾。应当注意到,译者对泰戈尔反封建、热爱劳动人民的作品和思想很少涉猎和宣传,这使读者不可能全面地了解泰戈尔。泰戈尔访华期间的接待者也有意或无意地按照自己的理解介绍和宣传泰戈尔,仿佛泰戈尔的全部思想和所有作品只有一个"爱"的主题。接待者越是强化这种观念,反对者越是认为要消除泰戈尔的影响。因而,在阶级斗争异常尖锐的背景下,批判的文章铺天盖地地向泰戈尔袭来。

(二)泰戈尔的思想轨迹

实际上,泰戈尔的文明观之所以被误读,他本人也应承担部分责任。泰戈尔思想本身具有矛盾性和复杂性,而且带有印度的神秘宗教色彩,这给人们正确地理解他造成了客观上的认识障碍。此外,尽管泰戈尔主张东西文化的调和,但"一战"后,他更侧重强调东方文明的精神价值,批评西方文明的物质至上原则。这与当时中国的社会需要和五四思想界的整体氛围是不相符的,这也是他没有获得中国人首肯的主要原因。

纵观泰戈尔的一生,他的思想矛盾而复杂。当年过古稀的泰戈尔被问到他的最大优点和最大缺点是什么时,他的回答都是"自相矛盾"。泰戈尔出生在富有的贵族家庭,又在父亲的农场工作,自觉地贴近社会底层的人们,对农民的情况十分了解;他生活在一个宗教信仰的国度里,对神冥充满无限敬意,对大自然充满无限热爱,对现世生活又给予无限关注;他既反对英国对印度的殖民统治,发表过许多批评英国殖民者的文章,又反对与殖民地不合作的暴力和非暴力的革命形式;他既对东方民族的优秀文化极尽赞美之词,又对东方民族尤其是印度的许多陋俗给予无情地鞭挞;他赞美西方的科学技术对人类发展作出的巨大贡献,主张向西方学习,同时,他又把现代社会出现的种种弊端归因于科学,发表过不少批评西方文化的言论;他没有接受过完整的学校教育,却按照自由的理念创立了一所东西合璧的国际大学。泰戈尔在文学作品中也"时而抒发青春欢乐的情怀,时而阐述生命之神的哲理,时而直喻现实的黑暗,燃起人道主义理想的火花"。① 在他身上,贵族与平民、出世与入世、传统与现代、东方与西方、激情与理性、理想与现实等种种矛盾的思想与观念交织在一起。

多重的思想矛盾造成的复杂性,给人们准确地把握泰戈尔的思想本意造成了客观上的认识障碍。无论是当时的人还是现在的人,对泰戈尔

---

① 如珍:《浅论泰戈尔的戏剧创作》,《南亚研究》1984 年第 4 期。

的认识都存在巨大分歧,很少有人能够准确理解并表达出他的真实想法。这与他丰富的人生阅历、"诗人"般的性格气质和独特的思维方式有关。泰戈尔出生在孟加拉国文艺复兴运动的漩涡中心——加尔各答。整个家庭洋溢着创造精神和革命精神,这对泰戈尔的成长起了不容忽视的滋养作用。青年时代,泰戈尔曾留学英国,深受西方思想的感染。他多次游历欧美国家,亲眼目睹了科学技术和物质文明的飞速发展给西方世界带来极其丰富的物质财富,同时也看到了西方世界为此付出了精神空虚和道德沦丧的巨大代价。泰戈尔善于运用象征和隐喻的表达方式阐释复杂的问题和深刻的道理,这也容易使人们产生不同的理解而引发认识分歧。

受西方世界兴起的东方文化热潮的影响,泰戈尔在目睹战后欧洲的衰败惨相后,思想发展进入相对保守期,由赞扬西方文化转向提倡复活东方文化。他访问中国时,其思想进程正处于这一时期。如前文所述,泰戈尔主张东西文化的调和,但他在中国的演讲中着力称赞东方的精神文明,"非难近代文明和排斥科学"也无非是想坚固他所信仰的精神生活。诚如日本学者所言,"在他(泰戈尔——笔者注)的头脑中,物质和精神都有对等的位置,并非是不绝的争斗者。不过因为要避免信仰之巢底倾覆,所以他只得用力防止那外来的物质之侵入"。① 而且,中国与印度被世人公认为东方文化的代表,中印两国几千年来结交甚好,近代以来同受西方列强欺压,这些因素促使泰戈尔意欲访问中国的愿望更加强烈。他试图改变东方诸国互不研究、互不团结、一盘散沙的状况,力求实现以中国和印度为代表的东亚洲和以日本为代表的西亚洲联合起来,促使东方文化在世界上重新崛起。泰戈尔站在人类文明发展的制高点上,反思如何对待东西文化的问题,即使从全球化视野下的今天来看,他的这些主张对东西文化的走向仍然具有启示意义。泰戈尔访问中国之前本来准备了讲稿,可他到中国后发现,中国和印度一样,被西方的物质文明破坏殆尽,发现中国在学习西方的过程中存在唯物质主义和过激否定民族传统的倾向,这些都使泰戈尔痛心疾首。他因此改变计划,在各种场合讲起了弘扬东

---

① [日]宫岛新三郎著,仲云译:《太戈尔和托尔斯泰》,《小说月报》第 14 卷第 9 号,1923 年 9 月 10 日。

方精神文明、批评西方物质文明和科学的话语。尽管从泰戈尔的整个思想体系来看,他并不反对西方的物质文明和科学,但他在中国演说中没有能够全面地表达自己的观点,由此而造成误解,泰戈尔本人的确负有部分责任。

忽视对中国政治革命形势和社会现实的考虑,这是泰戈尔的良苦用心没有得到中国人首肯的主要原因。泰戈尔访问中国时,正值国共两党合作领导下的轰轰烈烈的反帝反封建的国民大革命刚刚展开之时。泰戈尔在中国的演讲充满了理想主义的浪漫气息,他在演讲中赞扬东方文明、批评西方的物质文明与科学的价值,鼓吹和平、反对战争,宣传友爱、反对暴力革命,主张与殖民者合作,甚至连甘地的非暴力不合作运动也在他的反对之列。这与当时中国严峻的阶级斗争形势、背负沉重的历史举步维艰的现状以及反对封建蒙昧的新文化运动的潮流等等,是极不相称的。近代以来落后挨打的社会现实,削弱了中国人的文化自信心,在新文化运动的领袖们看来,东方精神文明仍然无法挽救西方物质文明发展出现的问题,"一战"的爆发也并非科学技术的发达所导致,而是由资本主义私人占有制造成的。认识到中华民族的劣根性和文化发展的惰性,促使他们更加明确了全面学习西方的趋向,以至于 20 世纪 30 年代陈序经和胡适等人提出"全盘西化"的主张。泰戈尔访华回国后,尤其是看到日本对中国发动的全面侵略战争时,彻底放弃了对日本存有的幻想,对殖民者的态度才变得强硬起来。倘若泰戈尔访问中国时的思想处于这种状态,他所受到的待遇或许会好些。遗憾的是,泰戈尔在中国的演讲脱离了中国社会的现实状况和改革者的心理诉求。他的浪漫想法在处于民族危机和思想危机严重时刻的中国是难以实现的。

(三)中印文化的隔阂

跨文化交流时,人们很难超越自身的文化传统、思维方式、行为习惯等方面的限制,往往只能按照自己的想法去理解他种文化及其中人们的思想,这就容易造成难以清除的隔阂,产生难以避免的误读。五四知识分子误读泰戈尔的最深层原因是中印两国文化之间的巨大差异。

尽管中印文化交流的历史源远流长,但中国对印度文化的了解,与对西方文化的重视和了解程度相比,相距甚远。从前文分析得知,泰戈尔的思想、语言、表达方式等方面均带有印度文化传统的色彩。五四知识分子普遍认为,西方文明对中国的强国复兴具有许多可资借鉴的精华部分。他们在向外寻求救国之道时,大多选择留学欧美发达国家,与西方文化的交流比较频繁,对西方文化的体悟也比较深刻。与之相比,尽管中国与印度交流的历史长达几千年之久,但中印文化之间的差异依然"泾渭分明"。中断了一千多年的文化交流更是加深了中印文化之间的隔阂。在由传统向现代转变的过程中,两国几乎没有文化方面的往来,而是同时将目光投向西方世界。印度"亡国"的事实更使中国人感觉印度文化不值一提了。如前文所述,对印度文化有所研究的梁启超和梁漱溟,与五四时期的其他学者一样,其认知与印度文化和泰戈尔思想的本真的面目也存在一定差距。素有"中国太戈尔"之称的辜鸿铭,也自称仅读过泰戈尔的两本书。面对泰戈尔这位"陌生"的到访者,无论欢迎、批评抑或介于两种态度之间的人们,基本上是按照中国的方式解读产生于印度文化土壤之上的泰戈尔思想。

中印文化的隔阂是造成五四知识分子误读泰戈尔的根本原因。泰戈尔生长在印度这个宗教信仰的国度,其矛盾统一的思维方式、浪漫超然的语言表达方式等,无不受到印度文化的熏染。他对一些问题的论述不是出于逻辑推理,而是运用大量的比喻和象征手法,需要通过内心的感悟获得。通过这种方式所表达的思想对务求实效的中国人来讲是难以把握到位的。郭沫若、瞿秋白、张闻天等许多知识分子的早期思想都受到泰戈尔泛爱和泛神思想的影响,不过后来迫于中国内外压迫的政治形势,转向实际的斗争。其中,郭沫若和瞿秋白都对泰戈尔的思想进行了激烈的批判。这恰好体现了他们对产生泰戈尔思想的宗教和哲学基础的不甚了解。思想的玄学特质与诗人的身份相配合,使得泰戈尔的思想透露出印度文化所具有的诗性玄学特点。泰戈尔也因此被尊称为"诗哲"。泰戈尔受到的非议之所以远多于之前访华的杜威和罗素等人,不仅仅是由于中国政治形势和社会环境发生了变化,更主要的原因是在中国人流传着"圣人不作诗,作诗非圣人"的观念。在急于寻求救国图强之道的五四知识分子看来,诗人泰戈尔简单自由的言论,与西方的哲学家深邃严密的理论体系和系统的逻辑论证相比,是微不足道的。事实上,泰戈尔除了在诗歌方面有很深造诣外,在文学的其他方面,乃至哲学、宗教等领域所取得的成绩,也是令人瞩目的。然而,徐志摩、郑振铎等中国的欢迎者,却特别强调泰戈尔的"诗人"身份,这就更加加重了反对者对泰戈尔的反感。事实上,泰戈尔洞悉精神文化的巨大力量,来中国后大力宣传"精神救国"的主张,在实际斗争中,他既反对武力,又反对与殖民者的不合作。然而,在中国人看来,一个来自"已亡国家"的诗人讲求内心修炼而非采取实际行动的"政治救国"路径,对中国争取国家的独立和发展都是无益的。这一点正是泰戈尔在中国遭到强烈反对的最重要原因。

泰戈尔无论走到哪里都不是受到普遍欢迎的,尤其是在他钟爱的亚洲,更是腹背受敌。泰戈尔首先是一个带有浪漫气息的诗人,没有完整系统的理论体系,因而难以评判他的思想主张在学术研究上的价值。但他富于哲理的劝慰和忠告给予当时人们以重要的启示,即使以当今的眼光看来仍未过时。千里迢迢而来,泰戈尔本可与中国知识分子进行一次深入愉快的文化交流。遗憾的是,由于上述三方面原因的综合作用,泰戈尔对中国防患于未然的"忠告",并没有引起当时人们的足够重视。此后中国社会和世界范围内产生的许多问题却印证了泰戈尔"预言"的正确性。

三、障碍的清除

解析五四知识分子对泰戈尔文明观的误读,促使我们对学术与政治关系、学术评判与人格评判的关系,以及中印文化的差异等问题进行深入思考。

(一)厘清学术与政治的关系

学术研究被赋予政治使命,既是中国知识分子"通经致用"和"忧国忧民"的传统的表现,也是应救亡图存的现实需要。特别是后一个原因,更使带有政治使命的学术研究赢得了许多人的同情和支持。然而,这样做的负面影响往往是爱国主义的激情掩盖了人们对学术问题的理性思考。

在五四知识分子眼中,学术与政治是互相关照而缺一不可的。他们倡导的新文化运动的本意就是把"救人"看成"救国"的前提。随着民族危机的加深,学术的政治化倾向也越来越严重。但这并不意味着这些人把学术看成为北洋政府服务的附庸,而是说他们把学术研究当成挽救中华民族危亡的重要手段。五四的时期中国,思想贫弱,国势衰微,在物质和精神上都相当匮乏。当时思想界爆发的东西文化论争、问题与主义之争、科玄论争,以及中国社会性质论争等思想文化论争,往往围绕"什么样的文化可以救国"这个主题上。在那个国难当头、社会转型的年代,学术对政治的关照更多地表现为阶级意识、革命思维和感性冲动。虽然这可能被看做是爱国主义的表现,却致使学术偏离了理性思考的轨道。在那样一个内忧外患纷扰的社会里,超越功利的纯粹学术研究和跨文化交流很难实现,但"五四"这一代人中有不少游走于学术和政治两个领域,如胡适、陈独秀、李大钊、梁启超、张君劢等。他们对于许多问题的看法夹杂着学术与政治的双重意味。实际上,正如贺麟所言:"最易而且最常侵犯学术独立自主的最大力量,当推政治"①,更何况在那个政治危难的时代。五四知识分子对泰戈尔的误读,恰好透视出学术的政治化倾向对思想的客观评判产生的消极影响。

故而,政治与学术应当各负其责,而不应求全责备。一方面,学术与政治分属不同的领域,具有不同的本质特点和运行规律,应当保持学术和政治的相对的独立性。否则,政治力量一旦侵犯了学术的独立,学术研究和讨论就不可能求得真知,政治也会陷于专制状态。所以,保持学术的独立自由不仅保证了学术的纯洁度,在政治上也就保住了民主。另一方面,学术与政治又具有极密切的联系,"一个上了轨道、自由独立的政府,一定会尊重学术的自由独立,一个自由独立的学术也一定能够培植独立自由的人格,帮助建树独立自由的政治。"②学术与政治的相互关照对学术发展和政治进步具有双重功效:在学术中关照政治有助于保持清醒的头脑和坚定的政治立场,在政治中关照学术有助于形成科学的政治理论和制定科学的政治规划。总之,倘若真正发挥学术的"求真济世"功能,就不能不保持学术的相对独立性。政治不应该成为学术的评判标准,学术也不应该成为政治的注脚。

---

① 贺麟:《文化与人生》,商务印书馆 2005 年版,第 246 页。
② 同上书,第 248 页。

（二）区分学术与人格的评判

五四知识分子在评判泰戈尔的文明观时,牵涉到对泰戈尔人格的评价,这种不理性态度影响了他们把握泰戈尔思想的准确性。

在五四知识分子中,陈独秀批判泰戈尔最为激烈。他运用激烈的言辞表达对封建桎梏深恶痛绝的心情,是可以理解的。但是,他不仅对泰戈尔的思想缺少学理的考证和理性的分析,而且对泰戈尔进行人身攻击,随意发泄,甚至由否定泰戈尔的思想进而否定泰戈尔的人格,有失作为一个思想先锋和政治领袖应有的风范。与陈独秀"骂杀"泰戈尔相比,徐志摩以近乎顶礼膜拜之词盛赞泰戈尔的人格,如此"捧杀"的做法,同样是不可取的。实际上,当时有学者撰文批评将泰戈尔的思想评判与人格评判混淆起来的做法。1924 年 5 月 19 日,署名"济人"的作者,在《晨报副镌》上发表《不了解的欢迎与不了解的驱逐》,声讨时人对待泰戈尔的不理性态度。他在文中指出:"凡反对一种学说,只当反对其学说的内容(就其内容而驳斥之),不当反对倡此学说者的人格——尤其不当抱着'算账主义'夹上计较利害的机心!……至极言之:即使其学说没星儿的优点可取,而对于其人的人格,亦该与相当的敬意。""必如此,才是大国民的度量,才是以学术为生命者的正当态度。"

相较而言,当时也不乏学者采取理性的态度对待泰戈尔。他们即使不认同泰戈尔的观点或者不了解泰戈尔,也没有将泰戈尔的思想与其人格混为一谈,表现出学人应有的学术理性。例如,周作人以"外行"自谦,声明自己"不懂得"泰戈尔的思想,对于泰戈尔的访华及讲演明确表示在反对与欢迎两方面都不加入。胡适即使不赞成泰戈尔的文明观,也对泰戈尔这位来自异国的友人表示了热烈的欢迎。正是本着宽容的态度和理性的精神,在泰戈尔来到中国后,胡适通过倾听泰戈尔讲述印度文学革命的历史及与泰戈尔的深入交流,领悟到泰戈尔对中国的文学革命可能起到的积极影响,与泰戈尔取得了对文学革命观的认同。

从中,我们可以得出一个深刻教训:赞成或反对一种学说,应当就其思想本身进行评判,而不应该脱离学术探讨的轨道,不应该带有任何个人主观的猜测和感情色彩,更不应该牵涉到被评判者的人格。这是客观评判学术思想的前提条件,同时也是学术评判的道德底线。

（三）认知中印文化的差异

通过解析泰戈尔与五四知识分子的文化观，我们得知五四时期的各文化派别虽然对泰戈尔抱着不同的态度，但他们与泰戈尔的文明观并非没有相融之处。中国与印度几千年来的友好交流，使中国和印度互相吸收对方思想，并将之融入自身文化传统之中。如泰戈尔所讲中国与印度具有讲求博爱与平和的共通性，印度佛教传入中国并融入中国传统文化中成为其重要组成部分之一。但是，在中国近现代史上，像泰戈尔这样被中国人误读的情形是很少见的。其中深层原因在于中印文化的深层差异阻碍了五四知识分子正确地解读泰戈尔，妨碍了中印文化交流的正常进行。五四知识分子对泰戈尔文明观认知的偏差，对于中印文化的交流深具启示意义。唯有深入挖掘中印文化的差异所在，才能确保双方的交流顺利展开。

在五四时期学习西方的大潮中，泰戈尔访华为中国的跨文化比较提供了别具一格的文化传统。近代以来，中国一直以西方作为最主要的参照系，东方文化系统内部各个文化子系统的差异和比较往往被人们所忽视。实际上，作为东方文化的两个重要的代表者，中国与毗邻国家印度的差异丝毫不亚于中国和西方之间，在某些方面中印文化之间的差异更甚之。中国文化和印度文化在文化传统、思维方式、风俗习惯等方面存在诸多不同，两国几千年的交往历史也没有从根本上改变这种状况的存在。作为东方文化代表的中国和印度，是世界上罕见的历史没有中断过的文明古国，且两国领土接壤，拥有几千年的交流历史，却都没有被对方同化。这主要是因为二者在文化传统、思维方式、风俗习惯等方面存在的巨大差异，并不是单纯依靠文化交流就可以消除的。

就一般而论，印度哲学与中国哲学讲求实用性不同，与西方哲学讲求知识性也不同，它带有神秘和玄妙的特点，其知晓途径主要不是依赖逻辑推理，而是更多地通过内心体验。中印文化差异又集中体现在：伦理道德和宗教崇拜分别在中国和印度文化居于核心地位。宗教本身具有较强的地域性和难以逾越的心理障碍，这是影响中印文化交流顺利展开的重要原因。虽然佛教自印度传入中国后，融入了中国文化，并在很大程度上影响了中国人；但与印度相比，中国作为伦理本位的社会，具有以道德代替宗教的特点,似乎缺乏具有严格教义和超现实的宗教信仰。传统中国人更加关注现世的生活,并主要依靠人伦关系来组织社会。与浓厚的宗教色彩相应,印度文化具有很强的哲理性,其玄学特点与诗歌融洽地结合在一起,因此印度文化又被称为"诗性的智慧"。如维柯所言,印度"一开始就要用的玄学就不是现在学者们所用的那种理性的抽象的玄学,而是一种感觉到的想象出的玄学……这种玄学就是他们的诗歌,诗就是他们生而就有的一种功能(因为他们生而就有这些感官和想象力)"。① 然而,中国人素来不是特别重视诗人的,认为诗歌不过是赏花弄月、游山玩水、消遣娱乐、歌功颂德、寄托哀思、怀念亲友等抒发情感的寄托,成不了立国之本和劝世良言。这也是诗哲泰戈尔未能引起五四知识分子足够重视的深层文化原因。此外,中印文化差异中伦理和宗教的不同地位,还体现在受到外界打压时,两国国民关注点不同。印度历史上出现过多次领土被侵占的情形,但他们的宗教信仰始终没有改变,他们追求的是精神上的统一。相比而言,中国人更看重国家领土和主权的完整性,"国家兴亡,匹夫有责"的责任感深入中国人内心深处。

理性地认知他种文化与本民族文化的差异所在,是进行跨文化比较和交流的首要前提。在全球化进程迅速发展的今天,中国和印度的经济和政治交往正在进行着,但文化隔膜影响了两国交流的深入开展。在理性认知中印文化差异的基础上,加强跨文化交流,消除印度对中国的误解,加深中国对印度的了解,有利于推动中印两国在政治、经济、文化、科技等诸多方面的全方位合作,从而真正实现东方文化的复兴。

---

① [意]维柯著,朱光潜译:《新科学》(上),安徽教育出版社 2006 年版,第 220—221页。

结　语

　　行文至此,本书已经对泰戈尔访华的来龙去脉、围绕泰戈尔访华的三大思想文化论争、泰戈尔与五四各文化派别代表人物的比较等方面,进行了梳理与分析,对这一文化事件所反映的问题和体现出来的当代价值也作了一定程度的探讨。在此,笔者将进一步通过对该话题引申出来的理论问题和现实困惑的进一步思考来结束本书的写作。

一、文化与思想史研究

　　著名历史学家柯林伍德在《历史的观念》中提出"一切历史都是思想史",历史的任务不仅在于回答"是什么",更重要的在于解释"为什么"。"思想"与"文化"二者的关系极为密切,经常被放在一起使用,例如:儒家思想与中华文化、思想文化建设、中外思想文化史,等等。文化是思想产生的强大内在推动力,探析思想背后的文化动因,有利于考察丰富的思想世界。五四知识分子对待泰戈尔及其访华的不同态度和由此引发的争论,不仅反映了五四思想界的整体状况,而且促使人们思考一系列有关中国思想文化走向的重大问题。但是,在中国近现代思想史,特别是在中外文化交流或与外国人物或学派的比较研究中,人们在分析人物或学派的思想动因时通常习惯从经济和政治角度,或以经济和政治为主要背景进行思考。这种思维方式固然可以揭示一些问题,但运用这种理路来研究复杂、丰富且多变的思想世界,不免让人心生机械与隔膜之感。

　　究其原因,主要在于忽视了思想产生背后的文化因素所起的驱动作用。实际上,带有鲜明人文色彩的历史研究具有典型的文化特征,作为重中之重的思想史研究又是最突出的部分。国学大师钱穆曾经运用"体"与"相",来揭示文化与历史的关系。他说:"文化是体,历史是此体所表现的相。或说是现象,在现象背后则必有一体。看看种种相,自能接触到这个体。可是我们也该明白须有了这个体,才能发生种种相。"①可见,文化对思想变化的影响是非常大的。考察思想背后的文化动因,有利于丰富人们对马克思主义唯物史观的全面认识。五四知识分子的文化观是针对当时特定的政治和经济背景而萌发的,然而,仅从这两方面思考,人们无法准确地理解在他们思想中存在的相异之处。若结合他们从中国传统文化和前人的思想中所择取的不同思想资源以及不同的教育背景等文化方面因素,为何在他们文化观中会出现"异中有同"、"同中有异"的问题就可以迎刃而解了。

在研究思想的跨文化交流过程中,应当注意展现思想产生背后的不同文化的冲突与融合。自鸦片战争以来,中国思想文化的发展受到外来思想文化的很大影响,特别是在民国时期,许多外国学者应邀到中国讲学,更是直接影响了中国思想文化发展的走向。外国学者在中国根据中国人的精神诉求,宣传他们的思想和主张,中国学者接受之并转化为自己思想的组成部分,这样的双向互动都不可避免地要涉及消解跨文化交流的障碍问题。五四知识分子对待泰戈尔及其访华的不同态度以及误解泰戈尔的原因,不仅是因为没有完全了解表达泰戈尔思想的文本,更根本的原因是参不透泰戈尔思想产生背后的文化特别是印度文化的驱动,难以将对泰戈尔的"了解"变成"理解"。因此,展现思想产生背后的文化根源,有助于深入解读跨文化交流中的思想研究。

理顺思想和文化的关系时需要注意的是:把思想史放在文化的视野中去研究,不是简单地增加"文化史"的内容,而是将其作为研究思想史的一种新理念。这样,既拓展了思想史研究的视野,又深化了思想史研究的深度。

---

① 钱穆:《中国文化丛谈》,三民书局1984年版,第32～33页。

二、史料的运用与拓展

目前,学者们普遍感觉到思想史研究的进展异常缓慢,造成这种状况的原因,不仅是由于研究视角的局限和材料运用的相似性,而且在于相关研究人员的注意力往往盯在有限的思想家和经典著作上。

实际上,如何选择和运用材料不仅是"史料学"的任务,在历史研究中同样会遇到这样的问题。新材料的发掘,固然是推动思想史研究进展的强大力量。但有时,变换研究视角、重新排列组合现有材料,也可以改变人们既定的思想认识,得出不同的结论。这与新材料的发掘一样可以达到推进思想史研究的目的。本书以泰戈尔访华为视角透视整个五四思想界的状况,即采取变换"五四"研究视角的方式,对已有"五四"研究的材料重新进行排列组合。这样做的研究效果是既可以反映五四思想界的整体状况,也可发现既往"五四"研究难以发现的新问题,并产生新的认识。

除难以挖掘新材料之外,思想史选材的有限性,也制约了思想史研究的进展。史华慈说:"思想史的中心课题就是人类对于他们本身所处的'环境'的'有意识反应'。"①思想的展现,是人们思维活动的结果,同时,人也是社会中的人,必然要与社会发生联系。社会中的人生百态自然会反射到人们的头脑中,引起或影响人们的思考。小说、戏剧、诗歌等文学作品尽管带有虚构的色彩,但它来源于现实生活,反映社会的风貌,也反映作者的心态和思想。因此,可以将其作为考察思想家思想产生的社会背景的资料来源,也可以把创造这些作品的文学家作为研究对象。

对文学作品和文学家的漠视,思想史选材有限性的重要表现之一,五四知识分子对泰戈尔的认知明显地反映了这一问题。反对者不研究作为文学家的泰戈尔的文学作品,只是根据道听途说的只言片语就对泰戈尔的思想和主张妄下定论,缺乏理论支撑和现实依据。欢迎者虽然强调泰戈尔的诗人身份,但他们因为不理解泰戈尔文学作品中所表达思想的真

---

① ［美］史华慈:《关于中国思想史的若干初步考察》,《中国思想与制度论集》,台北联经出版事业公司 1977 年版,第 3 页。

实含义,在没有找到任何具体证据的情况下,武断地得出结论说泰戈尔的思想神秘而玄妙,只可意会不可言传。他们对泰戈尔思想的玄化,降低了中国人对他的亲近程度,增加了人们理解泰戈尔思想的难度。事实上,泰戈尔的文学作品尽管充满歌颂“神冥”的神秘宗教色彩,但也具有深厚的哲理意味,其追求和谐统一的思想主线是十分清晰的。泰戈尔对哲学、宗教、文学、艺术、教育等许多方面都有很深的造诣,但他首先是一个文学家,他的思想主要集中体现在文学作品中。探究泰戈尔的思想,深入分析他的文学作品的思想意涵是必不可少的。本书从文学家泰戈尔及其文学作品入手,梳理泰戈尔的思想,解析泰戈尔访华引发的思想文化论争。从中,我们可以得到启示:思想史研究的素材不仅可以从思想家身上找到,从文学家身上同样也可以发现。从文学家和文学作品入手拓展思想史研究的素材,有利于从多个角度、各个侧面展现丰富的思想世界。

三、待深入研究的问题

在本书即将面世之际,笔者一方面为本书所择取的研究视角和文献史料所作的尝试和努力而暗自窃喜,另一方面又深深地感受到泰戈尔和五四知识分子这些人物思想的复杂性对研究者的知识储备、学科背景、思维方式、驾驭能力等理论素养和个人修为方面提出的巨大挑战。毋庸讳言,对“泰戈尔与五四时期的思想文化论争”涉及的系列问题的研究,犹如攀登一座高峰,到此为止,尽管笔者费尽心力,本书所做的初步探讨犹如登山者刚刚爬到半山腰,后面还有很长的路要走,而且受到写作时间和文章篇幅的限制,有一些重要问题还未来得及研究或者还没有深入展开探讨,还有许多问题仍然在耳边回响,使笔者不能停止思考。在此,将这些问题一并列出以存疑备案,更重要的是希望借此机会求教于学界的专家和学者,以及对本论题研究感兴趣的读者,期待在大家的指点下将问题的研究深入下去。

(1)本书对泰戈尔与辜鸿铭、李大钊、徐志摩等五四时期重要历史人物的比较没有深入展开。中国的辜鸿铭与印度的泰戈尔在西方受到同样的欢迎,二人都被看成是东方文化的代表,辜鸿铭素有“中国泰戈尔”之称,实际上,他对泰戈尔和中印文化与东方文化的关系的看法,在五四思

想界是比较特殊的一个。他与泰戈尔的文化观存在巨大差异,认为印度
对中国的影响尽是消极因素,甚至主张中国不属于东方文化范畴。这与
人们习惯中将中国和印度都视为东方文化代表的看法大相径庭,其中的
原因,值得深入研究。李大钊作为新文化运动重要发起者和中国共产党
的创始人之一,文化理念和思路与泰戈尔异常相似。但是,当他的朋友胡
适和陈独秀一群人围绕泰戈尔进行热烈的讨论时,他却没有发表任何有
关泰戈尔的言论,更没有参加围绕泰戈尔的争论,个中原因,实在值得玩
味。中国著名现代诗人徐志摩,受泰戈尔影响最深的中国作家,是泰戈尔
访华的重要促成者和其在华期间的随行翻译,并与其结成“忘年交”。泰
戈尔在中国的遭遇与徐志摩近乎顶礼膜拜的吹捧不无关系。因为徐志摩
的身份主要是文学家,且其与泰戈尔的往来以文学方面为主,所以本书的
探讨没有将其作为主要研究对象。

　　(2)本书对围绕泰戈尔访华引发的东西文化论争、科玄论争与“传统
和现代”之争等五四时期三大思想文化论争之外的其他论争没有涉及,
特别是围绕泰戈尔访华引发的文学论争。文学是文化的表现形式,中国
现代文学研究与文化的关系也日益密切。20 世纪 90 年代以来,“社会背
景—作家作品—美的艺术”的模式逐渐遭到文学研究者的摒弃,他们在
具体研究中逐渐融会了作家思想与当时各种文化思潮碰撞的内容。五四
文学界在泰戈尔访华前后围绕泰戈尔作品的风格引发了文学应为人生还
是为艺术的争论,围绕泰戈尔作品的中文翻译在郑振铎和梁实秋为代表
的现代文学家之间发生了外国作品是直译还是意译的争论。此外,五四
时期许多文学家也参与到围绕泰戈尔访华引发的文学领域外的文化论争
之中。毋庸置疑,泰戈尔首先是一位文学家,泰戈尔对中国文学由传统向
现代的转变起了重要作用,泰戈尔与文学界的情况实应探讨,但因该方面
与本书主要探讨的议题联系得并不十分紧凑,所以没有将文学界人士的
争论以及他们介入三大思想文化论争的情形作为主要内容进行考察。

　　(3)本书对泰戈尔和在此前后访华的其他外国学者的比较,缺乏详
尽论述和深入分析。实际上,20 世纪 20 年代前后,除了泰戈尔之外,访
问中国的外国学者还有杜威、罗素、杜里舒等。若将泰戈尔与这些学者的
访华情况作深入比较,不仅可以考察泰戈尔访华时中国的政治形势、社会

环境和思想文化的状况等方面的变化,而且还可以从历史的维度透视五四知识分子对待他们的不同态度,以及他们访华在中国产生的不同凡响和影响。

(4)本书对泰戈尔访问中国和其他国家的情况略有分析,但没有作详细比较。泰戈尔获得诺贝尔文学奖后应邀出访了许多国家,中国仅是其中的重要一站。他在出访的国家受到的待遇不尽相同,以英国、美国、日本和中国为典型。运用泰戈尔访问各个国家的史料对这一情况作对比分析,有助于从跨文化角度解释泰戈尔在各国受到不同待遇的原因。本书对这一情况略有提及,且笔者已经收集了部分与之相关的材料。该方面研究可以作为拓展本议题研究的组成部分,若能继续深入钻研下去,定能将跨文化视野中的泰戈尔研究推进一大步。

此外,应当指出,本书对一些问题的回答尚处于起步阶段,诸如:泰戈尔宣传东方文化的举动是为印度,还是为整个世界? 五四知识分子未能正确理解泰戈尔,今天我们就能够正确地解读他吗? 五四知识分子不能容忍泰戈尔的博爱、自由与和平等主张,今天的中国人能够容忍他的这些思想吗? 中印两国几千年的文化交流史有没有改变两国之间的隔阂? 中印文化之间的差异小于中西文化之间吗? 等等。从这个意义上说,本书论及的围绕泰戈尔访华引发的文化思考仅仅是初步的。笔者期望通过本书的探讨,引起更多的人们关注泰戈尔访华及其引发的思想文化论争的历史意义和当代价值,并将相关问题的研究推向深入。

参考文献

一、文化理论与史学理论

1. [法]费尔南·布罗代尔:《文明史纲》,广西师范大学出版社 2003 年版。

2. [英]雷蒙·威廉斯:《关键词:文化与社会的词汇》,刘建基译,生活·读书·新知三联书店 2005 年版。

3. [英]丹尼·卡瓦拉罗:《文化理论关键词》,江苏人民出版社 2006 年版。

4. [英]奈杰尔·拉波特、乔安娜·奥弗林:《社会文化人类学的关键概念》,华夏出版社 2005 年版。

5. [美]爱德华·W·萨义德:《东方学》,王宇根译,生活·读书·新知三联书店 1999 年版。

6. 何兆武等:《中国印象——世界名人论中国文化:上、下》,广西师范大学出版社 2001 年版。

7. 侯且岸:《认知中国:文化研究的路径》,北京出版社 2006 年版。

8. 殷海光:《中国文化的展望》,上海三联书店 2002 年版。

9. [美]余英时:《文史传统与文化重建》,生活·读书·新知三联书店 2004 年版。

10. 侯且岸:《当代中国的"显学"——中国现代史学理论与思想新论》,人民出版社 2000 年版。

11. 李学勤:《中华文化通志》,上海人民出版社 1998 年版。

12. [美]汉斯-格奥尔格·伽达默尔:《真理与方法:哲学诠释学的基本特征》,洪汉鼎译,上海译文出版社 2004 年版。

13. 朱谦之:《文化哲学》,商务印书馆 1990 年版。

14. 费孝通:《论文化与文化自觉》,群言出版社 2007 年版。

15. 衣俊卿:《文化哲学——理论理性和实践理性交汇处的文化批判》,云南人民出版社 2005 年版。

16. 洪晓楠:《文化哲学思潮简论》,上海三联书店 2000 年版。

17. 司马云杰:《文化社会学》,中国社会科学出版社 2001 年版。

18. 陈建宪:《文化学教程》,华中师范大学出版社 2005 年版。

19. 方汉文:《比较文化学》,广西师范大学出版社 2003 年版。

二、思想史总论

20. 郑大华:《民国思想史论》,社会科学文献出版社 2006 年版。

21. 许纪霖:《二十世纪中国思想史论:上、下》,东方出版中心 2000 年版。

22. 罗志田:《裂变中的传承:20 世纪前期的中国文化与学术》,中华书局 2003 年版。

23. 张静如:《中国共产党思想史》,青岛出版社 1991 年版。

24. 朱志敏:《中国共产党与 20 世纪中国文化》,中国社会出版社 2004 年版。

25. 郑师渠:《思潮与学派:中国近代思想文化研究》,北京师范大学出版社 2005 年版。

26. [美]余英时:《中国思想传统及其现代变迁》,广西师范大学出版社 2004 年版。

27. [美]余英时:《中国知识人之史的考察》,广西师范大学出版社 2004 年版。

28. 洪峻峰:《五四思想史论——思想启蒙与文化复兴》,人民出版社 2006 年版。

三、相关专著

29. 周策纵:《五四运动史》,岳麓书社 1999 年版。

30. 彭明:《五四运动史:修订本》,人民出版社 1998 年版。

31. 高力克:《五四的思想世界》,学林出版社 1993 年版。

32. [德]奥斯瓦尔德·斯宾格勒:《西方的没落:世界历史的透视》,齐世荣、田农译,商务印书馆 1963 年版。

33. 孙宜学:《泰戈尔与中国》,广西师范大学出版社 2005 年版。

34. 张羽:《泰戈尔与中国现代文学》,云南人民出版社 2005 年版。

35. 尹锡南:《世界文明视野中的泰戈尔》,巴蜀书社 2003 年版。

36. 黄见德等:《西方哲学东渐史》,武汉出版社 1991 年版。

37. 刘登阁、周云芳:《西学东渐与东学西渐》,中国社会科学出版社 2000 年版。

38. 季羡林:《中印文化交流史》,新华出版社 1991 年版。

39. 薛克翘:《中印文化交流史话》,商务印书馆 1998 年版。

40. 元青:《五千年中外文化交流史:第 4 卷》,世界知识出版社 2001 年版。

41. 谭中:《谭云山与中印文化交流》,香港中文大学出版社 1998 年版。

42. 谭云山:《印度周游记》,新亚细亚学会 1933 年版。

43. 郁龙余等:《梵典与华章:印度作家与中国文化》,宁夏人民出版社 2004 年版。

44. 张岱年、程宜山:《中国文化论争》,中国人民大学出版社 2006 年版。

45. 张岱年:《文化与哲学》,中国人民大学出版社 2006 年版。

46. 郑师渠、史革新:《近代中西文化论争的反思》,高等教育出版社 1991 年版。

47. 张庆:《20 世纪中国人生观论争》,广东高等教育出版社 2000 年版。

48. [美]郭颖颐:《中国现代思想中的唯科学主义:1900—1950》,雷颐译,江苏人民出版社 2005 年版。

49. 刘长林:《中国人生哲学的重建——陈独秀、胡适、梁漱溟人生哲学研究》,华东师范大学出版社 2000 年版。

50. 庄锡华:《二十世纪的中国文艺理论》,上海三联书店 2000 年版。

51. 郑大华:《民国思想家论》,中华书局 2006 年版。

52. 胡明:《正误交织陈独秀——思想的诠释与文化的批判》,人民文学出版社 2004 年版。

53. 朱洪:《陈独秀与胡适》,湖北人民出版社 2006 年版。

54. 郑大华:《梁漱溟与现代中国的困境》,湖南人民出版社 1989 年版。

55. [美]艾恺:《最后的儒家:梁漱溟与中国现代化的两难》,江苏人民出版社 2004 年版。

56. 郑大华:《梁漱溟与胡适——文化保守主义思潮与西化思潮的比较》,中华书局 1994 年版。

57. 胡明:《胡适思想与中国文化》,广西师范大学出版社 2005 年版。

58. [美]格里德:《胡适与中国的文艺复兴——中国革命中的自由主义(1917—1937)》,鲁奇译,江苏人民出版社 2005 年版。

59. [美]张灏:《梁启超与中国思想的过渡(1890—1907)》,崔志海、葛夫平译,江苏人民出版社 2005 年版。

60. 夏晓虹:《阅读梁启超》,生活·读书·新知三联书店 2006 年版。

61. [美]约瑟夫·阿·列文森:《梁启超与中国近代思想》,刘伟,刘丽、姜铁军译,四川人民出版社 1986 年版。

62. 胡逢祥:《社会变革与文化传统:中国近代文化保守主义思潮研究》,上海人民出版社 2000 年版。

63. [美]林毓生:《中国意识的危机:"五四"时期激烈的反传统主义》,穆善培译,贵州人民出版社 1986 年版。

64. [美]林毓生:《中国传统的创造性转化》,三联书店 1988 年版。

65. 何干之:《中国现代革命史》,高等教育出版社 1957 年版。

66. 何干之:《近代中国启蒙运动史》,生活书店 1947 年版。

67. 欧阳军喜:《五四新文化运动与儒学》,陕西人民出版社 2001

年版。

68. 陈万雄:《五四新文化运动的源流》,生活·读书·新知三联书店1997 年版。

69. [美]德拉·施瓦支:《中国的启蒙运动:知识分子与五四遗产》,山西人民出版社 1989 年版。

70. [美]E.希尔斯:《论传统》,傅铿、吕乐译,上海人民出版社 1991年版。

71. 王元化:《传统与反传统》,上海文艺出版社 1990 年版。

72. 张立文:《传统学引论——中国传统文化的多维反思》,中国人民大学出版社 1998 年版。

73. 庞朴:《文化的民族性与时代性》,中国和平出版社 1988 年版。

74. 尚会鹏:《印度文化传统研究——比较文化的视野》,北京大学出版社 2004 年版。

75. 尚会鹏:《印度文化史》,广西师范大学出版社 2007 年版。

76. 林承节:《中印人民友好关系史》,北京大学出版社 1993 年版。

77. 欧东明:《佛地梵天:印度宗教文明》,四川人民出版社 2002年版。

78. 王树英:《中印文化交流丛书》,中国华侨出版社 1995 年版。

79. 金克木:《印度文化余论》,学苑出版社 2002 年版。

80. 乐黛云:《比较文学与比较文化十讲》,复旦大学出版社 2004年版。

81. 唐仁虎:《泰戈尔文学作品研究》,昆仑出版社 2003 年版。

四、文集、年谱和书信

82. 陈崧:《五四前后东西文化问题论战文选》,中国社会科学出版社1985 年版。

83. 张君劢等:《科学与人生观》,辽宁教育出版社 1998 年版。

84. [印]泰戈尔:《泰戈尔全集》,刘安武译,河北教育出版社 2000年版。

85. [印]泰戈尔:《泰戈尔集》,倪培耕译,上海远东出版社 2004

年版。

86. 张光璘:《中国名家论泰戈尔》,中国华侨出版公司 1995 年版。

87. 沈益洪:《泰戈尔谈中国》,浙江文艺出版社 2001 年版。

88. 孙宜学:《泰戈尔来华讲演及论争》,安徽教育出版社 2007 年版。

89. 虞坤林:《志摩的信》,学林出版社 2004 年版。

90. 陈独秀:《陈独秀文章选编》,生活·读书·新知三联书店 1987 年版。

91. 王光远:《陈独秀年谱》,重庆出版社 1987 年版。

92. 陈独秀:《陈独秀书信集》,新华出版社 1987 年版。

93. 梁漱溟:《梁漱溟全集》,山东人民出版社 1990 年版。

94. 李渊庭、阎秉华:《梁漱溟先生年谱》,广西师范大学出版社 2003 年版。

95. 梁漱溟:《梁漱溟书信集》,中国文史出版社 1996 年版。

96. 胡适:《胡适文集》,北京大学出版社 1998 年版。

97. 胡颂平:《胡适之先生年谱长编初稿》(第 3 册),台北联经出版公司 1984 年版。

98. 耿云志:《胡适年谱》,四川人民出版社 1989 年版。

99. 曹伯言:《胡适之日记全编》(第 8 册),安徽教育出版社 2001 年版。

100. 梁启超:《梁启超全集》,北京出版社 1999 年版。

101. 梁启超:《饮冰室合集》,中华书局 1988 年版。

102. 辜鸿铭:《辜鸿铭文集》,海南出版社 1996 年版。

103. 鲁迅:《鲁迅全集》,人民文学出版社 1956 年版。

104. 吴虞:《吴虞集》,四川人民出版社 1985 年版。

105. 李大钊:《李大钊全集》,人民出版社 2006 年版。

106. 毛泽东:《毛泽东选集》,人民出版社 1991 年版。

107. 章士钊:《章士钊文选——为政尚异论》,上海远东出版社 1996 年版。

108. 杜亚泉:《杜亚泉文存》,上海教育出版社 2003 年版。

109. 梅光迪:《梅光迪文录》,辽宁教育出版社 2001 年版。

110. 张申府:《张申府散文》,中国广播电视出版社 1995 年版。

111. 王跃、高力克:《五四:文化的阐释与评价——西方学者论五四》,山西人民出版社 1989 年版。

112. 萧延中、朱艺:《启蒙的价值与局限——港台学者论五四》,山西人民出版社 1989 年版。

113. 罗竹风:《汉语大词典》(第 6 卷),汉语大词典出版社 1990 年版。

114. 贺麟:《文化与人生》,商务印书馆 1996 年版。

五、访谈、回忆录和传记

115. 王慧:《梅兰芳画传》,作家出版社 2004 年版。

116. 任建树:《陈独秀传(上):从秀才到总书记》,上海人民出版社 1989 年版。

117. 唐宝林:《陈独秀传下:从总书记到反对派》,上海人民出版社 1989 年版。

118. 黄兴涛:《文化怪杰辜鸿铭》,中华书局 1997 年版。

119. 梁漱溟:《这个世界会好吗?》,[美]艾恺译,东方出版中心 2006 年版。

120. 汪东林:《梁漱溟问答录》,湖北人民出版社 2004 年版。

121. 郑大华:《梁漱溟传》,人民出版社 2001 年版。

122. 胡适:《胡适口述自传》,[美]唐德刚译,广西师范大学出版社 2005 年版。

123. [美]唐德刚:《胡适杂忆》,广西师范大学出版社 2005 年版。

124. 罗志田:《再造文明之梦:胡适传》,四川人民出版社 1995 年版。

125. 易竹贤:《胡适传》,湖北人民出版社 2005 年版。

126. 梁启超:《梁启超自述》,河南人民出版社 2004 年版。

127. 陈其泰:《梁启超评传:笔底波澜石破天惊》,广西教育出版社 1996 年版。

128. [印]R. 泰戈尔:《泰戈尔》,白开元等译,国际文化出版公司 2002 年版。

129. [印]泰戈尔:《泰戈尔回忆录》,谢冰心译,东方出版社2005年版。

130. [印]克里希那·克里巴拉尼:《泰戈尔传》,倪培耕译,漓江出版社1984年版。

六、报纸、期刊和论文

131.《晨报》、《申报》、《小说月报》、《东方杂志》、《向导》、《新青年》、《大公报》、《民国日报》等民国期刊报纸。

132. 郑大华:《论民国时期西学东渐的特点》,《中州学刊》2002年第5期。

133. 季羡林:《泰戈尔与中国》,《社会科学战线》1979年第2期。

134. 张光璘:《泰戈尔在中国》,《外国文学》1981年第5期。

135. 石海峻:《泰戈尔眼中的东方和西方》,《南亚研究》2002年第1期。

136. 郑大华:《"五四"时期的思想文化斗争——以泰戈尔访华为中心》,《光明日报》2004—6—8(B3)。

137. 尹锡南、宇文疆:《泰戈尔1924年访华在中国知识界的反响》,《南亚研究季刊》2001年第4期。

138. 秦弓:《"泰戈尔热"——五四时期翻译文学研究之一》,《中国社会科学院研究生院学报》2002年第4期。

139. 刘燕:《泰戈尔:在中国现代文化中的误读——以〈吉檀迦利〉为个案研究》,《新疆大学学报(社会科学版)》2003年第2期。

140. 徐坤:《泰戈尔在华影响的负面效应》,《苏州铁道师范学院学报(社会科学版)》1995年第3期。

141. 徐坤:《泰戈尔与中国文人》,《南亚研究》1993年第3期。

142. 金富军:《1924年泰戈尔在清华活动考证》,《南亚研究季刊》2006年第4期。

143. 李明:《泰戈尔的梦想在这里实现——印度国际大学中国学院概览》,《世界汉学》2005年第1期。

144. [印]B.坦克哈·张燕晖:《印度的中国学研究:正在改变的范

式》,《国外社会科学》2007 年第 4 期。

145. 赵守辉:《印度国际大学中国学院的汉学研究与汉语教学》,《世界汉语教学》1996 年第 1 期。

146. [印]德里中国研究小组著:《印度的中国学:概况和建议》,《国外社会科学》1990 年第 4 期。

147. 黄玉顺:《科玄之争再评价》,《中国哲学史》1999 年第 1 期。

148. 刘炎生:《评泰戈尔提倡复活"东方文化"及其反响》,《江西社会科学》1992 年第 2 期。

149. 胡明:《陈独秀与泰戈尔——一个有关"东方文化"的沉重话题》,《文艺争鸣》2002 年第 5 期。

150. 英溪:《辜鸿铭评说泰戈尔》,《中国现代文学研究丛刊》2001 年第 3 期。

151. 孙宜学:《胡适与泰戈尔》,《书屋》2001 年第 3 期。

152. 史云波、董德福:《胡适与泰戈尔访华》,《安徽史学》2005 年第 1 期。

153. 孙宜学:《徐志摩如何"捧杀了泰戈尔"》,《书屋》2005 年第 9 期。

154. 冉维山:《梁启超与讲学社》,《沧桑》2006 年第 6 期。

155. 于奎战:《梁启超与印度文化、印度文学》,《南亚研究》2003 年第 1 期。

156. 严家炎:《五四"反传统"问题之考辨》,《文艺研究》2007 年第 3 期。

157. 黄心川:《略论泰戈尔的哲学思想和社会思想》,《哲学研究》1979 年第 1 期。

158. 尹锡南:《泰戈尔论印度社会问题》,《南亚研究》2004 年第 2 期。

159. 侯传文:《中印文化哲学:泰戈尔与道家》,《东方丛刊》2009 年第 2 期。

160. 罗志田:《历史的创造者对历史的再创造:修改"五四"历史记忆的一次尝试》,《四川大学学报》2000 年第 5 期。

161. 葛兆光:《什么可以成为思想史的资料》,《开放时代》2003 年第

4 期。

162. 任文惠:《中国知识分子对泰戈尔来华事件的误读——以东西文化观为中心》,首都师范大学硕士学位论文,2005。

163. 张娟:《泰戈尔与"五四"新诗》,曲阜师范大学硕士学位论文,2005。

164. 张羽:《泰戈尔与中国现代文学》,东北师范大学博士学位论文,2002。

165. 陈文彬:《五四时期杜威来华讲学与中国知识界的反应》[D].复旦大学博士学位论文,2006。

七、英文资料

166. Stephen N. Hay, *Asian Ideas of East and West: Tagore and his critics in Japan, China and India*, Cambridge: Harvard University Press, 1970.

167. Gauri Ayyub, Rabindranath Tagore and the "Two Cultures", *Rabindranath Tagore and the Challenges of Today*, Shimla: Indian Institute of Advanced Study, 1988.

168. Lakshmi Subramanian Rajat Kanta Ray, Rabindranath Tagore and the Crisis of Personal Identity In Colonial India, *Rabindranath Tagore and the Challenges of Today*, Shimla: Indian Institute of Advanced Study, 1988.

169. Tan Chung, The Rabindranath Thunder of Oriental Dawn: A Sino-Indian Perspective of Tagore, *Rabindranath Tagore and the Challenges of Today*, Shimla: Indian Institute of Advanced Study, 1988.

170. Tatsuo Morimoto, My Tagore, *Rabindranath Tagore and the Challenges of Today*, Shimla: Indian Institute of Advanced Study, 1988.

171. Swapan Majumdar, The East-West Colloquy: Tagore's Understanding of the West, *Rabindranath Tagore and the Challenges of Today*, Shimla: Indian Institute of Advanced Study, 1988.

172. Kalyan R. Salkar, *Rabindranath Tagore: His Impact on Indian Education*, New Delhi: Sterling Pub. Pvt. Ltd. , 1990.

后 记

泰戈尔访华本属正常的中外文化交流,却无辜地卷入五四思想界的争斗,并引发了一场新的错综复杂的思想文化论争。这一文化事件着实耐人寻味!但更重要的是,它不仅给我们提供了一个透视五四思想界整体状况的全新视角,而且深入考察和反思这一文化事件,无论对于五四运动的研究,还是泰戈尔思想的探讨,乃至中印文化交流及和谐文化的建设,都具有重要的理论意义和现实价值。因此,从 2005 年攻读博士学位开始,我就选定这一文化个案作为研究对象。奉献于读者面前的这本书即是在我的博士学位论文基础上修改而完成的。

然而,本书不仅涉及中国近现代史上的许多"大家",并牵涉到关乎中国文化走向的诸多重大问题,而且对身兼诗哲和印度人双重身份的泰戈尔文明观的考察,也需要在跨学科和跨文化的领域中才能完成。因此,以我的学养、智慧和表述技巧,虽尽心竭力,仍难以做到令自己满意。我曾经屡次愁眉不展,写作的进度异常缓慢。幸好承蒙恩师、同窗和家人的鼓励、支持与帮助,我才能够克服写作中遇到的一个又一个困难,并最终完成这个充满挑战性的项目。在本书即将面世之际,借此机会记下这份情谊。

首先,感谢我的导师侯且岸教授的耐心指导、精心呵护并在百忙之中为本书作序!

本书从最初的选题,到撰写、修改,以及最后的定稿,无不凝结着侯先生的心血。侯先生严谨的治学态度、执著的学术追求、独特的学术风格、睿智的思维、宽容的胸怀、淡雅的生活方式,让我学会如何平和地做学问和踏实地做人。六年来,他在学业上的谆谆教诲和生活中慈父般的呵护,都令我深受感动。此等恩情,无以为报,唯愿今后勤以补拙,奋起后进,不负他的厚爱。 .

北京师范大学的王炳林教授、朱志敏教授、孙秀民教授为本书的结构设计提出了诸多极富建设性的意见。还有,素未谋面的季羡林先生、薛克翘先生、郑大华先生、郑师渠先生、尹锡南先生等从事泰戈尔研究、印度文化研究,以及"五四"研究的专家学者们,本书得以顺利完成,离不开您们的相关研究成果。博士同窗好友周良书、韦磊、吴二华、李晔、徐文杰、管永前、徐书墨、张翠、纪雪艳等人在本书写作过程中提出了诸多意见和建议,并帮助校对了全部文稿。在此,一并敬致谢忱!

感谢慈母多年来对我的学业给予的物质支持和精神关怀,特别是在论文修改期间帮助我料理家事,解除后顾之忧。感谢我的丈夫,没有他的关爱和体贴,本书的顺利完成也是不可能的。

衷心感谢人民出版社东方编辑室年轻的武丛伟编辑为本书的编辑、策划、校对、出版等相关工作的精心安排。

艾 丹

2008 年春谨记于北京师范大学寓所

2010 年春复记于浙江杭州金沙学府

责任编辑:武丛伟
装帧设计:语丝设计室

图书在版编目(CIP)数据

泰戈尔与五四时期的思想文化论争/艾丹 著.
-北京:人民出版社,2010.10
ISBN 978-7-01-009152-5

Ⅰ.①泰… Ⅱ.①艾… Ⅲ.①泰戈尔,R.(1861~1941)-人物研究
②思想史-研究-中国-现代 Ⅳ.①K833.515.6 ②B261

中国版本图书馆 CIP 数据核字(2010)第 140892 号

泰戈尔与五四时期的思想文化论争
TAIGE ER YU WUSI SHIQI DE SIXIANG WENHUA LUNZHENG

艾丹 著

人民出版社 出版发行
(100706 北京朝阳门内大街 166 号)

北京市文林印务有限公司印刷 新华书店经销

2010 年 10 月第 1 版 2010 年 10 月北京第 1 次印刷
开本:710 毫米×1000 毫米 1/16 印张:18
字数:300 千字

ISBN 978-7-01-009152-5 定价:43.00 元

邮购地址 100706 北京朝阳门内大街 166 号
人民东方图书销售中心 电话 (010)65250042 65289539